法律的未来

What Next in the Law

[英] 丹宁勋爵／著
刘庸安　张文镇／译

法律出版社
LAW PRESS·CHINA

著作权合同登记号
图字：01-98-2988

目录

第三篇 法律援助

第四篇 人身伤害

第五篇　诽　谤　罪

第六篇　隐私与秘密

第八篇　权力的滥用

丹宁勋爵和他的法学思想

——代中译本前言

刘庸安

阿尔弗雷德·汤普森·丹宁（Alfred Thompson Denning）是第二次世界大战以后英国最著名的法官和享有世界声誉的法学家之一。他从1923年当律师，1982年在英国民事上诉法院院长（Master of Rolls）的任内退休。在近六十年的法律生涯中，他积累了极为丰富的法律实践经验，积极、大胆地参与英国战后的法律改革，并做出了重大贡献，成为英国战后法律改革史上划时代的人物。

1899年1月23日，丹宁生于英格兰罕布什尔郡惠特彻奇（Whitchurch）的一个小商人家庭。父亲虽是一家小绸布店的老板，却喜爱文学、诗歌和音乐，常常给孩子们朗读莎士比亚、拜伦、华兹沃斯等英国文豪的作品；是个不甘心做小生意，也不大善经营的梦想家。母亲是位小学教师，是个脚踏实地的人。丹宁曾深情地回忆道："母亲的脾气和父亲不一样……很聪明，做事也很勤奋。她要干的事，就决心干成功。她本身就是一种推动力。她对孩子充满了希望。"[1]丹宁兄弟五人，还有一个大姐，家境不宽裕，但在父母辛勤操持下，丹宁兄弟从小还是受到了良好的教育。他先在镇上读完小学，以后又在距家乡不远的安多佛语法学校(Grammar School at Andover)靠免缴学费读完了中学。1916年，丹宁获奖学金入牛津大学马格德林学院(Magdalen College, Oxford)学数学。在大学期间，他于1918年应征入伍，到皇家工程部队参加即将结束的第一次世界大战，并作为少尉上了法国前线。战后他回到学校继续读书。1920年，丹宁以优异的成绩从马格德林学院毕业。毕业后他在温切斯特学院(Winchester College)教了一年数学。虽然薪水不薄——年薪350英镑，在当时是份不小的收入——但他不喜欢教书，而是喜欢向往已久的律师职业。于是在1921年他22岁时，考取了牛津大学埃尔登奖学金(Eldon Scholarship)，回到母校马格德林学院攻读法律。一年以后，他又考取了伦敦四大律师学院之一的林肯律师学院(Lincoln's Inn)的奖学金，除了在马德格林学院上课外，他主要在林肯律师学院学习，并在律师事务所帮忙。他后来回忆道："这样做有好处：在图书馆读书——或听教授的讲座——只

---

[1] 丹宁勋爵：《家庭故事》，伦敦巴特沃斯出版公司1981年英文版，第15页。

是给你一幅模糊的、不完整的画面。为了了解法律到底是什么,你必须看看它在实践中所起的作用。"[1]1923 年他又考取了为期三年的林肯律师学院的实习生奖学金。这时他终于在律师事务所有了一张自己的办公桌,他的名字也贴在了律师事务所办公室的门上。这意味着他成了一名出庭律师(barrister)。对于一个年仅 24 岁的年轻人来说,这在当时是一件很了不起的事。经过 15 年辛勤的工作,丹宁从一个"新手"变成了一位经验丰富的资深出庭律师。1938 年 4 月,他因其"突出的成绩"经大法官推荐和国王批准被授予"王室法律顾问"(King's counsel)的荣誉称号,从此他可以身穿丝袍同法官一起坐在法庭的审判席上。但一年后,第二次世界大战爆发,中断了丹宁正常的律师工作。他被任命为东北战区的法律顾问。在战争中,他往来于伦敦和里兹之间,一边在伦敦继续其律师工作,一边在里兹尽其战区法律顾问的义务。1943 年底,由于战争的需要,丹宁担任了巡回法院的专员,这是个非正式的法官职务。1944 年 3 月他被正式任命为高等法院遗嘱、离婚和海事分院法官,专门审理离婚案件。1948 年 10 月,丹宁晋升为高等法院法官,并担任民事上诉法院法官——他后来说只有当上高等法院法官,"一名法官才有影响法律的主要机会"[2]——正是从这个时候起丹宁开始越来越关注英国的法律改革,并发挥着越来越重要的作用。无论是在审理案件中,还是在大学的演讲中,他都不断地强调法律改革的思想。1957

〔1〕 丹宁勋爵:《家庭故事》,伦敦巴特沃斯出版公司 1981 年英文版,第 93 页。

〔2〕 丹宁勋爵:《家庭故事》,伦敦巴特沃斯出版公司 1981 年英文版,第 172 页。

年4月当他58岁时被封为勋爵(Lord),成为终身贵族。自1962年起,丹宁勋爵成为英国民事上诉法院院长。1963年他受当时的英国首相哈罗德·麦克米伦(Harold Macmillan)的委托,对一起涉及国家安全的案件(即"普罗富莫案")进行调查。因此案涉嫌陆军大臣约翰·普罗富莫(John Profumo)等多名政府大臣及苏联驻英海军武官,所以格外引人注目。丹宁勋爵因出色地完成了这项"复杂而困难的任务",而成为英国家喻户晓的人物。

1982年丹宁勋爵83岁,在担任民事上诉法院院长整整20年后,他的职业司法生涯走到了尽头。英国法律界的同仁为他退休举行了隆重的告别仪式。枢密院大臣为他致送别词。当天的《泰晤士报》发表专题文章,盛赞他在司法生涯中的光荣业绩。如果从丹宁勋爵担任法官算起到退休,他担任司法职务长达38年。这在英国司法界是一个史无前例的纪录,就是在整个世界也是不多见的。

丹宁勋爵不仅是一位老资格的法官,而且还是一位享有世界声誉的学者。他是国内外几十所著名大学的荣誉法学博士,还是伦敦三所著名律师学院的荣誉院士。从1949年起,他就开始出版自己的法学著作。他的主要著作有:《法律下的自由》(Freedom under the Law, 1949)、《变化中的法律》(The Changing Law, 1953)、《通向公正之路》(The Road to Justice, 1955)、《法律的训诫》(The Discipline of Law, 1979)、《法律的正当程序》(The Due Process of Law, 1980)、《法律的未来》(What Next in the Law, 1982)、《最后的篇章》(The Closing Chapter, 1983)、《法律的界碑》(Landmarks in the Law, 1984),

等等。他在这些书中叙述了英国法律史上的一些重要案件，以他亲身经历的案件的辩护和审判的实践，介绍了战后英国司法机关审案和判案原则的确立过程，内容涉及宪法、民法、刑法、行政法和国际法等多种法律分支。他的这些书在英美法系国家和地区影响极大，可以说，在英国和使用英国法律的国家和地区，不读丹宁的书就无法从事司法工作。1981 年，大西洋两岸和其他英语国家的法学家和法官、律师聚集在一起，专门讨论丹宁勋爵的法学著作和法学思想，给予了他极高的评价。尤其值得一提的是，丹宁的书浸透着他丰富的法律实践经验、广博的历史知识、独特的优美文风和极高的文学素养。它们语言简练而流畅；讲述一个个案件就像讲述一个个故事，生动、细腻，娓娓动听；时而引用滔滔不绝的辩论词和审判词，时而从文学宝库中信手拈来一两个典故；文字精当，举例贴切，并杂以诙谐、幽默、讥诮，使人读起来饶有兴味。

丹宁勋爵是法官，也是学者，但他更是一位法律改革家。在几十年的司法生涯中，丹宁面对时代的挑战，以追求自由和进步，实现公平和正义为目的，对英国的法律进行了大胆的改革，对英国的法律改革作出了重大贡献。英国法律界公认他是"第二次世界大战以后英国最伟大的法律改革家"。[1]

大家知道，英国法律不同于欧洲大陆的一个最显著的特点是，它主要是一种判例法。英国的判例不仅仅是法律实施的结果，更重要的是，它还是法律原则的总结，因此具有很大的权威性。法官应该恪守其前辈确立的判例原则，这是英国法律从 19

〔1〕《泰晤士报》1982 年 9 月 12 日。

世纪后半期以来形成的一种悠久传统。长久以来,英国司法界甚至把这一传统奉为“判例主义”(Doctrine of the Precedent)。英国19世纪著名诗人阿尔弗雷德·丁尼生(Alfred Tennyson)在其诗作中曾这样颂扬英国的判例主义:“这国土有公正、古老之名/有个稳定的政府在治理/凭着一个又一个判例/自由慢慢地扩展到下层。”[1]正是由于判例主义的传统及对这一传统的尊重,同其他国家,特别是同大陆法系国家相比较,英国法律的发展是缓慢的,远远跟不上现代社会发展的需要。根据这一状况,丹宁勋爵对传统的判例主义提出了大胆的挑战。1959年5月,他在一次讲演中明确地反驳道:“有些律师对丁尼生勋爵写的‘凭着一个又一个判例’这句话感到得意。他们认为他给判例主义加上了崇高思想的色彩,照他们的解释,遵循先例的意思是‘恪守你和你前任的判决,无论它们多么荒谬,多么不公正’。但是请允许我指出一点,尽管做了这样的解释,判例主义并没有扩大而是缩小了自由的基础。”他接着指出:“如果律师们死抱住判例不放,忘记了他们应该奉行的基本原则是坚持真理和主持公正,那么他们就会发现整个(自由)的大厦将会倒在他们的脚下。”[2]为了维护自由与公正,丹宁明确指出:“那些由19世纪的法官所确立的法律原则——尽管适合当时的社会状况——是不适合20世纪的社会需要和社会见解的,应当用现在的社会模型对它们进行改造,使之与人们今天的观点和需要相适应。”[3]他针对他的一些同行严守其前辈的惯例的保守

〔1〕《丁尼生诗选》,上海译文出版社1995年版,第88页。

〔2〕丹宁勋爵:《法律的训诫》,伦敦巴特沃斯出版公司1979年英文版,第292页。

〔3〕丹宁勋爵:《法律的训诫》,第1页。

之风多次强调:“如果我们不做任何前人没有做过的事情,我们就会永远待在一个地方,法律将会停止不前,而世界上其他事情将继续前进。”〔1〕

为此丹宁要求法官担任“法律改革的先锋”,他明确主张,法官要参与法律改革,而不能把改革仅仅看成是国会的事,法官只是执行法律而已。对此,他有个形象的比喻,法律就像是一块编织物,用什么样的编织材料来编这块编织物,是国会的事,但这块编织物不可能总是平平整整的,也会出现皱折;法官当然“不可以改变法律编织物的编织材料,但是他可以,也应当把皱折熨平”。〔2〕他认为,法官在审案和判案的过程中应该随着社会的变化和时代的发展创立出与生活的步调相一致的新的、公正的判案原则。实际上,他自己就是这样做的。作为一名法官,他在审案和判案过程中对过去的判例进行了大胆的修改,甚至创立了很多与过去的判例完全不同的新的法律原则和新的诉讼程序,它们或者作为最终判决予以实施,或者被确立下来成为以后法官判案的原则,有些还成了国会立法和修改法律的依据。

丹宁不仅要求法官参与法律改革,而且还要求律师为法律的发展作出贡献。他针对很多律师一味地推崇判例主义而忘记坚持真理和主持公正的做法,尖锐地指出,如果任其下去,“普通法将停止发展,像珊瑚礁一样,变成一堆化石”,为了“避免这种命运,法律……应该成为一种法律的科学。正像科学家

〔1〕 高等法官丹宁勋爵在《派克诉派克案》中的判词,转引自《法律的训诫》,卷首语。

〔2〕 丹宁勋爵:《法律的训诫》,第12页。

寻求真理一样，律师应该寻求公正；正像科学家通过很多实例自己得出一般命题一样，律师也应该通过很多判例自己建立一般的原则；正像科学家发现自己的命题不适于所有实例时就修改，或者发现自己的命题是错误的时候就得完全抛弃一样，律师发现自己的原则不适于所有情况时就应该进行修改，或者发现它们会产生不公正的结论的时候就应该抛弃。"〔1〕丹宁认为，只有通过这种办法，律师才能为法律的真正发展，为实现社会的公正做出贡献。

当然，在一贯以保守著称的英国，丹宁关于法律改革的主张和为此而作出的努力并不是没有人反对的。法律界的保守势力攻击丹宁关于法官参与法律改革的主张是"越权"，是一种"超越国会的行为"，丹宁在上诉法院的一些判决还遭到了英国最高上诉机关上议院的否决。（值得一提的是，1973 年英国加入欧洲共同体以后，丹宁的一些被上议院否决的判决被欧共体所属的欧洲法院所确认，成为英国法院新的判例和判案原则。）但是丹宁对英国法律改革所作出的贡献为英国法律界人士——不管是赞成他的还是在某些方面反对他的——所公认。一些法学家还特别指出，丹宁勋爵对英国法律改革所作出的努力和取得的成就在英国是划时代的，"没有他，那些最重要的原则至今也不可能建立起来"。〔2〕

丹宁对英国法律改革的贡献是多方面的。读者可以从他的几本有代表性的法律著作中清楚地看到这些贡献。这些贡

〔1〕 丹宁勋爵：《法律的训诫》，第 292 页。

〔2〕 《丹宁勋爵：法官和法律》，伦敦巴特沃斯出版公司 1984 年英文版，第 252 页。

献固然重要,但是笔者更看重的是它们所体现出的丹宁的法律思想。笔者认为,后者比前者更为重要,因为由于丹宁勋爵的贡献而被确立起来的判案原则与法律原则与我国的法律毕竟有所不同,但这些贡献所体现出的法律思想对于我们现在正在进行并且不断完善的社会主义法制建设或许具有重要的启迪作用。

1981 年,丹宁在他的自传《家庭故事》中谈到了他自己的哲学。他把自己的哲学概括为三条:"(1)实现公正;(2)法律下的自由;(3)相信上帝。"[1]这是丹宁的法律哲学。他就是用这些法律思想参与战后英国法律改革的。

公正(Justice),是人类社会的一个永恒的话题。从伦理学的角度来说,它是一种理想的道德标准;从法律学的角度来说,它应该是法律的根本出发点。理论上,法律是实现公正的前提,按正当的法律程序维护社会秩序,调解社会矛盾,平衡社会利益,就能实现公正。但是在现实社会生活中,法律是一定社会经济基础和社会条件的反映,它只能随着社会的发展而发展,而公正则是人类社会永恒的追求目标,因此可以说,公正在法律之上。在现实社会生活中,维护法律和实现公正往往并不完全是一回事。随着社会的进步,法律应当不断地发展,一步步地接近公正这一人类社会的永恒目标。为此,丹宁主张法官应根据公正的原则,结合案件发生的具体情况灵活地解释法律,而不必拘泥于法律本身。他主张,法官一方面要依据法律办案,另一方面必须考虑公正,而公正的原则是高于法律条文

〔1〕 丹宁勋爵:《家庭故事》,第 172 页。

和过去的判例的。他明确指出："成文法和其他法律文件的语言永远不可能是绝对明确的，因此解释它们的时候就有两条可供选择的道路，我总是倾向于实现公正的解释，而上议院肯定不这么认为……他们认为最重要的是实现法律，而我认为是实现公正。"[1]他说，他作为法官的"基本信念是，法官的作用就是在他面前的当事人之间实现公正。如果有任何妨碍做到公正的法律，那么法官所要做的全部本分工作就是合法地避开——甚至改变——那条法律"。[2]

丹宁不仅要求法官做到公正，而且对一些律师也提出了首先实现公正的要求。他把一些"只关心法律事实上是怎样，而不是它应该是怎样"的律师比作"只知砌砖而不对自己所建筑的房子负责的泥瓦匠"。他认为，那些对社会有责任感的律师，"应该尽自己的力量去探索，使法律的原则和公正保持一致。如果他做不到这一点，他将失去人民的信任，法律也会因此而名誉扫地，国家的稳定将因此而动摇"。他强调，法律当然应该是尽可能确定的，但"它必须又是公正的"。丹宁在谈到法官和律师在主持公正时，有一点是非常值得注意的，即"不仅要主持公正，而且要人们明确无误地、毫不怀疑地看到是在主持公正，这一点不仅是重要的，而且是极为重要的。"他说，"原因很简单，公正必须来源于信任。"[3]

应该说，丹宁的这些主张是很有创见性的，也是符合第二次世界大战后英国社会发展的实际情况的。第二次世界大战

---

〔1〕《星期日泰晤士报》1982年8月1日。

〔2〕丹宁勋爵：《家庭故事》，第174页。

〔3〕丹宁勋爵：《法律的训诫》，第86、87页。

后,随着英国工党长期执政,推行福利国家政策,政府的权力不断膨胀,而且日益渗透到社会的各个角落。丹宁充分认识到了这一点,1949 年他在一次演讲中说:“今天的权力结构与 19 世纪大不一样了。在过去,政府只关注治安、国防和外交,把工业留给了实业家和商人,把福利事业留给了慈善机构;它不为任何这类事情和任何人制订计划”,而现在,“政府要关注生活的各个方面,我们有‘福利国家’和‘计划国家’之称。政府各部门在很多方面拥有广泛的权力”,而“所有权力都是可以被滥用或误用的”,这种对权力的滥用和误用必然会导致不公正。[1] 丹宁看到,在英国,“我们对于政府行使权力的行政程序是完善的,但对于政府承担责任的司法程序却是不完善的,因此很难防止滥用和误用权力。现在的天平是歪向行使权力的一边的。这是很不公正的”。[2] 所以法院面临的重大问题一直是:在权力日益增长的年代,法律如何防止权力被滥用或误用,在政府权力和个人权利之间做到公正。他认为,过去的法律在这一点上是不那么有效的。他做了个形象的比喻,“正如铁铲和铁锹已不再适于采煤一样,履行责任令、调卷令和在案诉讼等法律程序也已不再适于在新的时代赢得自由。它们必须被新的现代的机制,被宣告令、禁制令和过失诉讼所取代”。[3] 他呼吁,必须制定出新的法律和新的司法程序,以防止对权力的滥用和误用,实现公正,否则不但不会产生出一个福利国家,而且还会产生出一个集权国家。正是根据这一思想,丹宁对英国行政法

〔1〕 丹宁勋爵:《法律的训诫》,第 61 页。
〔2〕 转引自《丹宁勋爵:法官和法律》,第 240 页。
〔3〕 丹宁勋爵:《家庭故事》,第 180 页。

进行了重大改革。

“二战”以后的英国，各种行政裁判所曾盛行一时，政府大量设置的行政裁判所是行政机构的一部分，它们对某些涉及行政事务的案件进行判决。根据传统的法律规定，公正原则只适用于司法程序而不适用于行政程序。这意味着，公正的两条主要原则——“任何人不得在涉及自己的案件中担任法官”和“必须听取另一方的陈诉”〔1〕——可以不用于行政诉讼。但行政裁判所的法官往往与政府机构有着这样或那样的联系，他们出于自己部门利益的考虑可能会在没有给当事人辩护机会的情况下作出行政裁决，而法院是不能干预他们的裁决的。对此，丹宁明确指出：“如果裁判所可以不受法院的制约，自由超越它们的权限，那么法制就不存在了。”为此他主张法院必须干预行政裁判所的司法活动，因为行政裁判所“必须遵守司法审判的基本规则”，它们“只有正确判决的司法权，而没有错误判决的司法权”。〔2〕他在几个重大案件中，抛弃了传统惯例，以调卷令等法律手段否决甚至撤销了法院认为是错误的行政裁判所的判决。丹宁对这几个重大案件的判决得到了上议院的确认，成了新的判例。丹宁的努力目标是，在英国建立一套法院能有效地纠正政府大臣、地方政府、行政裁判所的错误，取消他们所发布的命令、判决的行政法；从而在司法上保证政府行政部门正确地行使权力，履行对社会所承担的责任，尽可能最大限度地实现公正。

---

〔1〕 伊·A.马丁编著：《牛津法律大辞典》，上海翻译出版公司1991年版，第328页。

〔2〕 丹宁勋爵：《法律的训诫》，第72页。

当然,所谓公正,就是不让天平歪向任何一边。在考虑个人利益的时候,也必须考虑国家和公共利益。为此丹宁特别指出:“必须牢牢记住在公平审讯和公平解决问题的过程中,除了当事人的利益之外,还有另一种利益需要考虑,这就是有关国家大事的公共利益。”[1]他认为,法官在判案过程中必须在这两种利益之间进行权衡,作出公正的判决。

“法律下的自由”(Freedom under the Law),是丹宁的第二条哲学。他曾不无骄傲地说,他是“法律下的自由”这一短语的“第一个真正的发明者”。1949年,丹宁担任高等法院法官后不久,他应邀作哈姆林讲座(Hamlyn Trust Lecture),他冥思苦想,为讲座想出了一个题目:法律下的自由。当时他从法律上给自由下的明确定义是,所谓自由,是“每一个守法的公民在合法的时候不受任何其他人干涉,想其所愿想、说其所愿说、去其所愿去的自由”。[2] 在这个定义中,他为个人自由做了重要的限定,即“守法”和“在合法的时候”。也就是说,个人的自由必须受到法律的限制。其实这一主张一直是西方政治和法律思想的一项重要原则。1748年,法国杰出的资产阶级启蒙思想家孟德斯鸠(Montesquieu)在《论法的精神》一书中就明确指出:“自由仅仅是:一个人能够做他应该做的事情,而不被强迫去做他不应该做的事情。”他还进一步指出:“自由是做法律所许可的一切事情的权利;如果一个公民能够做法律所禁止的事情,

---

〔1〕 丹宁勋爵在《瑟利德米案》中的判词,见《泰晤士报》1972年10月2日。

〔2〕 丹宁勋爵:《家庭故事》,第179页。

他就不再有自由了,因为其他的人也同样会有这个权利。"[1]丹宁关于自由的定义没有超出前人的思想,但他从法律角度不断强调,"个人的自由必须用个人的责任予以平衡",并提出了一个重要的概念,即"平衡论"(theory of balance)。1953年,丹宁在他的《变化中的法律》一书中指出,英国宪法的特征就在于:自由和责任是平衡的,权利(力)和义务是平衡的,既不能滥用权利(力)和自由,也不能不承担义务和责任。他认为法官的责任在于使自由与责任之间的天平平衡,使权利(力)和义务之间的天平平衡。[2] 如果我们仔细研究丹宁的著作,我们就会发现丹宁对英国法律改革所做出的努力在很大程度上是以这一思想为出发点的。

有一个例子可以说明这一点。在英国,有一些土地是属于私人所有的。自19世纪工业时代以来,土地主可以在私人土地上自由地从事建筑活动,法律不能干涉。自第二次世界大战结束以来,随着经济和社会的发展,环境的破坏和环境的污染对人类的危害使人们认识到,土地的使用必须与环境保护同步。这样就出现了法律能否干涉公民在私人地产上的建筑活动的问题。丹宁坚决主张,再也不能固守19世纪工业时代的法律陈规了,为了公共利益,法律必须干预公民在私人地产上的建筑活动。丹宁在判案中,反复强调公民不能滥用自己作为地产主的权利,在行使自己的权利时,还必须考虑到公共利益,在个人利益与公共利益发生冲突的时候,必须优先考虑公共利益。在丹宁的努力下,国会先后以民事上诉法院判决的几个案

---

〔1〕 孟德斯鸠:《论法的精神》(上册),商务印书馆1979年版,第154页。

〔2〕《丹宁勋爵:法官和法律》,第211~212页。

件为基础，通过了一系列关于土地规划和土地使用的法案。法案从现代社会的发展出发，摒弃了一些传统的法律原则，为合理使用土地、保护环境，起到了积极作用。

另一个例子是新闻自由。新闻自由是任何一个民主国家的宪法规定的一项基本自由。丹宁是这一自由的积极拥护者，因此丹宁对70年代上议院宣布的报纸不应该发表关于“预先判断那些尚未了结的案件”的评论这一新的原则和《1981年蔑视法庭罪法》提出异议。对于前者，他认为，“报纸有——也应该有——对公众感兴趣的问题发表意见的权利……只要报道正确，态度端正，评论公正”，就不应当限制这种自由，而应当“详尽讨论，不断批评”，因为“公正的意见是不会损害公正的审讯的”。对于后者，他认为，“任何报纸都有权刊登关于诉讼程序的公开而准确的报道……即使报道可能严重毁坏个人名誉；即使可能暴露上层的坏事；即使可能会给国内最有权势的人添麻烦；即使可能成为政治上的炸药，也还是可以自由发表的——只要它是公正和准确的报道。”但另一方面，他又认为，报纸在享有新闻自由的同时也承担着为公众服务的责任。因此他明确提醒道，在审理有关新闻自由的案件中，“除了当事人的利益以外，还必须有另一重大利益需要考虑，这就是有关国家大事的公共利益和就此类大事发表公正意见的新闻自由权利。必须在一种利益和另一种利益之间进行权衡”。基于这一考虑，他坚决主张“这种权利必须受诽谤法和蔑视法庭法的限制”，否则将会对公共利益和国家安全构成威胁。[1]

---

〔1〕 丹宁勋爵：《法律的正当程序》，伦敦巴特沃斯出版公司1980年英文版，第44～49页。

还有一个与丹宁主张的"平衡论"有关的例子是婚姻家庭问题。丹宁相信平等是我们时代的秩序。因此他主张男女在法律上应该是完全平等的。他认为,尽管男女之间存在着许多差别,"但是这些差别没有一条可以作为妇女屈从男子的理由。女子的感觉和男人一样敏锐,思维和男人一样清晰。她们在自己所擅长的领域内工作的价值和男人在自己所擅长的领域内工作的价值是同样的。她们有和男人一样的权利去争取自由和充分发展自己的个性。女子结婚时,她不是成了丈夫的仆人,而是丈夫平等的配偶。如果丈夫的工作在社会生活中更加重要,那么她的工作在家庭生活中也就更加重要,谁也离不开对方,任何一方都不应在另一方之上,他们是平等的"。[1] 根据这一点,在担任高等法院家事法庭法官和民事上诉法院院长时,他审理了许多离婚上诉案。他发现,尽管没有一个法官对妇女的平等地位提出疑问,但在英国,男女平等在实际生活中并没有真正实现,根据传统的一些判例,被遗弃的妻子往往得不到她们应该得到的家庭财产。因此,他在对一些离婚案件作出判决时,坚决摒弃那些与现代社会生活基本原则格格不入的陈旧惯例。他的理由是,随着社会的发展,社会分工越来越细,外出劳动是社会分工的需要,在家从事家务劳动同样也是社会分工的需要,这两种劳动在性质上是一样的;在一对夫妻离婚时,他们各自的劳动都应该是家庭财产占有权的基础,因此,在双方解除婚约、分割家庭财产时,妇女应该和男子一样,平等地拥有自己的份额,尽管她未外出从事社会工作,而只是在家里从事家务劳动。根据这一理由,他纠正了很多不利于妇女的离

〔1〕 丹宁勋爵:《法律的正当程序》,第164~165页。

婚判决，创立出一些新的判例，维护了妇女的正当权益。

基于同样的信念，丹宁对在一段时间内英国和整个西方盛行的“性解放”始终持否定态度。他的理由是，一个人享有某种权利，也就承担了某种义务；妇女在家庭中享有同等的权利，也就承担了与男子同等的维护健康、和睦家庭生活的义务。承担义务和享有权利同等重要。他说：“妇女们已经获得了自由，同时也承担了与其对等的义务。如果她们履行了自己的义务，她们的平等权利就不仅仅是一种绝对正义的事情，而且还是一件能为人类带来巨大利益的事情。在她们的所有义务中，首要的是在国家中保持和睦健康的家庭生活。对这个重要的义务来说，所有其他的利益都是从属的。”他认为，只讲自由，不讲责任；只讲权利，不讲义务，男人和女人彼此相互任意结合，只能导致“我们建立在健康家庭生活之上的文明的终结”。因此，他严肃地指出“美满的家庭生活的唯一基础就是基督教婚姻——一个男人和一个女人的人身结合，只要两个人都活着，不管怎么样，双方都排斥其他任何人”。〔1〕应该顺便提到的是，丹宁从小受到身为虔诚的基督徒的父母的影响，笃信上帝。他的婚姻生活是幸福美满的，家庭成员间亲密和睦。他已是一位百岁老人，他的夫人也已达耄耋之年，但夫妻二人仍然相亲相爱，携手共度幸福的晚年。

“相信上帝”（Put your trust in God），是丹宁的第三条哲学。作为一名法官和虔诚的基督徒，丹宁除了相信法律的力量外，他还坚信道德的力量。他认为，他的前辈，也曾当过律师的英国著名分析法学派创始人约翰·奥斯丁（John Austin 1790～

〔1〕 丹宁勋爵：《法律的正当程序》，第200～201页。

1869)的法律哲学是完全错误的。奥斯丁认为,法律是统治者的命令,人民必须绝对服从。当然奥斯丁的理论有其自身的合理性,因为国家就是要通过法律让所有的人明白他们自己的责任和义务,并使他们知道如果不承担这些责任和义务,就会受到法律的惩罚;从这个意义上说,法律本身就是强制性的。奥斯丁的问题在于,他在法律和道德之间画了一条泾渭分明的界线,认为法官和律师只应关心解释和实施法律,而不应关心法律的道德性。在奥斯丁的影响下,多少年来在英国有不少法官和律师认为法律和道德是不搭界的两回事,忽视了道德对社会秩序的稳定的重要作用。殊不知,法律终归是由人制定的,法律再严密,法律的强制性再严厉,总是会有漏洞的,而且由于法律相对于社会发展的滞后性,这种漏洞是随处可见的,所谓“法网恢恢,疏而不漏”,实在是一些人的臆想。所以,除了加强法制外,不断提高所有人的道德水准,使人们将承担责任和义务当成出自内心的本能,即使看到法律有漏洞可钻而不钻;最大限度地减少专钻法律漏洞的人的数量,并使极少数专钻法律漏洞的人受到道德的谴责,使其在良心和私利之间的权衡中感到一种内心的痛苦,这是一个文明进步的社会必须经常强调的一项工作。法律强制和道德规范相辅相成与单纯的法律强制而不顾道德规范,的确是文明进步的社会与野蛮专制的社会这二者之间最重要的区别之一。丹宁清楚地看到了这一点,所以他强调,“虽然宗教、法律和道德是可以分开的,但它们不是互不搭界的。没有宗教,可能没有道德;没有道德,也就没有了法律”。丹宁相信,除了少数邪恶之徒外,绝大多数人是承认和服从法律的,因为“他们承认法律是他们的义务而服从法律。他们还承认,他们也有一种服从法律的道德义务”。因此他正确地指出:“正是因为这一原因,最重要的是,法律应该是公正的。人民尊重那些真正正确和公正的法律原则……如果要人们有一种义务感,那么法律必须尽可能地与公正保持一致。”[1]这样,丹宁又回到了他的第一条法律哲学上来了。他认为,“公正不是……看得见的一件什么东西。它不是一时的,而是永恒的。一个人怎样才能知道公正是什么呢?它不是他的智力产品,而是他的精神产品。宗教关心的是人的精神,人凭着这种精神就能认识到什么是公正”。[2] 因此丹宁极力主张通过宗教来提高人们的道德水平,从而提高人们自觉尊重和服从法律的意识。丹宁的这一思想对我们是极有启发的。当然,我们不一定非通过宗教来提高人们的道德水平,但无论通过什么方法,在一个充满着各种物质享受诱惑的社会中,通过道德教育来提高人们承担责任和义务,遵守法律的自觉性,是任何一个国家维持其安定、和谐和健康的社会环境必不可少的条件之一,而这一安定、和谐和健康的社会环境对国家富强、社会进步、人民幸福都是不可或缺的。

丹宁对法律改革的贡献主要在英国,但他的这些思想的影响却不仅仅局限于英国。这些思想是现代社会发展的产物,因此为不少西方发达国家特别是英美法系国家的法学家所重视。我国是社会主义国家,我国的法律和西方资本主义国家的法律有着本质的区别,但这种区别并不妨碍我们吸收和借鉴西方法学家提出的一些进步的思想。因此,笔者相信,研究丹宁的法

---

〔1〕 丹宁勋爵:《家庭故事》,第181~182页。
〔2〕 丹宁勋爵:《家庭故事》,第183页。

学著作及其法学思想,对于完善我国社会主义法制建设同样是有所帮助的。这就是我们将丹宁的法学著作和他的法学思想介绍给我国读者的原因。我们希望,我们的努力不仅能使读者通过丹宁的法学著作对英国法律的历史和现状有所了解,而且还能使读者对他的法学思想有所思考,以便从中吸取一些有益的东西。

前　言

写完《家庭故事》后，由于精力还充沛，于是便想再写一本书。但写本什么书呢？我这个年纪，不会看到我所希望完成的更多的工作了，因此，我决定研究未来，并提出一些问题——希望后人能够解决。这不是不切实际的幻想。不是丁尼生[1]的理想主义，他曾期待着：

“直到战鼓不再咚咚地敲得心惊肉跳，
直到战旗，
在全人类的议会里卷起，
在全世界的邦联里卷起。

在那里，多数人的理智，

---

〔1〕 丁尼生（Alfred Tennyson，1809～1892），英国著名诗人。著有组诗《国王叙事诗》，戏剧诗《莫德》和自由体长诗《伊诺克·阿登》等（引文见《洛克斯利庄园》）。——译注

将使躁动的国王怀有敬畏
而仁厚的大地,
将在自然的法则的慈爱怀抱中安睡。”

我决定探讨几个法律分支的改革,这些分支最需要改革,而且有或应该有取得成功的希望。

不久我发现其他人已经在从事相同的工作了。皇家委员会、部务委员会和蓝皮书[1]一直在提议改革,但只是因为不合议会的时宜,这些建议都被政府以这种或那种理由,或者根本就没有理由地拒绝了。有时在议会中进行辩论,有时则根本不进行辩论。

因此我认为,为了办成一些事情,就需要某种刺激。而且我还可以冒昧地说:我的书应该是一种刺激。我将努力使人——不仅使律师而且还要使其他可能有关的人——对我的书感兴趣。每个人都应该关心法律的改革,因为法律毕竟时时刻刻影响着我们所有人的生活。

在这本书中,你们将看到很多对过去法律案件的描述。其中有些在我国历史上是重要的;有些在确立法律原则时是重要的;有些案件本身就很吸引人。你们将不止一次地发现现在在法院内发生某些类似的案件。因此它们与我叙述的主题是一致的。过去的经验指明了通向未来的道路。你们当中有些人也许对一些案件已经很熟悉了。如果是这样,你们可以跳过那些熟悉的案件,去看那些过去没有看见过的案件。

我先给你们讲几个人,他们在各自所处的时代都对法律改

---

〔1〕 英国政府就某一专门问题发表的报告、外交文书等通称为蓝皮书。——译注

革做出过贡献。如同我们通过自己的努力可以学到知识一样，通过学习他们的事例，我们也可以获益。

然后，我将向你们讲几个问题，并详细地提出我的建议。我也会偶尔讲些错综复杂的案子，对此我希望读者予以谅解。法律论点中存在很多混乱，而且你们无法避免。如果你们愿意，你们可以先不看这些复杂的论点，直到你们遇到与此有关的案件为止。

最后，我离开专门的主题，做一些一般性的叙述。我将向你们介绍理查德 · 丁布尔比讲座（Richard Dimbleby Lecture），它的题目是“权力的滥用”。很多人在电视上已经看过这个节目，但还没有读过它的原稿。我介绍它的目的是使你们不要忘记这次讲演——因为它在一定程度上涉及了同样的主题。在这篇讲演稿中，我力求证明法律最重要的作用是防止掌握权力的任何机构——不管它们是政府、报社、电视台、工会、跨国公司还是其他机构——滥用权力。

以上是本书的概要。其中大部分还是有争议的问题，我是故意把这些问题写进去的，目的是请你们对我所讲的内容进行思考、讨论并写出文章。书中的任何观点都不是最后的结论。本书是在没有听过不同意见，没有和其他人讨论的情况下写成的。和以往一样，我时刻准备修改我的观点。因此，对于我的想法，同意或不同意都可以讲出来。请大家帮忙，把一些事情做得更好。

Denning.

1982 年 2 月

第一篇

伟大的改革者

导　言

我们大多数人都喜欢读伟人生活的故事。当一位政治家退休后,他要写自己的回忆录。政治学家也是如此。各家报纸都刊登这些回忆录,它们善于发现这些回忆录是否披露了秘密事件,它们还喜欢看到是否有令人心动的个人经验之谈。

在这一篇中,我要讲讲几位伟大的法律改革家的故事。你们将看到,他们当中的每个人都依靠了解释的力量——不是通过写就是通过讲。通过对法律的解释,你就能为改革法律铺平道路。你必须指出法律的不足——这样做便为填补不足铺平了道路。你们还会看到,风格——写作的风格、讲演的风格和作出判决的风格——起着很重要作用。因此在某些章节中,我举几个有关这几个人风格的例子。你们还会看到,有时在他们想使法律更公正或更合理的时候,他们就会受到和他们同时代的一些人的批评:爱德华·科克爵士[1](和他同时代的人都知道他叫科克勋爵)与曼斯菲尔德勋爵[2]就是如此。因此,改革家对批评必须敏感,但不能过度敏感,以致失去勇气。否则,便什么事情也做不成了。

当然我不可能写很多人,因此我只写了分属几个不同世纪的五个人。

〔1〕 爱德华·科克爵士(Sir Edward Coke,1552～1643),英国法官、法学家。1594年由伊丽莎白一世任命为检察总长。1606年又由詹姆士一世任命为普通法院首席法官。其主要著作有《法理》一书。——译注

〔2〕 曼斯菲尔德勋爵(Lord Mansfield,1705～1793),英国著名法官,曾任检察总长和王座法院首席法官。——译注

第一章 亨利·布雷克顿 (1200～1268)

在法律上我要提到的第一个伟大的名字就是亨利·布雷克顿。[1] 他是德文郡人,在埃克塞特的教堂内刻着他的名字。他生活在很久很久以前——七百多年以前——当时是王座法院[2]的一名法官。和当时的大多数法官一样,他也是一名教士。法官现在穿的红袍原来是黑袍。

布雷克顿是第一个使法律成为科学

〔1〕 亨利·布雷克顿(Herry Bracton ？～1268),英国历史上的著名法官、法理学家。《论英格兰法律和习惯》是他的成名作。遗作《布雷克顿札记》对英国法律的发展有着重大影响。——译注

〔2〕 王座法院(King's Bench),英国高等法院的一个组成部分,专门负责审理契约、侵权行为等案件。——译注

的人。

一、“凭着一个又一个判例”

布雷克顿保存了一个笔记本。他根据13世纪旧的诉讼案卷,对其中两千个案件作了笔记。这些案卷都是羊皮纸卷宗,上面写着法官受理的案件的诉状。它们都是用拉丁文写的。布雷克顿也用拉丁文写作。他把这个笔记本作为他的论文《论英格兰法律和习惯》的基础。和我们现在的做法一样,他在这篇论文中参考了过去的案件。他以这种办法利用已经判过的案件开创了英国的判例制度。在他的笔记本上,他写道:

“不过,如果出现了相同的案件,就应该用一种相同的办法来判决:因为从判例到判例比较好处理。”

丁尼生在写到英国时曾引用过这句话,他写到,英国是这样一个国家,在那里

“这国土有公正,古老之名,
有个稳定的政府在治理,
凭着一个又一个判例,
自由慢慢地扩展到下层。”[1]

---

〔1〕 丁尼生:《“你问我,既然感到不自在”》。译文见黄杲炘译:《丁尼生诗选》,上海译文出版社1995年版,第88页(译文略有改动)。——译注

二、"国王不受制于人"

布雷克顿的另一份遗产(这笔遗产已牢固地保留在我们的全部历史中)是他从约翰国王的动乱时代学到的东西。当1215年签署大宪章[1]时,布雷克顿还是个孩子。在国王亨利三世时代——在人们的印象中,它是一个鼎盛时代——他当上了法官。他在论文中写道:

"国王不受制于人,但受制于上帝和法律。"

当斯图亚特王朝的那几个国王声称根据神权统治我们时,这句话曾被反复引用过。当时詹姆士一世就曾宣布过:

"要我受制于法律。说这话就是叛逆。"

当时,爱德华·科克爵士回答说:

"布雷克顿是这样写的:'国王不受制于人,但受制于上帝和法律'。"

在判决查理一世死刑时,特别组成的高等法庭庭长是约翰·布雷德肖(John Bradshaw)。和他一起的是150名国会调

---

〔1〕 大宪章,即英国大宪章(Great Charter of England),亦称"自由大宪章",是英国历史上最重要的政治、法律文件之一。它是在1215年由英王约翰签署的,共63条,其中一些条款是保证人身自由的。——译注

查员。他是杰出的王室法律顾问[1]之一。他受到过各种审判仪式的礼遇：身穿红袍、佩带剑杖。如果你们看看《国家审判案》上的报告，你们就会看到约翰·布雷德肖反复引用了布雷克顿的这句名言：

“国王不受制于人，但受制于上帝和法律。”

国王拒绝答辩。他说法庭不能审判他。就像在纽伦堡的纳粹战犯一样，国王同约翰·布雷德肖争辩。完全失去了体统。国王被判处死刑。约翰·布雷德肖是第一个签署死刑执行状的人。

只是在查理一世从白厅宴会厅窗外走过上断头台时，他才以自己的举止挽回了一点儿面子。正如安德鲁·马伏尔[2]所说：

“他做的想的都不平常，
在那个可纪念的现场；
眼睛坚定地看着不动，
斧子的锐利锋刃。

也没用粗俗的诅咒，
要求神明把无助的君权搭救；
只把大好头颅横放，
斧下，犹如平时上床。”

---

[1] 王室法律顾问(King's Serjeant)，为一种荣誉称号，并不对王室履行具体的法律职责。一般资深出庭律师经本人申请，经大法官推荐和英王批准，才能被授予这一称号。获此称号的出庭律师出庭可坐在审判席上，身穿丝袍(silks)，故亦称“丝袍”。——译注

[2] 安德鲁·马伏尔(Andrew Marvell，1621～1678)，英国诗人和讽刺作家。译文见王佐良：《英国诗史》，译林出版社1997年版，第143～144页。——译注

第二章　爱德华·科克爵士（1552～1634）

第二个伟大的改革家是诺福克的爱德华·科克。他是一个怪诞的多种性格的人。作为检察总长，[1]他是残酷的、不公正的；作为首席法官，他是聪明的、公正的。不过，他是以自己的法学著作而闻名于世的。威廉·霍尔兹沃思爵士（Sir William Holdsworth）对他作了很高的评价：

“科克对英国公法和私法的贡献就像莎士比亚对文学，培根对哲学，圣经权威译本译者对宗教的贡献。”

---

〔1〕 检察总长（Attorney-General），是国王首席法律顾问，亦是全国律师的当然领导者；代表国王决定对重大案件是否提出起诉。——译注

一、对沃尔特·雷利夫爵士的审判

现在很多人不知道科克任检察总长时的不光彩的行为。这种行为在他对沃尔特·雷利夫爵士(Sir Walter Ralegh)提出起诉时达到了顶点。现在我就给你们讲讲沃尔特·雷利夫爵士的故事。他是一位诗人、作家,也是一位大臣。就是他把自己的斗篷铺在泥泞的路上让女王伊丽莎白一世走过。伊丽莎白女王死后,据说,沃尔特爵士企图阴谋发动叛乱,杀害新国王(詹姆士一世),扶阿拉贝拉·斯图亚特(Arabella Stuart)登基。当时伦敦正在流行瘟疫,所以审判改在温彻斯特城堡大厅举行。我自己经常到那个地方去。据说在这个案件中,科克在关键时刻还向雷利夫挥舞了拳头。他的声音响彻整个大厅,他手里拿着一张纸。

科克:你是迄今为止最卑鄙、最可恶的卖国贼!

雷利夫:你的话太轻率、太野蛮、太粗俗了!

科克:你是个讨厌的家伙,由于你的骄横傲慢,整个英国没有不讨厌你的人。

雷利夫:我要证明你是嫁祸于我,检察总长先生。

科克:好,我现在就证明你是迄今为止最大的卖国贼……

于是,科克举起那张纸。那是捏造的一封信。这是后来经过证实才知道的。但这封信起了作用。沃尔特·雷利夫爵士被判处有罪。他被判了死刑,不过缓期执行了。他被关进了伦敦塔,[1]17年后被处决。

二、“应该,应该,应该”——科克说:“不应该”

可是当科克成为王座法院首席法官时,他表现出了很大的胆量。他站起来反对国王的主张。难点出现在薪俸代领权案件(即“约翰·科尔特和格洛弗诉考文垂和利奇菲尔德主教案”)[2]中,在这个案件中,有两名绅士控告考文垂和利奇菲尔德主教。该案涉及向克利夫顿的坎维尔的一座教堂推荐一名领取薪俸的教士的权力问题。[3] 国王送信给法官说,在同他商议之前不得进一步审理此案。但科克断然拒绝了。他说:

“如果服从陛下的命令,停止审案,那么就会拖延实施公正。这是违反法律的,也是违反法官的誓词的。”

他向12名法官提出了下列问题:

“当国王认为与他的利益有关并要求法官征求他的意见时,法官在与国王商议之前是否应该中止审案?”

除科克外,所有法官都说:

---

〔1〕 伦敦塔(the Tower),伦敦的一座古城堡,在中世纪时曾是关押政治犯的监狱,19世纪改作军械库。——译注

〔2〕 (1617年)Hob 140(此为英国法律文件卷宗编号,后同——译者)。

〔3〕 薪俸代领权(Commendam),是指国王或教皇给予主教代领并保管教士和牧师薪俸的一种权力。在英国历史上常常出现主教以这种权力享用或克扣教士和牧师薪俸的事情。1836年以后,此权力被废除。——译注

"应该,应该,应该。"

但科克却说:

"如果发生这种事,我就按照法官应该做的去做。"

后来国王免去了科克的法官职务。但毫无疑问,他的态度受到了英国人民的高度赞扬。

科克曾说过这样的话:"我不愿意做国王要求我做的事。一名法官不应该应国王的要求而拖延审理的案件。"

三、修改报告

这次犯上严重触犯了国王。紧接着又发生了一起犯上的事件。国王不同意科克写的许多判决报告。国王用以下这些话让他修改报告:

"……在休庭期间,当他有时间一个人待在家里的时候,他应好好考虑考虑,重新看看他的那些报告书,因为朕得知,在这些报告书中,有许多夸大和炫耀之词,发表这些报告书是为了制定明确和完善的法律。"

在科克的报告书中有五百个案件。科克一一修改了一遍,只承认有五个小的、完全微不足道的、事实上的或拉丁文翻译上的错误。

四、科克被免职

科克在王座法院中有一个仇人,他就是弗朗西斯·培根。[1] 培根列了一份科克作的但国王认为是要不得的判决清单。国王以此免了科克的职。他是通过中止执行令[2]而做出此事的:

“由于某些能够说服我们的原因,我们决定你将不再作为我们的首席法官代表我们进行审判,我命令你不得再干预此类事务。鉴于此,我们即刻解除你的职务。”

五、他在国会中的活动

科克被免职后成了国会议员,而且在公共事务中起到了重要作用。他极力主张臣民的自由。按他的年龄来说,他的精力是惊人的,因为他在1628年成功地发表著名的《权利请愿书》[3]时,他已经76岁了。他以他的论据和不屈不挠的精神

---

[1] 弗朗西斯·培根(Francis Bacon,1561～1626),英国著名哲学家和法学家。曾任英国大法官。其主要著作有《培根论说文集》。——译注

[2] 中止执行令(supersedeas),指在提起上诉时暂不执行裁决的法律令状。一般由上级法院对下级法院发出,但在中世纪,常常被国王用来干预法官的判决。——译注

[3] 权利请愿书(Retition of Right),英国资产阶级革命前不久的一份重要政治、法律文献,主要内容是国王未经国会同意不得强征税赋,不得任意逮捕臣民或剥夺其财产,不得任意侵犯臣民的个人利益和权利等。——译注

压倒和克服了反对请愿书的种种观点和障碍。以后我还要告诉你们更多这方面的情况。

他从国会引退后就回到了他在斯托克—波格斯的别墅,以写作度过了他的余生。

六、科克的报告

科克的声望的基础是他作为法律报告撰写人和法律评论家所写的著作。他的报告包括了40年的法律判例。他的报告和评论都是在1600~1616年发表的。它们都是用诺曼底—法语写成的,诉状是用拉丁文写的。他记下了案件和判决,此外还加了很多自己的注释。他的这些注释后来被认为与判决具有同样的权威性。他为学生用英文写了前言。我自己很喜欢他所用的那种语言风格:

"世界上没有什么比学习更为宝贵了:无论对王子还是对臣民,没有什么比学习法律知识更好的了,对各个阶层、各种事业来说,没有任何法律知识(我说的是人类的)比英国的有关财产、土地或生命的普通法[1]更必不可少的了。"

后来,他曾提倡过我也十分赞赏的那种简朴的风格:

---

〔1〕 普通法(the Common Law),又叫判例法或习惯法,是成文法的对称。主要是指1066年诺曼底人征服英格兰后前三个世纪内以王家法院所发展的规划为依据而订立的那部分法律。它是靠由古代到现在的判例融合、沿革而成,因不同于地方法律,也不同于过去封建领主的判例法,而是通行于全国的法律,故称为普通法。普通法由普通法法院实施。——译注

“说话要讲究效果,平铺直叙、简洁,这应该成为法律这种职业的关键素质。华丽的辞藻和漂亮的修饰并不能使真理增色。”

七、科克的《法理》

科克在退休期间写了他的《法理》一书。他根据拉丁文institu。起了这个书名。

“(他写道)我把该书叫作《法理》,是因为我希望它可以引导和指导那些专心致学的人,并以一种现成的办法引导他了解英国的各种法律知识。”

法官斯蒂芬(Stephen)先生曾这样谈到过这本书:

“《法理》对英国法律的影响比从布雷克顿时代到布莱克斯通时代的任何一本著作的影响都要大。”

关于爱德华·科克爵士我就讲到这里。[1] 他把旧的中世纪的法律拿来并加以改造。他对这些法律作了详细的解释,这些解释产生了深远的影响。正如弗朗西斯·培根所说:

“要公平地评价每一个人。如果没有爱德华·科克的报告……这个时代以前的法律就像一只没有压舱物的空船。”

---

〔1〕 我谨向凯瑟琳·德林克(Catherine Drinker)表示感谢,因为我从她的《狮子与王位》一书中得到了很多关于爱德华·科克的资料。

第三章　威廉·布莱克斯通爵士 (1723～1780)

现在，我来谈谈出生于威尔特郡的威廉·布莱克斯通。[1] 他是我们已有的普通法的最伟大的解说者。不过很奇怪，我在牛津时却没听说过他。我当时不得不读拉丁文的《查士丁尼皇帝法典》[2]——没有借助于英译本。查士丁尼的法典写于公元535年，是学生学习罗马法的入门书。布莱克斯通的《英国法释义》是在公元1765年

---

〔1〕 威廉·布莱克斯通（William Blackstone，1723～1780），英国著名法学家。曾担任律师，以后在牛津大学讲授法学。1761年被选为国会议员。1770年任普通法法院法官。《英国法释义》（Commentaries of the English Law）是他的主要著作。——译注

〔2〕 查士丁尼皇帝法典（Institutes of the Empeor Justinian），又译《优士丁尼安法典》，是由东罗马帝国皇帝查士丁尼主持编纂的法律汇编，共12卷。——译注

出版的,是学生学习普通法的入门书。

一、"公平待人"

《查士丁尼法典》开头的几句话已经流传几百年了,它们表达了所有时代的法律的道德和哲学基础。

"公正是公平待人的永恒目的。

法律是关于神和人的学问——是关于公正和不公正的科学。

法律的格言是:为人正直,勿伤邻居,公平待人。"[1]

[在我的大学,即牛津大学马格德林学院,当传爱盅时,每个人都说这句话:"Ius suum cuique"(公平待人)。]

你可能想起《圣经》上的《弥迦书》第六章第八节中同样的格言:

"世人哪!神已经指示你们他喜悦的事,那就是要你们行公义,施怜悯,存谦卑的心与神同行。"

威廉·布莱克斯通是牛津彭布罗克学院的著名人物。他被中殿律师学院[2]授予律师资格。他不是一个好的开业出庭

[1] 原文为拉丁文。——译注

[2] 中殿律师学院(Middle Temple),英国四大律师学院之一。另三个是林肯律师学院(Lincoln's Inn),内殿律师学院(Inner Temple)和格雷律师学院(Gray's Inn)。它们是英国培养和训练出庭律师的专门机构。——译注

律师,[1]揽不到多少案子。但在一个案件中,他曾是当时担任副检察长的威廉·默里(William Murray)先生的助手。默里后来成为我马上就会向你们谈起的曼斯菲尔德勋爵。布莱克斯通一生的转折点是他被选为万灵学院(即拒绝我入学的那所学院)的教授。从那时起,他开始给学生开法学讲座。当时民法钦定讲座教授的位置是空缺的。

二、公爵是“最可笑的人”

我应该向你们讲点儿关于这些钦定讲座教授职位的故事。这些职位是亨利八世于1546年用他强迫修道院交来的钱而设立的。专门讲与普通法完全不同的民法课程。所以它是古老的罗马法讲座。任命教授的权力在首相手中。当纽卡斯尔公爵(Duke of Newcastle)任首相时,这个教授的职位就空缺了。这位公爵被描写成“在公共事务中总是起主要作用的最可笑的人。”幸运的是,老威廉·皮特[2]当时是国务大臣,而且指挥着同法国的战争。公爵负责任命教授。他非常富有,因此曾用

〔1〕 出庭律师(barrister),英国高级律师,担任出庭律师者须在牛津、剑桥等著名大学毕业后在四大律师学院之一接受一年的专门训练,考试及格,方能获此资格。——译注

〔2〕 老威廉·皮特(William Pitt,the Elder,1708~1778),英国政治家和演说家,辉格党人。曾任辉格党下院领袖。他的儿子小威廉·皮特(William Pitt,the Younger,1759~1806),曾任英国首相,托利党领袖。——译注

钱买卖过"空缺议席"。为此特里维廉[1]曾把他说成是"英国有史以来出现的最大的议席贩子"。他所做的每项任命都是有政治原因的。这个人肯定会帮助辉格党[2]的。

威廉·默里(当时仍是副检察长)推荐布莱克斯通任钦定讲座教授。如果布莱克斯通成为他的党的工具,纽卡斯尔公爵就准备把这个职位给他。公爵对布莱克斯通说:

"先生,你的朋友默里先生说你会以一种完美的风格讲授法学课程,因为对学生有帮助,我相信这种评价,而且我敢说我完全信任你,在那所大学无论什么时候出现政治骚动,先生,你都会尽力代表我们的。"

布莱克斯通对这种暗示的回答是:他不愿意卷入政治,然后就离开了房间。

三、瓦伊纳先生留下了钱

布莱克斯通的回答使公爵很不高兴。所以他任命了一个叫詹纳的人。他不懂法律,当然对民法也一无所知。但是布莱克斯通的时代到来了。他仍然在牛津讲课。当时有个瓦伊纳先生逝世了,他是个很有学问的律师,曾编纂过 24 卷本的《法

〔1〕 乔治·麦考利·特里维廉(George Macaulay Trevelyan 1838～1928),英国著名历史学家和传记作家。主要著作有《英国史》和《英国社会史》等。——译注

〔2〕 辉格党(Whig),是 1679～1682 年在国会中形成的代表大资产阶级和新贵族利益的政党。19 世纪中期与其他政党合并称为自由党(Liberal Party)。——译注

律和衡平法概要》,那是一部几乎难以想象的拙劣作品。不过他给牛津大学留下了一大笔钱,以促进对法律的研究。1756 年布莱克斯通被任命为第一位瓦伊纳法学教授。

四、布莱克斯通的《英国法释义》

布莱克斯通的那部不朽的《英国法释义》(四卷本)使我们受益匪浅。这是他 12 年教学的结晶。这部著作马上被律师和学者们公认为一部经典著作。直到今天,它仍是一部经典。我在我的私人图书馆里藏有一本早期的版本。当我要了解他那个时代的法律是什么样子的时候,我总要参考它。他那广博的知识,他所作的研究,他那散文风格,他对一些原则的说明,常常使我惊诧不已。这是我们有史以来最伟大的一部法学著作。

爱德华·吉本〔1〕读过三遍这本书,并作了一本详细的摘要。当有人问曼斯菲尔德勋爵给将要学习法律的儿子推荐什么书时,他回答说:

"天哪!直到最近,我从来不满意我对这个问题的回答。但是自从布莱克斯通先生的《英国法释义》出版以来,我再也不觉得为难了。**在那部书里**,你的儿子会发现浸透着一种令人愉快的、浅显易懂的风格的分析推理。**在那部书里**,他可以不知不觉地接受构成我国健全法律基础的那些最初的原则。"

---

〔1〕 爱德华·吉本(Edward Gibbon,1737 ~ 1794),英国历史学家,主要著作有《罗马帝国衰亡史》。——译注

我愿从中摘出一段,作为他的风格的一个例子。在这段描述律师学院研究法律方法的话中,他提倡在大学学习法律。现在根据《奥姆罗德高等法官的报告》,所有学法律的学生首先应该获得一所大学的学位。布莱克斯通的这段话如下:

“那些靠四大律师学院谋求职业的绅士们会发现,在一所包括法学的大学中打下法律及其他学科的基础是很方便的(无论是什么时候,都是可行的)。我们可以回顾一下任何一位聪明律师的经验,看看是否还有什么事情比开始学法律更为冒险,或更容易使人泄气。一个不成熟的而且没有经验的年轻人在一生最危险的阶段突然处于享乐的诱惑之中,除了自己的警惕之外,没有任何约束和限制,对于如何完成自己的学业得不到任何公开的指导,没有人帮助他排除困难和障碍,这常常使一个初学者感到困惑。在这种情况下,他希望与世隔绝,经过一段单调孤独的过程,从大量未消化的知识中抽出法学理论;或者经常去法庭,把理论和实践结合起来,使自己能胜任一般的日常事务性工作。因此,我们对于我们经常听说到的一些误判;对于富有想象力的绅士们对这门看来没什么希望的学问日益感到厌倦而完全沉溺于享乐之中或从事一些不费脑筋的行业;对于很多中等能力的人一开始就陷入混乱,而且在他们的余生中一直感到迷惑不解,也就不会感到有什么奇怪的了。”

五、杰里米·边沁在惠特奇写的书

杰里米·边沁[1]强烈反对布莱克斯通。他到牛津听了布莱克斯通的讲座。他说：

"我是同我的熟人的两个学生一起去听讲座的。他们都记了笔记，我也想记，但没记下去，因为我得思考我所听到的内容。我很快发现他在天赋人权问题上的错误，我认为他的见解非常肤浅而且不合乎逻辑……布莱克斯通是一个拘泥于形式的、刻板的、做作的讲演者——正如你根据他的著作的特点——枯燥、隐讳、谨慎——会想到的一样，会表现出一种冷漠的傲慢。"[2]

他在一本名为《政府问题札记》的书中猛烈地抨击了布莱克斯东的《英国法释义》。我很惭愧地说，当他开始写这本书时，他正住在我的罕布什尔郡惠特奇小镇。这是出自这个小镇的有数的几件丑闻之一。

---

〔1〕 杰里米·边沁(Jeremy Bentham,1748～1831)，英国哲学家和法学家，功利主义的创始人。——译注

〔2〕 埃弗雷特:《杰里米·边沁的教育学》(1931年)，第37页。

六、“尤里卡!”[1]

不过,我在这里从没有想到过关于杰里米·边沁的什么事。他是世间最自负的人。就像浴室里的阿基米德一样,1768年当他发现“最大多数人的最大幸福”这一成语时,他喊道:“尤里卡!”他认为功利主义哲学可以解决所有法律和社会问题。但它却什么也解决不了。他开始写很多书,可一本也没写成。他想使自己永垂不朽。如果你去伦敦大学的大学学院,你会在玻璃柜内看到他;他已经变成了木乃伊,穿着真衣服,和他活着的时候打扮得一模一样——常让去边沁俱乐部听演讲的人吓一跳。

七、扔爆竹

不过,我必须回过头来讲布莱克斯通。由于他的名气很大,他被任命为高等民事法院[2]法官。不过和很多博学的人一样,他不是一个伟大的法官。他太学究气了。他是审理一个

---

〔1〕 尤里卡(Eureka)是古希腊语,意思是“好啊! 有办法啦!”古希腊学者阿基米得有一次在浴盆里洗澡,突然来了灵感,发现了他久未解决的计算浮力问题的办法,因而惊喜地叫了一声“尤里卡”,从此,发明了阿基米得定律。——译注

〔2〕 高等民事法院(Court of Common Pleas),三所普通法院中的一所(其他两所为王座法院和财政法院)。19世纪70年代并入王座法院。——译注

当时称作“斯考特诉谢夫德案”[1]的重要案件的四位法官之一。以前每个学法律的学生都知道这个案件。它以爆竹案著称。

它发生在布里奇沃特附近的米尔伯恩港的一个晴朗的日子里。谢夫德从大街上往集市上扔了一个点着了的爆竹。爆竹落在卖薑饼的耶茨的货摊上。当时威利斯正在旁边，他捡起来，扔到集市的对面。它落在另一个卖薑饼的赖亚尔的货摊上。赖亚尔又捡起来扔向集市的其他地方。爆竹打在斯考特的脸上。它爆炸了。斯考特的一只眼珠被炸了出来。斯考特以侵犯致伤控告了谢夫德，并要求赔偿。四位法官中的三位主张由谢夫德赔偿。唯独布莱克斯东持异议。他对古代法律中的侵犯行为和伤害行为之间的区别作了一点技术上的论证。他说已确定的区别是：在伤害是**直接**的情况下侵犯行为才成立；但在伤害只是**间接**的情况下，它肯定是一种在案行为[2]了。

八、过于肥胖

布莱克斯通不经常出庭。他从事研究的时间过长、过多。他从不锻炼身体，因为他讨厌锻炼。他吃得太多，越来越胖。他在57岁时就去世了。

---

[1] (1773年)2 Wm B1 892。

[2] 在案行为(action on the case)，即写入诉状的间接侵犯行为。这一行为与直接侵犯的受罚区别在于侵犯行为只有直接地和突然地造成损害，才能被处罚，而间接地侵犯以及间接发生的损害结果，则应在案件审理中予以补偿。——译注

第四章　威廉·默里，后来的曼斯菲尔德勋爵（1705～1793）

一、他是苏格兰人

威廉·默里是苏格兰人。这一点没有错。他生于1705年，比《1707年合并法》早两年。他生于贵族之家，是斯托蒙特勋爵（Lord Stormont）的第四个儿子。他生在斯孔，这个地方是古代的大教堂所在地，苏格兰国王曾在这里接受加冕。他的家是杰克拜特党人[1]的核心。他们在1715年的叛

〔1〕 杰克拜特党人（Jacobities），指英王詹姆士二世退位后的拥戴者，或要求其后裔继承国王王位者。——译注

乱中曾支持“老僭君”,[1]在1745年的叛乱中又曾支持他的儿子“小僭君”。[2] 默里在14岁以前一直生活在苏格兰。他一定是接受了家里的杰克拜特党人的思想。在他的一生中英国有许多人怀疑他是个杰克拜特党人。但是他却设法消除了这种怀疑。

现在苏格兰人在大多数事情上胜过了我们。我们现在不再嫉恨此事了。但在威廉·默里时代,人们对此是耿耿于怀的。经过一段时间以后他变得比英格兰人还英格兰化了。他14岁时被送到英格兰,以后再也没见过苏格兰。他骑着自己的马下来了。[3] 他骑了六个星期。他上了威斯敏斯特学校,然后上了牛津大学基督堂学院(他在那里遇到了两大危险:“举止”和“偏见”,但他都摆脱了)。他从那里到了林肯律师学院,并在那里取得了律师的资格。他的文雅和善辩使他很快就有了生意。他最著名的委托人就是马尔巴勒女公爵、大公爵的夫人萨拉。有个有趣的故事说,她有一次去他的议事室,发现他出去了,因为他正在同亚历山大·波普[4]进餐。第二天早上,他的书记员对他说:

“先生,我说不出她是谁,因为她不告诉我她的名字,但她骂得非常厉害,所以她肯定是个贵夫人。”

---

[1] “老僭君”(Old Pretender),指1715年觊觎王位的詹姆士·爱德华·斯图亚特。——译注

[2] “小僭君”(Young Pretender),指1745年觊觎王位的查理·爱德华。——译注

[3] 英格兰是高原,而伦敦位于平原,所以从英格兰到伦敦称为“下来”。——译注

[4] 亚历山大·波普(Alexander Pope,1688~1744),英国著名诗人。作品有《论批评》、《致阿勃斯诺特医生书》等。——译注

二、英格兰人讨厌苏格兰人

他33岁时娶了一个英格兰伯爵的女儿，几年以后他当上了副检察长。不久，据传他要当一名法官。此后在1746年《板底杂志》（Broadbottom Journal）中出现了英格兰用最恶毒的语言谩骂苏格兰人的文章，指责他们来英格兰占了位置：

“他们像一窝窝蝗虫一样扑向我们，扑进生活的每个角落，扑上生活的每个舞台。军队里到处有他们，神学院也少不了他们，甚至本来完全没有他们的法律界也开始充满他们那不协调的声调和刺耳的噪音。医学界也到处有他们。在可以得到什么东西时，你一定会发现一群蜂拥而上的苏格兰人，就像扑向腐尸的猎狗或屠场上的苍蝇。”

《板底杂志》显然是指威廉·默里，而他在一本叫作《蒺藜》的小册子中作出了回答，但没有署名。

“我想向你们指出一条很快摆脱苏格兰人和你们担心的捷径。办法就在眼前，而且就在你们自己的权力之中。那就是废除《1707年合并法》，让苏格兰人重新有他们自己的国会；让他们赞叹他们自己的古代王国的壮观；恢复他们的独立；我敢对你们保证，他们将不会再溜进你们的法庭，不会占据教士职位，不会像猎狗扑向你们的腐尸，也不会像苍蝇飞向你们的屠场那样聚在一起了。”

三、但是英格兰妇女并不如此

你们会记得默里是同一个英格兰女人结的婚，因此他很注意在他的指责对象中不包括英格兰妇女。他说英格兰妇女看起来对苏格兰男人还是有好感的。

“特别明显的是（他说），在……英格兰，对苏格兰人的‘偏见’只限于男性；**英格兰女性**对于歧视外乡人的那种地方性的、自私的、不公正的偏见是看得很清楚的。然而**英格兰女性**优于**英格兰男性**并不仅仅在于这一点。前者直率、坦白、慷慨、欢快、活泼、有礼貌、富有同情心；而后者阴险、忧郁、吝啬、放纵、迟钝、愚蠢、自负，带有偏见、残忍和无情。”

四、克服任何偏见

除了《板底杂志》以外，英格兰人还是克服了他们对普通苏格兰人特别是对威廉·默里的偏见。这对他们是极为有利的。1756年默里被任命为王座法院首席高等法官，并被封为贵族，授予曼斯菲尔德勋爵的称号。在以后的32年中他一直担任这一高级职务，并享有盛名。他获得了比他的同事高得多的权势，以致他的同事们都不敢不赞成他的意见，他的判决只有两次被否决。他制定了以后为大半个世界所采用的法律原则。他很关心学习法律的学生，在他的法庭内为学生留有座位，学生们都很崇拜他。边沁说过：

“我几天、几个星期地向那个活偶像的席位做晨拜，对他的崇拜比对一个死偶像的崇拜忠诚得多、长久得多，而且合理得多。”

五、他对英国法律的贡献

曼斯菲尔德勋爵的法律原则来源于什么地方呢？不是来源于我们的法学著作中的那些晦涩古怪的文章。他一贯讨厌这些东西，有时他甚至对这些东西感到绝望。像一位杰出的苏格兰人应该做的一样，他的那些原则来源于罗马民法，来源于那些把苏格兰、荷兰和法国的法律体系建立在罗马法基础上的作者。他完全以古代和现代的历史为基础。他说，法学是建立在伦理学基础之上的。他总是热心推荐西塞罗[1]的哲学著作。他博览群书并与文学界保持着广泛的接触。用约翰逊博士（Dr. Johnson）的话说，他“不仅仅是一位律师，他边就着诉状边喝香槟”。

不过，你也许会问，曼斯菲尔德勋爵对我们的法律到底做出了哪些贡献呢？贡献太多了，我都不知该从何谈起。不过最大的贡献恐怕是他不是按照我们的办法满足于一两个孤立的案例，而是力求总结出一些法律原则，并对这些原则作出说明，以指导将来。不管怎么说，这是罗马法所遵循的并为苏格兰法

〔1〕　西塞罗（Marcus Tullius Cicero，公元前106～前43年），古罗马政治家、哲学家和雄辩家。——译注

所效仿的方法:对法律原则作出说明并把它们应用于实践。曼斯菲尔德勋爵用这种方法奠定了大部分商法的基础。在他那个时代以前,所有商事案件中的证据都被抛弃了。这种案件一般都留给陪审团,而他们提不出确定的原则。曼斯菲尔德勋爵发现了一般的原则。为了从商社得到帮助,他曾组织了一个特别的陪审员团体,这些陪审员几乎参加他在伦敦市政厅审理的每一件商事案件。他们非常出名,以致被称为"曼斯菲尔德勋爵陪审员"。其中有一位爱德华·沃克斯(Edward Vaux)先生,他总是戴着一顶三角帽,几乎和首席高等法官有同样的权威。曼斯菲尔德勋爵在法庭上同他们自由交谈,并留他们一起进餐。他从他们那里学到了很多生意上的规矩,反过来,他用很大气力向他们解释他们将要遵循的法律原则。他以一种非常令人满意的方式制定了保险法、汇票和支票法及其他商业问题的法律原则,以致这些原则现在已经传遍全世界的商业组织。他被一位伟大的法官——布勒(Buller)法官称为"这个国家商法的奠基人"。[1]

六、输入公平原则

曼斯菲尔德勋爵的另一个成就是把公平和良心的原则输入我们法律的固定公式之中。然而由于他模仿的程度,他受到了许多批评。人们批评他过多地把罗马法引入我们的司法之中,而且还指责他超越了公平和法律之间的界限。朱尼厄斯

〔1〕"利克巴洛诉马森案"(1787年)第2开庭期第63号报告。

(Junius)——这是一个作家的假名——曾这样说过他:

"你总是采用你自己的那些不确定的公平和真正合理的概念,而不是采用常常决定法庭判决的那些明确的规则。"[1]

雷德斯代尔勋爵(Lord Redesdale)是这样说他的:

"曼斯菲尔德勋爵在他的思想中所形成的偏见是由于他熟悉苏格兰法律,在那里法律和公平是由相同的法院来掌握的,而且那里的法院没有我们这里存在的区别。[2] ……曼斯菲尔德勋爵似乎认为努力使普通法法院拥有衡平法所赋予的权力会表明一种自由的情感。"[3]

七、他的关于信仰自由的观点

在1780年戈登叛乱中,一场最严重的灾难落在了曼斯菲尔德勋爵的头上。

他经常用以表明自己是开明的事例之一就是信仰自由。他所表述的信仰自由恐怕与我们今天所理解的不同。但他走在他那个时代的前面。有一次伦敦市选一个人当市长。他们知道这个人是一个不信奉国教的人,并因此不肯当。由于他不

---

〔1〕《朱尼厄斯书信》1770年11月14日。

〔2〕在1875年以前的英国,存在两种不同的法院即普通法法院和衡平法法院。臣民在得不到普通法法院的公平处理时可向衡平法法院提出申诉,由它根据公平合理原则处理。根据1873～1875年司法组织法,两种法院合并,它们之间的区别也就消失了。——译注

〔3〕"法国诉伍尔斯顿案"1 Sch & Lef 152。

肯当,所以他们罚了他的款。曼斯菲尔德勋爵认为罚款是站不住脚的。这是一种迫害。他说:

“不应当仅仅由于有关信仰的方式不同就受到世俗的惩罚。”

伦敦市意外地失败了,所以很多人认为曼斯菲尔德勋爵一点儿也“不亚于异教徒”。

还有一次,一个罗马天主教神父做了一次违背国家法律的弥撒。他受到了曼斯菲尔德勋爵和一个陪审团的审判。毫无疑问,根据法律,他是有罪的,但曼斯菲尔德勋爵在最后的总结中宣布予以无罪释放。他最后对陪审团说的话是:

“要注意,如果你们裁决他**有罪,**刑罚就会很重;这可是一种可怕的刑罚!至少是终身监禁!”

陪审团作出“无罪”的裁决。但许多狂热的国教徒感觉受到了侮辱。一时谣言四起,说首席高等法官不仅是个杰克拜特党人,而且还是一个天主教徒,有些人甚至说他是个伪装的犹太教徒。

八、他的图书室被烧毁

于是乔治·戈登勋爵(Lord George Gordon)率先喊出“不要天主教”的口号,并煽动人们叛乱。最大的报复目标就是曼斯菲尔德勋爵。暴徒们成群结队地来到他在布鲁姆斯伯里广场的住宅。地方治安官希望他叫士兵来保护他。但他拒绝了。一大群人手持火把向易燃物走来。他们开始砸了他的前门。

当时他带着妻子从后门逃跑了。他们烧毁了他的房子和里面的所有东西。他那珍贵的图书室被付之一炬。每个人都为他感到难过。诗人威廉·库珀[1]这样写道:

“噢!对默里的损失,缪斯们[2]为之哭泣;
她们感到一阵惊慌;
只祈求卫士精心守护,
不让他那神圣的头脑受到损伤……
不法民众被狂怒蒙住了眼睛,
给他带来了无情的祸殃。”

九、他主持戈登审判案

叛乱平息了。乔治·戈登勋爵因叛乱罪而受到审判。曼斯菲尔德勋爵主持审判,另外还有一个陪审团。今天我们会认为这是不适宜的,因为人们恐怕会认为他对戈登抱有偏见。不过曼斯菲尔德勋爵对这个案件的审判是完全适当的。在这个案件中,厄斯金(Erskine)为戈登辩护。他辩护说,戈登本人没有插手这次叛乱。干这事的是“狂热的不法之徒”。最后陪审团宣告戈登无罪。这也许是最好的结果了。

---

〔1〕 威廉·库珀(William Cowper,1731~1800),英国著名诗人。主要作品有《约翰·吉尔平》、《流亡》和《书信集》等。——译注

〔2〕 缪斯(Muses),希腊神话中司文艺、美术等艺术的九女神。——译注

十、"伟大的曼斯菲尔德勋爵"

我讲了曼斯菲尔德勋爵,这也许占了你们过多的时间。他对法律的影响是巨大的。他使法律摆脱了陈规旧套、细枝末节和一些狭隘的想法。他把广泛的公平与合理的原则带进了法律之中。他不是通过写作来做这些事的。他没有写过任何法律著作和其他著作。他口才很好。他做过许多次演讲。他也做过很多判决。很幸运,他在法庭上有像伯罗(Burrow)这样的报告人。但是我想,他会同我们现在的做法一样,修改这些报告。他对后世的主要遗产是对商法的贡献。他不仅是英国而且也是世界商法的奠基人。对与他同时代的人来说,他是以"伟大的曼斯菲尔德勋爵"著称的,而对我们这些他的继承者来说,也是如此。

第五章　布鲁汉姆勋爵
（1778～1868）

一、关于他的讽刺剧

亨利·布鲁汉姆与其他人不是一个等级的。然而，他对法律改革发表过重要的讲话，而且是伟大的《1832年改革法案》的主要参与者。这就是我在这里要谈到他的原因。他涉猎科学、政治、文学；他无所不知。有人这样谈论过他："如果他懂一点儿法律，那么他对任何事物都能懂得一点儿。"

我不得不引用托·拉·皮科克[1]写的关于他的讽刺剧《博学的朋友》中的一

---

〔1〕 托马斯·皮科克（Thomas L. Peacock，1785～1866），英国小说家和诗人。——译注

段话：

"'上帝保佑我的灵魂,先生!'5月的一个晴朗的早晨,尊敬的福利厄特博士冲进克罗契城堡的餐厅时喊道,'我对这种发展的思想完全失去了耐心,由于我的厨师想在一本六便士的小册子中学习流体静力学(由"不可抗力理智协会"出版),我的房子差点儿被烧着了。这本小册子是由一位博学的朋友写的,他既能做全世界的事业,也能做他自己的事业,而且他同样有资格掌握人类的每一种知识。我非常厌恶这位博学的朋友;作为作家、律师、政治家,他像赫卡忒[1]一样有三个头;就这三种身份之中的每一种身份而言,他又像个雅努斯,[2]有两副面孔;他真是天街[3]上的一个两面派先生。我的厨师一定要躺在床上看那本破书,碰倒了蜡烛,将蚊帐烧着了,幸亏就在这时佣人走进房间,及时扯下了蚊帐,把它扔在烟囱里,并用一壶水浇在她的睡帽上,浇灭了蜡烛。她是个肥胖的人,烧起来会像一个矮模子一样'。"

---

〔1〕 赫卡忒(Hecate),希腊传说中的东方女神。她长有三头六臂,常带着鬼魂在十字路口和坟场游荡。在近代被看作妖魔鬼怪的庇护者。——译注

〔2〕 雅努斯(Janus),罗马传说中的门神,具有两副面孔,一副看过去,一副看未来。后"两副面孔的雅努斯"成了伪善的两面派的专用语。——译注

〔3〕 天街(Vanity Fair),英国作家班扬(Bunyan)在小说《天路历程》(Pilgrim's Progress)中描写的一个虚幻的市场。在这个市场上,房子、土地、名誉、地位、欲望、快乐等都可买卖。后这个词成为"空虚、无聊、浮华虚荣"的代名词。——译注

二、他为卡罗琳王后辩护

就法律而言，亨利·布鲁汉姆通过为卡罗琳王后辩护而在公众心目中赢得了声誉。有人向上议院呈交了一份起诉状，控告卡罗琳王后在国外与一个意大利人私通。布鲁汉姆通过宣告她无罪使自己出了名。他的辩护词极为华丽。这是在当时深受上议院赞赏的一类东西。现在不会这样了，无论如何在高等法官面前不能再有这类华丽的辩护词了。

“诸位大人，这就是现在摆在你们面前的案子！这就是支持这个议案的证据——不足以证明罪孽的证据，它不足以剥夺一个公民的权利；用它证明一种最低程度的犯罪，那是可笑的；用它支持对法律认可的最高贵的人的指控，那是可耻的；用它来败坏一位英国王后的荣誉，损害她的名声，那是荒谬绝伦的！如果这是一个证据，就要根据它对这个无防备的女人采取一种立法行动，通过一项国会判决或一种事后法律，[1]那我还能说什么呢？诸位大人，我恳求你们不要这样。我诚心诚意地恳求你们注意！……诸位大人，你们说过，你们希望——教会和国王也希望——剥夺王后的尊贵称号。她有的不是那种尊贵，而是人民对她真诚的祈祷。她不让我来为她乞求，但我却在此谦恭地恳求仁慈的国王陛下，恳求他多怜悯一下他的臣民吧，不要过于追求他作为统治者的荣耀；恳求他将心转向公正吧！”

---

〔1〕事后法律(ex post facto)，指就某一事而专门通过的法律，以防类似事重新发生。这类法律称为事后法律。——译注

三、他关于法律改革的演讲

以下我要谈到他关于法律改革的著名演讲。那是1828年他在下议院的时候。那次他讲了大约六个小时，在演讲中他曾吃了些橘子来振作精神——我猜他还喝了点儿葡萄酒。他一定是事先作了详细的提纲。他讲到了法理学的各个领域以及各种法院，从刑事法院到教会法院，从上议院到商事法院。他指出一些缺陷并提出了补救办法。他以最雄辩的口才称颂法律改革。他请求国会予以帮助：

"立法者承担着最好的和最伟大的工作。在我们面前的路是清楚的；参加这项竞赛是光荣的。你们有力量使自己流芳百世。"

然后，他用当时最伟大的勇士拿破仑作了个比较，拿破仑法典[1]是大部分欧洲法律的基础。布鲁汉姆说：

"拿破仑可以喊出他那难忘的豪言壮语：'我将同我手中的法典一起万古留名！'你们在战场上已经征服了他；现在要在神圣的和平艺术上与他抗争！你们曾用武力打败过他，现在你们应作为立法者超越他！"

最后，布鲁汉姆讲了一段人们经常引用的话：

---

〔1〕 拿破仑法典，即1804年颁布的法国民法典(Code Civil Francais)，1807年改称为《拿破仑法典》。——译注

> “奥古斯都[1]曾自豪地说过……他发现的是砖砌成的罗马，而留下的却是大理石的罗马……但如果这位皇帝能自豪地说，他发现法律时很少有人问津，而他离开时法律却已经相当普及；发现时，它只是一本没有裁开的书，离开时它已为大家所熟读；发现时，它只是富人的遗产，离开时它已为穷人所分享；发现时，它是有行会和压迫这两面利刃的剑，而离开时它已成为公正的化身，是无辜的人们的护身符，那该有多么伟大啊！”

这个演讲在我国历史上开始了法律改革的最重要时代。皇家调查委员会成立了，国会的法令通过了。为了使法律适应工业革命的时代，人们对它进行了许多修改。

四、伟大的《改革法案》

不久以后，亨利·布鲁汉姆就专心致力于国会改革。正如我已经说过的，他是提出伟大的《改革法案》的主要人物。在1830年的新政府中他被任命为大法官。[2] 该法案的目的之一就是废除“空缺议席选举法”（它是由拥有土地的贵族提名的），而代之以民主选举产生下议院。许多贵族反对这个法案（他们由于自己的既得利益而支持那种“空缺议席选举法”）。

---

[1] 奥古斯都(Augustus，公元前63～前14年)，古罗马皇帝。——译注

[2] 大法官(Lord Chancellor)，英国最高司法长官。在英国，大法官是内阁成员，同时又是上议院议长。由于上议院实施英国最高法院的职责，所以大法官又是英国最高法院院长，除参加重大案件的审判，负责司法行政工作和所有各级法官的提名外，还担任国王和内阁大臣的法律顾问。——译注

布鲁汉姆作为大法官作了支持该法案的重要演讲。人民认为这个演讲是他的杰作。《泰晤士报》把它说成是"压倒一切的、不可比拟的、永世不朽的"。

五、加料葡萄酒的作用

这次演讲持续了四个小时。在快结束时,他喝了一通加料葡萄酒。人们不断地为他斟满酒杯。接着,他就戏剧性地跪在挤在上议院的众人面前,说了最后一句话:

"我恳求并劝告你们不要否决这个议案。为了你们最敬仰的一切,为了将我们每一个人连在一起的我们共同的秩序和国家,我郑重地恳求你们——我预先通知你们——我哀求你们——而且我是屈膝(他在跪着)哀求你们——不要否决这个法案。"

坎贝尔勋爵[1]在他的《大法官列传》一书中写了一段极为有趣的评论:

"他不断地恳求;可他的朋友们却对他放心不下,恐怕他是因喝多了加料葡萄酒而感到不舒服,因此把他扶了起来,小心地放在大法官的褥垫上。"

这种可笑的结尾破坏了演讲的作用。上议院以41票否决了这

〔1〕 坎贝尔勋爵(Lord Campbell,1799～1861),英国著名法官,曾任检察总长、大法官等职。著有《大法官列传》、《首席法官列传》等,均产生较大影响。——译注

个法案。这险些使这个国家发生革命。不过贵族们终于屈服了,《改革法案》于1832年获得通过。特里维廉对此评论道:

“人民,作为一个整体,已把现代的大宪章从统治阶级手中夺了过来。”

六、“一个最了不起的怪人”

这就是我把布鲁汉姆勋爵包括在这几位伟大的改革者行列的原因。在使现代大宪章成为成文法的过程中,在所有人中他是作用最大的一个。因此,他达到了自己荣誉的巅峰。坎贝尔勋爵说,在短短的时间内,他比他的任何前任都拥有更高的地位,享有更高的名声,只有红衣主教沃尔西除外。但是这种情况仅仅维持了几个月,在下届政府中他就摔了下来。

不过,他还做出过另一种有价值的贡献。正是由于他,才在1883年成立了枢密院的司法委员会。它受理英帝国各地向它提出的上诉。这对加拿大宪法和澳大利亚宪法曾产生过深刻影响。它曾受理过许多来自印度的上诉案件。现在它的很多审判权已经没有了,但在那个时候,它是全世界的大法院。

下面是特里维廉给布鲁汉姆勋爵写的墓志铭:

“他的活动能力和天才使他成为反对党内的一名自由战士,不过如果他作为一名当政者的同僚,他的智慧和可信任性可以使他成为新时代的一位重要的政治家;但他却成了一个最了不起的怪人。”

在这里,他留下的只是“一个最了不起的怪人”的名声。

第二篇

陪审团审判

第一章　英国法律的光荣

一、赞美词

我始终坚信案件应由陪审团审判。不管怎么说，这种思想已经在我的头脑中扎下了根。在大多数英国人头脑中也是如此。这不是在学校受教育的结果。在我上学时，学校并不讲授公民有哪些义务，就是今天这方面的教育也是不够的。我想，早在我父亲参加陪审团时，我就知道了有关陪审团的一些事情。他是户主，而且完全有资格担任陪审员。陪审是这样一种工作，它为一般人上了有关公民权的最有用的一课。它是一门在以前八百年间代代相传的课程。被任命为陪审员的英国人在主持正义方面确实起了决定性的作用。他们的同胞有罪还是无罪，总是最后由他们来决定。我相信，参加这种司法活动对于培养英国人的守法习惯所起的作用要超过其他任何活动。一位伟大的历史学家曾把它说成是“有利于国家和平发展和进步的一种最强大的力量”。

由陪审团审判的优越性已被写成了赞美词。二百年前，威廉·布莱克斯通于1758年在牛津大学演讲时说：

“由陪审团审判过去曾被认为而我相信以后也会被认为是英国法律的光荣……这是任何一个臣民都可以享有或期望享有的特权。除非他的12个邻居或与他地位平等的人一致同意，否则他的财产、自由，或人身不受侵犯。”〔1〕

接着就是赞美词：

“只要这种保障仍然是神圣不可侵犯的，英国的自由就会继续存在。”〔2〕

二、它被包括在美国宪法中

布莱克斯通的演说稿后来在他的《英国法释义》上发表了。它成了美洲殖民地移民的“圣经”。1765年英国议会不明智地企图按《1765年印花税条例》向美洲殖民地的移民征税时，殖民地宣布：“没有代表则不得征税。”在1765年第一次国会开会时（据他们说是为反对“英国国会的专制法令”），他们在《权利

〔1〕《英国法释义》第3卷，第379页。
〔2〕《英国法释义》第4卷，第350页。

宣言》中讲了这样一句话：

“由陪审团审判是这些殖民地的每个英国臣民固有的和宝贵的权利。”[1]

美洲殖民地获得独立后，它们在1791年宪法中写进了这样的一些条款：

“第六条：在一切刑事诉讼中，被告得享受下列权利：由发生罪案的州或地方的公正陪审团迅即予以公开审判……

第七条：普通法方面的诉讼，其争讼的价值超过20美元者有受陪审团审判的权利……”[2]

因此由陪审团审判的制度是由英国引进的，它一直是美国宪法的一部分。

三、自由的明灯

我想再说说我的朋友德夫林勋爵（Lord Devlin）对这些重要手段的称赞。他是一位最有才干的法官，我一直和他一起共事。

“由陪审团审判不仅是实现公正的手段，不仅是宪法的一个车轮，它还是象征自由永存的明灯。”[3]

你们千万不要根据这一切就认为陪审团审判制度从来都

〔1〕《美洲殖民地第一次代表大会会刊》（纽约1845年），第27～29页。

〔2〕1791年美国宪法修正案。

〔3〕《陪审团审判》（伦敦1956年），第164页。

没有经历过变革。现在它已经被改得面目全非了。它已经被削弱了。除了关于诽谤罪以外,它已不存在于英国的民事案件中了。但对于带来各种后果的刑事案件,这种制度仍然保留着,不过它也有引人注目的缺陷。以后我还要指出改革的道路。让我先通过一些**轰动一时**的诉讼案——在这些案件中陪审团起到了决定性的作用——讲些有趣的故事。

第二章　轰动一时的诉讼案（1367 ~ 1688）

一、“我宁可死在狱中”

1367 年巡回法庭[1]的法官来到了北安普敦。这在《年鉴》上是有记载的。有个北安普敦的商人名叫亨利，他把他的衣服和货物都装在他的马车上，准备拉到斯坦福德集市上去。另一个叫罗伯特的人扣下了车上的东西，并宣称这些东西是他的。

---

〔1〕 巡回法庭（Assize），从 12 世纪开始，英格兰高等法院法官被定期派往各郡审理案件。《1873 年司法制度法》把全国分为 7 个区，各巡回区又叫巡回法庭。1971 年后旧巡回区被废除。英格兰和威尔士被分为 6 个巡回区，各由一名巡回法官主管。这 6 个区是中部和牛津区（伯明翰）、东北部（里兹）、北区（曼彻斯特）、东南区（伦敦）、威尔士和切斯特区（加的夫）和西区（布尔斯托尔）。——译注

亨利就以使用暴力和妨碍治安的罪名控告了罗伯特。罗伯特抗辩说："无罪"，并要求由陪审团裁决。陪审团是由他的邻居组成的。此案交陪审团审理：

"对此控告他已抗辩说'无罪'，把他交给陪审团，由你们进行裁决。"

法官作了总结后，陪审团中有不同意见。他们说他们的意见不一致。法官指示每个陪审员分别作出自己的裁决。结果11名陪审员裁决"有罪"，一名裁决"无罪"。于是法官和这个陪审员进行了下述对话：

法官：如果你不同意其他人的意见，我就把你送进监狱。

陪审员：我宁可死在狱中也不能作出违背良心的裁决。

法官后来认识到自己犯了一个错误，他不应该威胁陪审员。他没有权力把一个不同意别人意见的陪审员送进监狱，所以他接受了那11名陪审员的裁决，判罗伯特有罪。

于是罗伯特上诉到威斯敏斯特的王座法院，该法院撤销了裁决。他们说：

"11名陪审员的裁决不能作为裁决，因为任何人不得作出违背良心的裁决。"

该法院还说，法官应当做的事情是"让陪审员和他一起乘上马车到各个城镇转转，直到他们的意见一致"。这就是取得一致意见的方法。11名陪审员会对那一个陪审员施加压力，使他不再继续坚持。或者他可能坚持自己的意见，以致他们向他让步。

于是，一条延续了六百年的原则建立起来了。陪审团必须意见一致。到1967年国会才修改了这条原则。如果一个裁决是以十票对二票的多数作出的,那么它就是陪审团的裁决。不过它是经过很多修改才成为今天这个样子的。

二、"没有肉、酒、火或蜡烛"

另外,还有一种取得一致的方法。一个案子一经开始审理,就不允许陪审员们分开——因为担心他们接受一方或另一方的"贿赂"。此外,他们一旦退庭考虑裁决,就不给他们食品、取暖和照明设备。这是根据时间神圣的法则而来的:"没有肉、酒、火或蜡烛。"正如布莱克斯通所说:

"为了避免酗酒和无故拖延,除经法院允许外,不得为他们准备肉、酒、火或蜡烛,直到他们取得一致意见为止……如果我们的陪审员未经法庭许可,在作出裁决之前又吃又喝,就应予以罚款;如果他们作出裁决前这样做了,那么就要废除该项裁决。"[1]

三、他们口袋里的苹果

在伊丽莎白一世时代,关于这一点有一个吸引人的——和真实的——故事。德夫林勋爵说,它听起来好像是"从伊甸园

〔1〕《英国法释义》第3卷。第375页。

中而来的一个警世性的小故事”。[1] 为了欣赏这个小故事，你们必须先知道，在伊丽莎白时代，很多种苹果都被称为“pippins”。[2] 为了使你们高兴，我从我珍藏的由约翰·帕金森(John Parkinson)在1629年写的《孤独的伊甸园》中摘录一段，这本书是我80岁生日时律师公会送给我的。

“各种各样的苹果

夏天的苹果是一种非常好的苹果，它最先熟，因此最先吃完，因为它不能像其他苹果那样可以保存较长时间。

法国苹果也是好水果，黄黄的。

金苹果是所有苹果中最大、最好吃的一种。

桔黄色的苹果在所有其他品种的苹果中是最好的一种。

带点儿的苹果在所有品种中是最耐看的苹果。

一般的黄苹果和其他苹果一样，也是很好的；的确，除了它们都是味道极好的水果外，我不知还有什么其他品种的苹果。”

下面的案子是从《老练的陪审员》(1752年)这本书的第171页上摘录下来的：

“让人作证后，陪审团就退庭了，过了很长时间还没有作出裁决。参加审判的庭警发现他们在拖延时间，就对他们进行搜查，发现一些人有无花果，还有一些人有苹果，于是他把这些水果拿到了法庭。法庭要他们起誓回答质问。其中两人承认他们在同意裁决前，曾吃过无花果，三人承认他们有苹果，但没有吃；当事人并不知道此事。吃了水果的每人罚款五英镑，未吃

---

〔1〕《陪审团审判》(伦敦，1956年)，第50页。

〔2〕pippins，意为青苹果，也有“美人”、“漂亮姑娘”之意。——译注

苹果的每人罚款40先令;不过经过认真考虑,并经与其他法官磋商,他们的裁决被认为是有效的。”

同一个时代还有一个故事,讲的是一些陪审员带去一些糖果充饥。一个叫约翰·马克洛的人被罚款20先令,因为发现他带有“冰糖和甘草味糖果”。

四、对贵格会教徒的审判

在所有案件中最著名的案件就是在审理贵格会[1]教徒威廉·佩恩和威廉·米德案中的陪审员事件。以前我曾讲过这个故事,但是这也很适于我现在讲的题目,因此我在这里再讲一遍——免得你们去查阅了。

威廉·佩恩和威廉·米德所做的事情只是在1670年的一个星期天的下午,在伦敦市格雷斯丘奇大街上布道。他们被控以在那里非法举行喧闹性的集会。审判官指示陪审团裁决贵格会教徒有罪,但他们拒绝了。陪审团说佩恩犯有“在格雷斯丘奇大街讲演罪”,但未犯有非法集会罪。审判官拒绝接受这一裁决。他用各种痛苦和惩罚威胁他们。他“整夜没有给饭吃,没有给水喝,没有生火,也没有提供其他任何方便。尽管他们希望得到便壶,可他们没有得到”。但他们仍然拒绝裁决贵

[1] 贵格会(Quakers),英国中世纪的一个民间宗教组织。“贵格”为英文quaker的音译,意为“颤抖者”。会名来源说法不一。一说在初期宗教聚会中常有教徒全身颤抖;一说因创始人乔治·福克斯曾劝人“在神的话语前,震惊颤抖”,故有此别称。——译注

格会教徒犯有非法集会罪。他又把他们关了一夜,他们仍然拒绝。于是他命令每人报出自己的名字,并分别作出自己的裁决。每个人作出的裁决都是"无罪"。为此,审判官罚了每人40马克,[1]并把他们关进监狱,直到交出罚金。其中一名陪审员爱德华·布谢尔到王座法院申请得到人身保护状。[2]王座法院认为,任何法官都无权因为陪审员在法律问题上不同意自己的指示而将他们关进监狱,因为法官在不了解事实的情况下绝不会指出有关的法律是什么,而陪审团是事实上的唯一法官,因此陪审员被释放。他们以自己的行动,确立了陪审团有作出一般"无罪"裁决的权力;而且一旦作出这种裁决,被告即获得自由。原告不能由于陪审团的裁决而进行上诉。即使他们说根据法律裁决是错误的,也无济于事。这个国家,任何人——不管他是政治家还是法官——都不得干涉陪审团作出"无罪"的判决。

五、法官杰弗里斯的不光彩行为

法官的这种权力——为取得一致意见而赋予法官的——

---

〔1〕 马克(mark),英国旧币,相当于旧制13先令4便士。——译注

〔2〕 人身保护状(habeas corpus),一种用以对拘留某人的合法性——不论是官方的羁押,如在驱逐出境或引渡时的被扣押,或是私人的扣押——提出异议的特许令状。最初衍生自国王的特权,因此只能向国王提出申请方可获得。1679年经英王查理二世批准成为一项重要法令。依据这项法令,当一个人的人身自由受到侵害时,可以向法官或法院申请这一法令。如法官或法院认为拘留属于非法,即可令拘留人出庭证明其拘留的合法性;如不能证明,即令将被拘留人释放。——译注

有一次在为一位无辜的贵妇人艾丽丝·莱尔(Alice Lisle)定罪的不幸时刻被滥用了。

我惊奇地发现,即使在我的家乡罕布什尔郡也没有多少人听说过艾丽丝·莱尔。但人人都听说过法官杰弗里斯(Jeffreys)和血腥巡回法庭。但他们似乎不知道他用以威胁陪审团——我们听说这个陪审团是由郡中最优秀的人组成的——的手段。那个矮小的老太婆所做的事情只是让一个叫希克斯的男人——一名不信奉国教的大臣——在她靠近福丁桥的房子里住了一夜。当时她并不知道他在叛乱中已经站在蒙茅斯公爵一边。他只住了一夜,第二天就走了。但是她却被指控为犯有叛逆罪。你们也许对她是如何被指控的感兴趣:

提审员:你说吧,艾丽丝·莱尔,你是犯了起诉书所控告的叛国罪还是无罪?

莱尔:我无罪。

提审员:被告,你想由谁来审判?

莱尔:由上帝和我的祖国。

提审员:上帝会给你带来一份宽大的判决。

现在按照法律她不应受到起诉。杰弗里斯应该知道这一点,因为希克斯并未受到审判,也没有被判为叛逆罪。她为自己提出了辩护:应该首先对主要的叛徒进行判决。

"因为在她被判为窝藏他以后,他却可能被宣告无罪释放。"

但是杰弗里斯根本没想到这一点。他在总结中强烈地谴责了她。陪审团退庭了。据当时大部分权威人士说:

“陪审团屡次拒绝作出有罪的裁决，而首席法官杰弗里斯也屡次让他们回去，重新考虑他们的裁决。”

陪审团商量了很长时间。当时杰弗里斯派人告诉他们，如果他们不马上回到法庭，他将休庭，并把他们整夜锁在里面。因此他们回到法庭。但他们没有裁决艾丽丝·莱尔有罪。他们说他们怀疑这个起诉是否有证据。于是，

杰弗里斯：案情的背景和安排本身就可以作为充分的证据。我不知道你们怀疑的是什么。

莱尔：大人，我希望……

杰弗里斯：你现在不能讲话。

没有让她说下去。陪审员商量了大约一刻钟。我很遗憾地说，他们没有像优秀的罕布什尔人应该做的那样，他们让步了。他们裁决她有罪。由于一个不公正的法官，陪审团审判失败了。然后杰弗里斯宣布对她的判决，予以焚刑：

“你从哪里来，就把你送回哪里去，从那里用囚车把你拉到行刑的地方，在那里焚烧你那活着的身躯，直到你死去。上帝会怜悯你的灵魂。”

麦考利[1]告诉我们：

“温彻斯特大教堂的牧师们曾对首席法官提出抗议……得到的只是把她的焚刑减轻为砍头刑。她是在温彻斯特市场的砍头台上被处死的，她沉着而又勇敢地迎接了她的命运。”[2]

---

〔1〕 托马斯·巴宾顿·麦考利（Thomas Babington Macaulay，1800～1859），英国历史学家和政治家。——译注

〔2〕 《英国史》第1卷，第314页。

六、国王的酿酒师和七名主教

陪审团将“不得有肉、酒、火或蜡烛”的规定对我们每年记载的大部分最重要的国家审判案产生了很大影响。当然,我要提到1688年对七名主教的审判。

国王詹姆士二世曾宣布他有废除英国法律的权力。主教们向国王呈交了一份请愿书,他们在请愿书中说国王没有废除王国法律的权力。因此这七名主教被控告犯有煽动性诽谤罪。英国人民完全支持这些主教。国王企图把自己的支持者塞进陪审团。陪审长是罗杰·兰利爵士(Sir Roger Langley),是一位来自古老而显贵的家族的准男爵。另一位是迈克尔·阿诺德(Michael Arnold),他是国王的酿酒师,他对自己所处的地位牢骚满腹:

> “我相信不管做什么都是半毁灭性的。如果我说‘无罪’,我就不会再为国王酿酒了;如果我说‘有罪’,我也就不会再为其他人酿酒了。”

首席法官是罗伯特·赖特爵士(Sir Robert Wright)。坎贝尔勋爵把他说成是“在英国法庭上出现过的最卑劣的人”。[1]他曾受到杰弗里斯法官的推荐。他曾在血腥巡回法庭与杰弗里斯坐在一起。他曾驱赶过我的大学——牛津马格德林学院——的校友,目的是把学院变成一所神学院。他曾对一个认

〔1〕《首席法官列传》第2卷,第104页。

为这种做法是违背法律的校友说:“你的牛津法律并不比牛津神学好。”他是国王顺从的工具,在对七名主教的审判中,他指示陪审团裁决七名主教有罪。他向陪审团作了以下完全错误的指示:

“下一步应该考虑的是,请愿书是否是一种煽动性的诽谤。这是一个我必须向你们指出的法律问题。先生们,要知道,凡是扰乱政府或煽动不和并在人民中间进行煽动的行为当然都属于‘诽谤罪’,而且,我必须明确地向你们表明我的意见,我以为这是一种诽谤罪。”

由于我现在讲的是陪审团的行为,我必须告诉你们,为主教辩护的律师正在门口严密地监视着。他担心庭警可能给一名献殷勤的陪审员提供食物,因为这会使另外 11 名陪审员挨饿而屈服。甚至连点烟斗的蜡烛也不许带进去。他们争论了一夜。最初九人主张无罪释放,三人主张有罪。不久这三人中有两人作了让步。但是国王的酿酒师阿诺德一直坚持自己的意见。不过后来,托马斯·奥斯汀——一位拥有大笔地产的乡村绅士,我也许能补充一点,他还是个大块儿头——对阿诺德说:

“你看我,我是我们 12 个人中最魁梧最结实的人;在我裁定这份请愿书是一种诽谤之前我将待在这里,直到我的身体变得比烟斗大不了多少时为止。”

到了早晨六点钟,阿诺德才作了让步,十点法庭再次开庭,书记官问道:

“按照被告或其中任何人告发的事实,你们是裁决他们犯了行为不轨罪还是裁决为无罪?”

罗杰·兰利爵士回答说:“无罪”。

于是整个伦敦市欣喜若狂。当陪审团走出审判大厅时,所有人都同他们握手。“上帝保佑你们!”人们喊道,“今天你们拯救了我们大家。”

他们拯救了英国宪法。他们的裁决意味着政府——国王——没有权力废除英国法律:唯独国会才能制定、修改或废除法律。

你会注意到陪审员肯定把陪审室里发生的事情告诉了他们的朋友。不然的话,我们就不会知道国王的酿酒师的事情。同样,在最近涉及杰里米·索普(Jeremy Thorpe)先生的案件中,一些陪审员把陪审室里所发生的事情告诉了《新政治家》杂志的记者,他们把它发表了。绝不能再发生这种事了。《1981年藐视法庭条例》第八条的规定禁止这样做。所以以后我们再也不会有像国王的酿酒师那样的故事了。

第三章 1770年以来轰动一时的刑事案件

一、厄斯金蔑视法官

陪审团对保护新闻自由曾起到决定性的作用。这主要是当时最伟大的律师之一托马斯·厄斯金(Thomas Erskine)演说的结果。现在我来讲讲事情是怎样发生的。

从1770年到1784年,有很多对国王和政府的批评,而且有一种修改宪法的强烈要求。主张修改的人之一是圣·阿萨夫学院院长希普利博士(Dr Shipley)。他曾向他的一些朋友散发了一本小册子,主张凡年满21岁的男人都应有选举权。政府企图以煽动性的诽谤罪控告主张修改宪法的人,以便压制这些批评。圣·阿萨夫学院院长在什罗普郡的巡回法庭上受到控告，厄斯金奉命为他辩护。法官是布勒先生，他对厄斯金很熟悉。实际上，厄斯金曾是他的学生。碰巧当时的法官，包括伟大的曼斯菲尔德勋爵在内，对关于诽谤的法律都有一种错误概念。他们认为，是否构成诽谤罪是由法官判定的，而不是由陪审团裁决的；陪审团唯一需要认定的问题是小册子是否已经出版。法律的这种状况使厄斯金很难为院长辩护，不过尽管法官作了指示，但陪审团并没有作出简单的有罪的裁决。所以他居然胜利了。陪审长说："我们裁决他只有非法出版罪。"法官不准备接受这一裁决，他对陪审团说："你们必须设法解释这个问题。"但是当时厄斯金采取了大胆而不寻常的做法，他自己问陪审团："'只有'这个词是否仍然是这一裁决的一部分？"陪审长说："当然。"于是在厄斯金和法官之间就出现了这样一段对话：

厄斯金：我坚持认为此裁决必须记录在案。

布勒：如果这样，那个裁决肯定会被误解；我来问问陪审团。

厄斯金：陪审团当然懂得他们的裁决。

布勒：先生，请不要打断我。

厄斯金：我是作为一位公民的律师站在这里的，我希望把'只有'这两个字能够记下来。

布勒：请坐，先生。记住你的本分，否则我就不得不采用其他手段了。

（这是一个明显的暗示，即他可以指控厄斯金蔑视法官。）但厄斯金回答说：

厄斯金：大人可以继续采取您认为适当的办法。我知道我的本分，同样，大人也知道您的本分。

我不会改变我的做法。

法官让步了，他没有指控厄斯金，而且作出最后的裁决如下：

“非法出版罪。但是否构成诽谤罪，我们不作裁决。”

后来，厄斯金将此案提交给了曼斯菲尔德勋爵和伦敦的法官。他为此作了个演说，查尔斯·詹姆士·福克斯[1]称他的这个演说是用英语讲的最优秀的推理演说。在这个演说中，他主张，一般来说陪审团有权决定出版物是否构成诽谤。但是曼斯菲尔德勋爵和法官反对他的这种观点。他们否认陪审团有这种权力。所以看起来厄斯金的观点好像没被接受。但它却为全体人民所接受。全国都反对法官的态度。查尔斯·詹姆士·福克斯向下议院提出一项议案，指出法官作出的指示是不合法的。国会宣布并规定陪审团可以作出一般“有罪”或“无罪”的裁决，并且不应要求陪审团仅仅根据出版物而裁决被告有罪。通过这个办法，在英国确立了出版自由的原则：它的主要倡导者是托马斯·厄斯金。“如果不是因为他，”坎贝尔勋爵说，“在英国也许会重建星宫法院。”[2]

---

〔1〕 查尔斯·詹姆斯·福克斯(Charles James Fox,1749～1806)，英国辉格党政治家和著名演说家。——译注

〔2〕《大法官列传》第6卷，第602页。星宫法院(Star Chamber)，星宫原为威斯敏斯特宫的大殿之一，为皇家枢密院处理危害国家安全的违法行为之场所。1526年后成为星宫法院，专门处理英格兰人与异邦人之间的纠纷、法人间诉讼和遗产诉讼及海上捕获案等。其刑事案件的判决以施行鞭笞、烙印、枷锁等严刑著称。——译注

二、陪审团审判的黄金时代

当我们讲到 19 世纪时，我们发现陪审团受到了比较文明的对待。他们不再为取得一致意见而挨饿或被扣押了，也不必坐在马车上兜圈子了。过去如果意见不一致——即使只有一人持不同意见，就不能作出裁决，必须重新审理。法官要尽量取得他们的同意，但是如果办不到，法官不得对陪审团进行威胁和逼迫。他得重新安排审判。如果在重新审理中意见仍然不一致，一般原告要撤回起诉。

不过在整个 19 世纪，陪审团在对所有案件的判决中仍然起着主要作用。不仅在刑事案件中，即使在民事案件中也是如此。以法律的眼光看，陪审员都是“懂道理的人”。他们都是户主。他们都是男性，都是中产阶级，都是中年人。他们的裁决代表着有正义感的人们。19 世纪是陪审团审判的黄金时代。

然而法官企图对陪审团实行更多的控制。有时他们通过使陪审团无案可判的做法来达到这个目的。有时他们说判决是不合法的，需要重新审判，以这种方法来控制陪审团。他们就法律问题向陪审团作出指示——对于这些指示陪审团必须执行。此外还有一些其他办法。19 世纪的审判与其说是“由陪审团审判”，倒不如说是“由法官和陪审团审判”。为了说明这一点，我要讲一讲当时的一些著名的案件——今天人们常常把它们忘记了。

三、一个人什么时候属于精神失常?

在刑法中,丹尼尔·麦克纳滕案件恐怕是在所有案件中最有争议的案件。不管怎么说,人们至少争论了一百年左右。根据普通法,如果一个人在处于精神失常状态时杀了另一个人或使之致残,都将被判为"无罪"。那么什么是精神失常呢?这个问题是否可以由陪审团确定而无须法官的任何帮助呢?答案是,关于这方面的问题法官必须向陪审团作出指示。那么法官采取什么尺度呢?这就是"麦克纳滕案"[1]中的问题。

丹尼尔·麦克纳滕被指控告犯有谋杀罪,起诉书说,1843年1月20日他得到了:

"……一支价值20先令的手枪,他把它带在身上并装上了火药和一粒铅弹。他右手持枪,击中了爱德华·德拉蒙德的背部……伤痛使爱德华·德拉蒙德变得很虚弱,4月25日他死了。"

拘押犯为自己辩护说"无罪"。提出的证据是丹尼尔·麦克纳滕认为他从上帝那里得到一项杀死爱德华·德拉蒙德的使命。首席高等法官廷德尔(Tindal)在他的指示中对陪审团说:

"要决定的问题是:在该行为发生时,被告有还是没有能力认识到他正在做一件错误的或邪恶的事。如果陪审员认为被告在发生这一行为时不知道他正在违犯上帝和人类的法律,那

[1] (1843年)10Cl Fin 200。

么他就应该得到有利于他的裁决；但是反过来，如果他们认为在发生这一行为时他是处于一种健全的理智状态，那么，他们的裁决肯定是不利于他的。”

于是陪审团根据“精神错乱”作出“无罪”的裁决。

那个指示和那个裁决在国会内外受到了许多批评。结果，上议院要求法官提出自己的意见，对此法官答复如下：

“在所有案件中都应该告诉陪审员，每个人都是可以被推定为神智健全的，而且对于自己的犯罪行为都具有足够的推理能力。但相反的证据可以使他们确信情况不是如此；而且以精神失常为理由进行辩护，必须清楚地证明，在发生行为时，被告由于大脑疾病而缺乏理智，以致不知道自己正在进行的行为的性质；或者如果他知道这一点，就必须证明他不知道他做的事情是错误的。”

我有好多次也学着作这种指示。我曾让陪审团问自己：他是否知道他正在做什么？或者，如果他知道，那么他知道他做的是错误的吗？这种指示听起来很有道理，但是和其他很多指示一样，非常含糊，因此没有一点儿用处。

四、向维多利亚女王开枪

不过故事到这里还没有结束。维多利亚女王不喜欢“根据精神失常所作出的无罪”判决。1883 年有一个人向她开枪，但没有打着。根据精神失常的理由，他被无罪释放。女王说：

“他肯定是有罪的，我亲眼看见他在开枪。”

因此国会规定以后的裁决应当是“精神病人不判罪”。我必须说我同意女王的意见——虽然这很不符合逻辑。对于这种裁决，法官总是命令把那个人监护起来，直到得知女王陛下心情好起来，才把他关在布罗德默尔精神病院里。

五、三个水手吃客舱侍役

我现在讲一个案件，[1]在这个案件中法官剥夺了陪审团作出“无罪”的一般裁决的权利。此案也许是19世纪所有**著名案件**中最引人注目的一案。

一艘英国游艇“米格诺耐特号”的船员——三名水手和一名客舱侍役——在一场风暴中，被弃置在离好望角1600浬的地方，而且被强制拖到没有甲板的木船中。没有水喝，除去两罐子一磅重的大头菜外，没有任何吃的东西。四天以后他们捉到一只海龟，12天以后就没有任何可吃的东西了。20天以后，三名水手为了和自己的家人团聚，决定杀死侍役。他们作了一次祷告，就把他杀了，并吃了他的肉，喝了他的血。毫无疑问，他们当时认为如果不杀死那个侍役，他们就一个也活不了。其实，四天以后，他们就被三桅船“蒙特珠玛号”发现了。他们被救时几乎快要死了。“蒙特珠玛号”把他们和游艇带到福尔茅斯。登陆后，他们立即把事情的整个经历报告了海关官员。人们认为他们当天晚上就能回家了，但是并非如此。他们被逮捕了，被控有谋杀罪。他们被关进监狱并被押去见治安官。

---

〔1〕“王国政府诉杜德利和史蒂芬森案”(1844年)14 QBD273。

财政部律师知道在这个案子中法官最站不住脚的是对那三个人中一个叫布鲁克斯的人的起诉，布鲁克斯不承认参与了谋杀。律师要求福尔茅斯治安官释放布鲁克斯，以便叫他提供证据，治安官同意了。他请求将另两个人杜德利和史蒂芬森以谋杀罪提交审判。他们两人的律师请求保释这两个人。他们引用伟大的刑事法官斯蒂芬(Stephen)先生的话：

> "根据自我生存这一重要的普遍原则，杀人也可以是正当的。这种原则驱使每个人在总得有人去死的时候牺牲别人以拯救自己的生命。"[1]

治安官以保释的名义把他们释放了。判决在法庭上获得了满堂喝彩。这几个人成了公众同情的目标。

那两个人在爱塞特的巡回法庭受审。法官是赫德尔逊男爵(Baron Huddleson)先生。("男爵"的头衔是授予高等法院法官的。法官们不是贵族，男爵的头衔相当于法官的头衔。用"男爵先生……"和在其他法庭上用"法官先生……"一样。)赫德尔逊男爵先生用了一种差不多有一百年没人用的方法。他明确提出那两个人犯有谋杀罪。他向陪审团指示说，该案是谋杀，并让他们务必听从他的指示。在这一点上他是错误的。陪审团作出一般"有罪"或"无罪"的裁决是正确的。但是他向他们建议不要作出那两个人为谋杀罪的裁决，而是要作出一个特殊的裁决，即陈述出全部事实，请求高等法院判决是否为谋杀。陪审团这样做了。赫德尔逊男爵先生又亲自起草了一份关于陈述事实的报告。

---

〔1〕《英国法释义》(第1版1841年)，第101页。

首席高等法官科尔里奇(Coleridge)和其他四位法官(包括赫德尔逊男爵先生本人)讨论了这个案件。他们一致认为这些人犯有谋杀罪并判处他们死刑。科尔里奇勋爵带头支持这个判决,并在下面的这段话中雄辩地证明这个判决的正确性:

“虽然我们拒绝承认诱惑是犯罪的借口,但我们也不能否认这种诱惑是多么可怕,所经历的痛苦是多么严酷。在办这种案件中保持审判的公平行为的纯正是非常困难的。我们时常提出自己也达不到的标准,设立自己也不能履行的规则,但是一个人没有权利宣称诱惑是犯罪的借口,尽管他自己也可能屈服于这种诱惑。也不允许因同情犯人而以某种方式改变或削弱法律对犯罪所下的定义。因此,我们的职责是宣布此案犯人的罪行是故意杀人。”

上述辩词并不能使我认为法官是正确的。我认为赫德尔逊男爵先生应该让陪审团去裁决,而不应该指示他们说这两个人犯有谋杀罪。他应该把决定权交给他们,让他们判断这两个人是否由于他们被置于极端危险之中而受到宽恕。有一点我不会怀疑,即如果让德文郡的陪审团作个一般的裁决,他们会判“无罪”。

事实上,我完全相信法官们自己不会判他们有罪,除非他确实知道他们的死刑会得到缓刑,科尔里奇勋爵在宣判死刑时没有按惯例戴黑帽子,这表明他知道犯人会得到缓刑。该判决经国王减刑为六个月的监禁。

六、灭尸

在我当法官的那个时候，杀人犯为了逃避被判死刑，常常申辩说他精神失常。他宁愿终生被关进布罗德默尔精神病院，也不愿被绞死。约翰·乔治·黑格就是这样一种人。基思·辛普森（Keith Simpson）在他的自传《谋杀的40年》讲了这个故事。

1949年2月，黑格杀害了一个老太太杜兰德—迪肯夫人，并把她衣着齐全的尸体放进一个可装40加仑溶液的钢罐中，然后往罐里灌浓硫酸。三天以后，他估计尸体已经完全溶化，罐里的东西已变成烂泥，于是就把罐里的东西倒了出来。但是基思·辛普森教授在烂泥里发现了一块没有溶于硫酸中的胆石。经证明这块胆石是杜兰德—迪肯夫人尸体里的。

此案的审判是在路易斯举行的。检察总长哈特利·肖克罗斯爵士（Sir Hartley Shawcross）代表王国。戴维·马克斯韦尔·法伊夫爵士（Sir David Maxwell Fyfe）（后来的大法官）代表被告。辩护词说被告精神失常，他们依据的是“麦克纳滕案”的惯例。他们叫来了耶洛利斯博士（Dr Yellow-Less）。他说黑格是偏执狂。但当时问到了“麦克纳滕案”的惯例问题，他作了以下毁灭性的——也就是说，对被告是毁灭性的——答复：

“我现在能不能这样说”，马克斯韦尔·法伊夫在最后庭讯时说，“你不准备就他是否知道他正在干的事情是错误的这个问题发表意见？”

“可以这样说。”

在对证人的讯问中,检察总长哈特利·肖克罗斯爵士不断要求让人表示自己的意见,而且终于得到了一种意见:

耶洛利斯表示:“如果你说根据法律应予惩罚,而不是根据错误应予惩罚,那么我就说‘是’。”

“根据法律应予惩罚,那么不就等于说根据本国法律他的行为是错误的吗?”

“是的,我想他知道这一点。”

陪审团只用了18分钟,他们裁决黑格犯有谋杀罪,他被判为死刑,被绞死在旺兹沃思监狱。

七、减轻责任

可是现在很少有人托辞精神失常了。它已被减轻责任的原则所代替。1867年以后,这一原则曾一直用于苏格兰。它已引起关于死刑的皇家委员会的注意。我记得他们对它是感兴趣的。《1957年杀人罪法令》已被引进了英格兰。该法令规定,如果一个人患有心理变态疾病,以致实际上已不能从理智上对他的行为负责,那么就不能判定为谋杀罪。根据减轻责任的原则,可以定他为过失杀人罪。

第四章　陪审团审判的民事案件

一、火车太长站台容不下

现在让我们来看看19世纪民事案件中的陪审团。在整个19世纪，大多数民事案件是由陪审团审判的。法律报告中有许多要求铁路公司对人身伤害给予赔偿的案件。有关责任和损失的问题留给了陪审团。法官常常是干预太多。他们总是偏袒铁路公司。他们常常从陪审团那里撤回案件，理由是陪审团还没有掌握证据，如在有很大争议的案件“布里奇斯诉伦敦东北铁路公司案”[1]中就是如此。

---

〔1〕 (1874年)LR 7 HL 213。

一列火车在一个车站停下了。火车太长,站台容不下。一位旅客认为车不会再往前停了,于是就从车上往一堆垃圾上跳。他受了重伤。最优秀的法官之一,法官布莱克本(Blackburn)先生认为陪审团未掌握任何证据。他指示驳回诉讼。陪审团提出抗议。他们对法官说,他们认为有证据,并应赔偿1200英镑。此案提到了上议院。法官们被上议院召去征求意见。他们的意见始终不一致。最后终于同意了陪审团的意见。

二、旅游车票上的说明

一直到1929年,又有一起火车太长,站台容不下,因而一位妇女在下车时受伤的案件。该案是"汤普森诉伦敦—米德兰—苏格兰铁路公司案"。[1] 她有一张旅游车票,背后有个说明写道:"要注意时刻表"。如果她已经买了时刻表并看了背后印的小字说明,她就会发现一个可以使该公司推卸责任的条件。陪审员裁决这家公司疏忽了:他们没有采取合理的步骤使他们的条件引起她的注意。尽管如此,上诉法院还是驳回了陪审团的裁决。他们认为根据那个条件该公司可以不承担责任。这又是一个法官过多干预陪审团裁决的例子。

---

〔1〕 (1930年)1 KB 41。

三、触礁的轮船

按规定,商事案件一律由陪审团审判。最重要的一个案件就是“杰克逊诉联合海运公司案”。[1] 一艘名叫“黎明精神号”的轮船被租来运一船钢轨。此船准备只装底货[2]从利物浦绕到蒙茅斯郡的细波特,在那里装一船钢轨,然后绕过合恩角把货物运往圣弗兰西斯科。船从利物浦起航的第二天就在卡纳封湾撞上了礁石。船虽然摆脱了困境,但遭到了严重损坏,而且修理要花很长时间;以致租船人在细波特又租了另外一艘船,把钢轨运往圣弗兰西斯科。问题是租船人是否违反合同。此案由法官和陪审团在利物浦巡回法庭审理。陪审团裁决:

“由于使船摆脱困境并把它修复所需的时间太长,所以从商业角度考虑船主与租船人所达成的交易已不存在了。”

所以船主没有责任。陪审团作的这个裁决(无疑是在法官的引导下作出的)是关于合同受挫[3]的法律基础——后来关于合同的法律一直受其支配。今天人们做梦也想不到这样一个案件会由陪审团审判。

---

〔1〕 (1874年)LR 10 CP 125。

〔2〕 即空船航行所需要的压船物。——译注

〔3〕 合同受挫(frustration of contract),是指因意外条件使合同无法履行。根据英国《1943年法律改革(合同受挫)法》,合同当事人遇此情况可不承担合同之责任。但此规定不适用于保险、海运方面的某些合同。——译注

四、拉塞尔婴儿

离婚案件也由陪审团审理。关于拉塞尔婴儿一案的争论我还记得很清楚。当我任法官时，它是人们的话题。约翰·拉塞尔是拉塞尔爵位和财产的继承人。他于1918年同他的妻子克里斯廷结婚，1921年10月15日她生了一个儿子。他说，他不是这个婴儿的父亲，并递上了一张要求离婚的诉状，理由是她与人通奸。他控告她同两个他知道姓名的人和一个他不知姓名的人通奸。此案由一个特别陪审团审理。关于同那个他知道姓名的人通奸的问题，他们宣告她无罪，但是关于同那个他不知姓名的人通奸的问题，他们的意见是不一致的。于是她的丈夫又递上了一张诉状，控告她同另一个他知道姓名的人以及还有一个他不知道姓名的人通奸，陪审团判定她没有同后一个他知道姓名的人通奸，但她同一个不知姓名的人有通奸行为。于是法官发布了离婚令。他们的判决得到了上诉法院的支持，[1]但被上议院撤销了[2]——不过只是以三票对两票的多数撤销的。

关键的时间是：那个丈夫承认在1920年12月18日和19日他同他的妻子在同一张床上睡觉；但他说在这两天没有发生过任何种类的性交行为。他说他同他的妻子最后一次性交是在1920年8月。这样，一切就要取决于是否相信他说的关于

〔1〕“拉塞尔诉拉塞尔案”(1924年)P1。

〔2〕同上，(1924年)AC 687。

夫妻生活的这些话。如果他在1920年12月18日和19日同他的妻子发生了性交——那么他很可能就是那孩子的父亲,那孩子正好是在大约九个月后的1921年10月15日出生的。如果在这两天他未同他的妻子发生性交,那么孩子的父亲就不会是他,就会是某个不知姓名的人。

陪审团相信那个丈夫。他们不相信他的妻子。他们裁决她犯了通奸罪,六名法官支持陪审团的裁决。但是另外三名则否决了他们的裁决。后来,在上议院,那三名法官取得了胜利。他们认为丈夫的证据是不能成立的。他们依据的是曼斯菲尔德勋爵于1777年所陈述的法律惯例:

"这是一条建筑在礼仪、道德和政策基础上的惯例,不应允许他们说结婚后没有发生性交关系,因此生下的孩子不是自己的。"

1947年我任婚姻诉讼程序委员会主席时,研究这条惯例就成了我的任务。我们建议这条惯例应当改变,

"以便使一方能够提出证明他或她并未发生夫妻间的性关系的证据,尽管这种证据有可能把表面证据[1]充分的婚生子说成是非婚生子。"[2]

这是国会几次迅速采取行动中的一次。两年后根据《1949年法律改革法》第7条,国会作出下述规定:

---

[1] 表面证据(prima facie),指诉讼赖以成立的必要证据。按照英国法,在审理案件时,原告应该提出被告的表面证据,如原告提不出,被告即可认为表面证据不充分,因而有权请求法院驳回诉讼。——译注

[2] Cmnd 7204,第69段。

“不管有什么法律惯例，在任何诉讼中丈夫或妻子证明在任何一段期间内夫妻之间发生或未发生性关系的证据都将予以承认。”

该法令没有追溯力。如果在1920年该法令已经生效，那个婴儿就会被判为私生子。但由于在1949年以前该法令尚未生效，所以该婴儿是合法的，因此爵位和财产传给了他。我认为这是正确的结果。现在我仍认为如承认一个同他的妻子同床两夜的丈夫说他在当时未同他的妻子发生性行为是不适当的。

第五章 向后的一瞥

一、都是有理性的人

我给你们讲了前边的那些案件，目的是向你们说明一直到第一次世界大战以来由陪审团审判的制度在英国是如何实施公平的。每个人都相信这个制度。陪审员不是从人群中胡乱选出的，而是从中等阶级中精选出来的。他们都是负责任的户主——是不要报酬参加陪审团的——他们的待遇菲薄，甚至不够消费。但他们没有一个人提出过异议。他们每个人都受过教育，都很有辨别能力，每个人都是值得尊敬的“有理性的人”的代表。所以他们都是很受法律尊重的人。

二、高度戏剧性的场面

由陪审团审判有其高度戏剧性的时刻。特别是在杀人案件中，如果被告被判定有罪，则法官除对他宣判死刑外，不会有别的选择。从一开始法庭的气氛就十分紧张。原告律师强调指控的严肃性。每个证人都是缓慢而从容地提供证据。每个人都等着瞧被告是否要进入证人席。每个人都屏息静听。审判多半靠他在询问对质中说了些什么而进行。然后就是听安排在那一天的律师的演说。

律师都是由于在由陪审团出席的审判庭上的演说而出名的。接着是法官作总结。在此之前陪审员一直是站着看着律师的，这时他们坐下来转向了法官。顿时法庭上的每个人都认识到进行判决的时刻就要到了。在法官与陪审团之间总是有一种互相信赖的感觉。这种感觉从来没有消失过。法官对他们说：

> "现在，陪审员先生们，对此案裁决是你们的事情，我的任务是根据法律向你们作出指示。不过事实是为你们提供的。对此案的裁决也是你们的事情。如果我已表露出我个人的意见，请你们不要受它约束。记住，最后的判决是你们的事。"

他作完总结后，陪审团退庭，法官回到他的房间。听众等在那里，互相耳语，不知结果如何。最后传出了这样的话："陪审团已经达成一致意见，他们就要回庭。"接着他们陆续进入陪审席。法官也回到了法庭。人们怀着期望等待着。此时一根针

落到地上,你都能听得见。陪审长站了起来,法庭的书记官向他们问道:

"你们都同意你们的裁决吗?"

回答:"我们同意。"

"你们判定被告'有罪'还是'无罪'?"

回答:"有罪。"

在死刑案件中,就不需要这么多程序了。法庭的书记员把黑帽子戴在法官头上。法官宣判死刑,最后的一句话是:"愿上帝怜悯你的灵魂!"牧师说:"阿门。"

在其他案件中,判决通过之前,一名警察进入法庭,送来关于犯人的记录。一般都是关于犯人前科的清单,陪审团以一种极为满意的神情相互看看。他们的裁决是正确的。

第六章　在我任职期间的改革

一、民事案件中没有陪审团

在我任职期间有很多次改革，好的坏的都有，所以我简直不知道从何讲起。

首先，在民事案件中实际上已不再由陪审团审理了。直到第一次世界大战以前，绝大多数民事案件都是由陪审团审理的。在战争期间，给了法官一种是否设置陪审团的自由裁量权。[1] 这种制度战后一直延续了下来。但是法庭仍把由陪审团审判放在优先地位，在"福特诉布勒顿案"[2]

---

〔1〕 自由裁量权(discrefion)是法院根据自己认为适宜与否采取某种措施，是否给予法律救济或是否采纳证据，以实现公平合理的权力。——译注

〔2〕 (1922 年)38TLR 801 at 805。

这一重要案件中，高等法院法官阿特金（Atkin）清楚地论述了当时的情况：

“除极有限的几种案件应由大法官法院[1]审判外，由陪审团审判是我国法律的一条基本原则。它已成了自由的堡垒，是穷人免受富人和权势压迫的保护伞。凡了解我国法律史的人都知道人民的许多自由权都是通过陪审员在**民事案件**中的裁决建立起来并保持下来的。许多人会认为目前来自有势力的私人组织的打击或行政部门的侵害的威胁并没有减少。尤其重要的是，现在马上就要取消的这种权利已被明确地规定为美国宪法的一部分……现在虽然《司法权法令》有了很大改变，但由陪审团审判的权利基本上保存下来了……

在审案中，我认为将关于事实的争议交给陪审团去裁定的做法是正确的，尽管陪审团的裁决可能会引起某些法律问题。”

在我最初当法官时，这种想法还占优势。大部分人身伤害案都由一名法官和一个陪审团审理。一般总是付给首席律师十畿尼，[2]给他的书记官两畿尼，这叫做：

“十畿尼和两畿尼的犒劳。”

然而在那些年代里，民事案件中的当事人要求由陪审员审判的越来越少了。最终使一切发生变化的是1965年上诉法院的一份判决。这个案件是“沃德诉詹姆斯案”。[3] 当时我作为

---

〔1〕 大法官法院（Chancery Court），最早的衡平法法院，由大法官任院长。19世纪70年代英国司法改革后，其司法审判权并入高等法院，成为高等法院的一个组成部分。——译注

〔2〕 畿尼（guinea），英国旧时金币，相当于21先令或252便士。——译注

〔3〕 （1966年）1 QB 273。

上诉法院院长，召集了全院五位法官，当事人双方同意接受我们的判决，不向上议院起诉。它是这样一个案子：一名部队的准尉，在公共交通事故中受了重伤。他的四肢瘫痪了。赔偿费的数目是很大的。他要求陪审团裁决赔偿费的数目。我们认为他没有要求陪审团裁决的权利，法庭根据自由裁量权可以拒绝他的要求。在审判过程中，法庭制定了行使自由裁量权的指导原则。对这些原则的解释是：除成文法明确规定当事人有权要求由陪审团审判的少数案件外，在现在的任何民事案件中，任何人不得要求由陪审团审判；例外情况最主要的是出现在诽谤案件中，对于这个问题以后我还要讲到。

二、多数陪审员的裁决

1967 年，陪审团须意见一致的规定被废除。十票对两票的多数裁决被认为是可以接受的。我承认我曾反对过这种变化，我曾在上议院发言反对过。[1] 但是最后表决是以 74 票对 8 票通过了由多数陪审员裁决的意见。

发生这种变化的理由是令人难忘的。它的基础是一种新型的犯罪。这种犯罪是由抢劫银行和盗窃巨款的人精心筹划的。如果他们被起诉，他们中的一个朋友或同伙就会贿赂或威胁一名陪审员（或其妻子或亲属）并劝诱该陪审员不要同意对他们的判罪。在任何一件拖得时间较长的案件中，这种情况都是可能出现的，这类事情曾反复发生过。一个案件往往会持续

---

〔1〕 155 HL《官方报告》1967 年 6 月第 6 卷。

三四个星期,证据本来是确凿而令人信服的,但是在陪审团中会有不同意见。这是对法官的公然侮辱,而且是极浪费时间和金钱的事情。为解决和克服这个问题,警察需要派人保卫陪审员及其亲属。斯通翰勋爵(Lod Stonham)任内务大臣时曾告诉上议院说:

"现有82名警官,加上一名侦探和一名便衣警察,在每一个案件中,都要从事协助陪审团的工作。"

大法官向上议院讲了一个案件。这个案件控告五个人阴谋闯入伦敦的一家银行。在进行审判的头三天,人们注意到那伙被告中有一个人接近了两名陪审员。这引起了法官的注意。他解散了那个陪审团。一个星期以后,第二次审判开始了。几天以后,一个人(警察很了解他,因为那里有他的犯罪档案)接近了一名陪审员,并向他提了个建议,他考虑了这个建议。同一天晚上,三个人接见了一名黑人陪审员,并送给他六百英镑,让他作出有利于被告的裁决。过了几天,一个人去了另一名陪审员的家,送给他一百英镑,求他帮被告的忙。这些陪审员都如实地报告了警察。案子一直在审理。结果,五人中的四人被无罪释放了。

考虑到法律受到的这种威胁,国会以压倒的多数赞成采用大多数陪审员裁决的办法。由于有可能出现贿赂或威胁一两名陪审员的情况,所以我们现在实行了十比二这种大多数裁决制。事实已经证明,这种制度是非常成功的。虽然有时达不到全体意见一致,而只是大多数人的意见,但是每个人都信任陪审团的裁决——如最近的"约克郡的凶手"一案就是一例。

三、不能满足

不过我必须指出:不能满足。我们并没有摆脱陪审员可能受贿赂或威胁的危险。在严重的抢劫案中,警察仍在注意并保卫着陪审员,使他们不致受到那伙被告的收买。送给陪审员一千英镑,盗贼便可能私吞一百万英镑。在陪审员来自各种人时,这种事就更多了。

最近,一个人由于煽动种族仇恨而受到审判。陪审员全是白人(七个男人,五个女人),一名陪审员递了张纸条给法官,似乎他或她受到了威胁。法官告诉他们说:

"如果你们谁感到需要得到进一步保护以免受到妨害,我会向你们提供这种保护。"

休庭后,陪审团仍留在法庭大楼内,然后由警察护送他们回家。

四、任何人都可以当陪审员

几个世纪以来,一个男人要当陪审员得需要某种资格。最重要的是,他必须是一个自由拥有不动产权者。在19世纪他必须是一个户主。按德夫林勋爵的话说,他是一个"具有支配地位的男性、中年人和中产阶级"。但是到了1965年由鲍斯—意—盖斯特·莫里斯勋爵(Lord Morris of Borth-y-Gest)领导的一个委员会曾考虑过这个问题。根据他们的建议，陪审员的资格很简单：凡有选举国会议员资格者便有资格当陪审员。根据《1974 年陪审团条例》，凡是在选举名册上注册的选举人，年龄在 18 ~ 65 岁之间，并在这个国家居位五年以上的人，都有资格当陪审员。除在最近十年内，曾服过三个月或三个月以上徒刑者除外，即使曾是歹徒或犯过罪，也同样有资格。但是只要人们不了解他的历史，也就是说，如果他能对自己过去的历史保密，那么被宣判有罪的人以及服过刑的人（不论刑期长短）也可以任陪审员。被判过刑的人都有资格上选举名册，当然包括了歹徒、罪犯、恶棍、流氓以及各种各样身份的人，不管他是否能读、能写、能听、能看，也不管他有无知识，只要不小于 18 岁，不超过 65 岁，不论是男人还是女人，均可出任陪审员。

五、对陪审团进行审查——相互对立的理论

由于每个人都有资格当陪审员，因此就不可避免地出现了“对陪审团进行审查”的具体做法的问题。从事审查的机关当然想把罪犯排除在外，因为作为罪犯，必然会偏袒他们的犯罪同伙。这就会出现将“有罪”裁定为“无罪”的情况。所以，一些地方从事审查的机关采用这样一种做法：检查犯罪记录——把它们与陪审员名单进行核对——防止罪犯同伙进入陪审团。这种对“陪审团进行审查”是否合法呢？

这里有两种相互对立的理论。一种理论认为，争论的各方应该知道由这些陪审员审理案件是否合适。他们应当有机会看看陪审员名单上的各位陪审员的履历，以便能提出排除那些

不适合做审判工作的人的理由。这种理论在美国很盛行,不过在美国,当事人双方都可以在陪审员宣誓前向未来可能成为陪审员的人提出质询:不仅问他们是否有前科,而且问他们的职业、对这个问题或对在审判过程中可能出现的问题的态度。这样做的目的是看看他们是否事先就抱有什么偏见。

这种理论在英国从未盛行过。我们的理论是,陪审团应该从一个随意指定的名单中任意选择。我们认为任意选出的12个人很可能是来自社会的各个阶层,因此能代表一般人的意见。有些人可能是有道德的,有些人却可能不尽如此;有些人可能是忠厚老实的,有些人却可能恰恰相反;有些人可能是由于违反交通规则而多次被判刑的不称职的司机,有些人却可能没有一点儿劣迹。陪审团一经确定,当事人必须接受。也有很少的一些例外。个别人可能被取消陪审员资格。有的人被禁止当陪审员是因为起诉律师要求他"为了国王,请靠边站"(Stand by for the Crown),也就是因为起诉律师可以要求某人不得当陪审员。不过另一些人未能当陪审员是因为被告行使了他们"绝对"回避的权利(我马上就会讲到这种权利),尽管有这些例外,但英国法律的原则是,陪审员应该随机选出。

六、现在已经同意对陪审团进行审查

然而在最近有了一个变化。一些起诉机关有时要检查犯罪记录和特别部门的档案,看看列入陪审团名单中的人是否填写了自己的各项情况,如果认为其中有人不宜当陪审员,就要求他们"为了国王,请靠边站"。这就叫做"对陪审团的检查"

或“对陪审团进行审查”。1980 年检察总长在下议院披露说：

“北安普顿郡的警察依据刑事犯罪档案处的档案审查了全部陪审员。这一消息已通知了起诉律师。（见《国会议事录：下议院辩论集》第 948 卷，1980 年 2 月 25 日。）”

这类工作可以在除警方以外的其他任何人都一无所知的情况下进行。

七、它是否符合宪法?

在“王国政府诉谢菲尔德皇家法院，由布朗洛起诉案”[1]中，我认为它不符合宪法，我曾说过：

“我认为，它不符合宪法，因为警察当局插手了‘对陪审团的审查’。只要一个人有资格当陪审员，我就认为警察不应该在背后查阅档案以便使起诉律师要求他站到旁听席或使被告方面能够对他提出异议。如果允许这类事情发生，那么怎么谈得上个人私生活的权利呢？被选中的人一经召来，就必须承担陪审团的工作。是否可以挑选一些不利于他的档案材料，然后借此阻止他参加陪审团呢？原告和辩护律师都知道，这样一来他的邻居和与他有关系的人就会知道他以前不太光彩的事了。”

---

〔1〕 (1980 年)1 WLR 892。

八、我承认我错了

在最近的“王国政府诉梅森案”[1]中高等法官劳顿（Lawton）反驳了我的观点。在审判一件盗窃案中，王国政府拒绝了陪审员，要求他们“站到旁听席上去”，因为他们都有前科。被告被定为有罪后，就抱怨不应“对陪审团进行审查”。上诉法院认为对陪审团的审查是完全合法的。高等法官劳顿说：

“被揭露出来的事实证明，如果要把不够资格的人清除出陪审团，那么就必须对陪审员进行详细的审查。警察部门是能够做此事的唯一机构。既然一个人明知自己没有资格但仍然担任陪审员，这种做法就是违法的，那么警察对将要担任陪审员的人的名册进行详细审查，以便了解这些人是否有资格担任陪审员的做法并没有超越履行他们防止犯罪行为发生的正常职能。在查看档案过程中，可能会发现一些前科，但并不等于说就是没有资格担任陪审员的前科。我们认为没有理由不把这种情况告诉起诉律师。这位律师可能认为犯有盗窃前科的陪审员不适于作陪审员去审判盗窃案；如果他是这样认为的，那么他就可以行使王国的权利。除盗窃犯外，很多人总会认为他应该这样做。

向起诉律师提供关于要担任陪审员的人犯有前科资料的做法，在我们整个司法中已经实行了，而且已经差不多延续好

---

〔1〕 (1980年)3 WLR 617。

几代人了。这不是不合法的,只是在最近才有人认为这是令人不满意的”。

我承认我错了。

九、异议权

异议权可以追溯到遥远的时代。它的意思是,被告可以拒绝陪审团中的任何一名陪审员。书记官在向被告讲述被告拥有这种权利时说:

“如果你拒绝他们或拒绝他们中的任何一个人,则必须在他们即将宣誓时提出,你的意见将受到注意。”

在过去的年代里,每当叫到某一陪审员名字时,便给他一本大开本的圣经,他拿在手中宣誓。现在他用的是《新约全书》——除非他信仰另一种宗教。比如,如果他是犹太人,他就拿着《旧约全书》;如果他是个穆斯林,他就拿着《可兰经》,等等。

过去和现在都有两种异议。一种叫“绝对”(peremptory)异议,它的意思是被告可以说:“我拒绝”,而无须讲出任何理由,陪审员必须退出法庭。另一种叫“有因”(cause)异议,它的意思是被告必须提出充分的理由,以证明他的拒绝是正当的。

我们还是回到布莱克斯通这里来了解一下为什么有这种区别。“有因”异议比较好理解。如果被告能够证明陪审员不能做到公平审判,他就可以提出拒绝。法官将裁决他的理由是否充分。德夫林勋爵在《陪审员审判》一书中说,它已经过时了。[1] 我认为没有过时。它仍然会存在下去,但不会经常被利用,因为很难提出充分理由。如果提出的理由是因为肤色——白人或黑人,或是因为性别——男性或女性——很明显,这种拒绝将被驳回。

十、"绝对"异议

要证明"绝对"异议是正当的,恐怕更难。布莱克斯通曾建议这种异议只应限于如果被告被定罪就有可能被处以极刑的死刑案。如果他不喜欢某个陪审员的面孔,他就可以拒绝这个人。这是因为:

"……这种规定对犯人充满了仁慈和人道,我们英国法之所以出名,皆出于此……因为每个人都是有感情的,我们可能仅仅由于某人的相貌或举止便对他产生了某种无法解释的印象和偏见;对一个处于生死关头的罪犯来说,有一个不使他产生厌恶感的陪审团是非常重要的,所以,法律不希望一个使他产生厌恶感的陪审团去审判他,即使罪犯不能解释他为什么怀有这种厌恶感。"[2]

按照普通法,被告可对35人提出"绝对"异议。根据1509年的成文法,任何犯有重罪的被告提出"绝对"异议不得超过20次。

---

〔1〕《陪审团审判》,第29页。

〔2〕《英国法释义》第4卷,第353页。

这种规定延续了几个世纪。1840 年发生了一个案件,[1]在这个案件中一名律师被控有制造伪证罪,他把提出 20 次“绝对”异议权全用光了。从那时起,“绝对”异议似乎不再用了。恐怕是因为使用这种权利已经没有什么意义了。所有陪审员都是受尊敬的户主,所有陪审员看起来都是可以信赖的。但是在 1919 年《陪审员资格条例》规定,妇女也有资格成为陪审员。有时被告的辩护律师可能认为,若陪审员全是男的或全是女的可能更好些,于是便运用“绝对”异议权来达到这一目的。《1948 年刑事审判法》第 35 条消除了这种可能性。它规定:

“因重罪或轻罪而受到起诉的被告只能对七名陪审员提出异议的要求,并需提出理由。”

这就是说,只能对七名男陪审员或七名女陪审员提出异议要求。他不可能得到一个全部由男人或由女人组成的陪审团。这种规定一直沿用到 1977 年,1977 年的《刑法》把原来的“七名”改成“三名”。

最大的变化在于“绝对”异议权正在延伸到“任何重罪或轻罪”。这意味着,它适用了每一件由陪审团审判的案件。不仅适用于谋杀、抢劫和强奸,也适用于共谋、[2]暴动和骚乱。这些犯罪属于集体犯罪。每一被告都可使用三次绝对异议权。如果有 7 名被告,他们就有 21 次。如果有 9 名被告,就有 27 次。如果有 12 名被告,就有 36 次。

---

〔1〕“王国政府诉吉奇案”(1840 年)9 C & P 499 at 502。

〔2〕共谋(conspiracy),两名或两名以上的人达成协议,同意按一种必然会使其中至少一人构成犯罪行为的方式。英国普通法中的共谋刑事犯罪目前只限于共谋欺诈、共谋败坏公共道德、共谋违反公共礼仪等。——译注

十一、把同情者塞进陪审团

现在很明显的情况是被告企图利用“绝对”异议权把同情他的人塞进陪审席，或者至少塞进两名以上持有异议的陪审员，这种现象越来越明显了。最近，最重要案件出现在圣保罗的布里斯托有色人居住区发生的暴乱中。警察进入该地区调查诸如卖淫等违法行为，他们遭到了住在那里的有色人暴徒的袭击。暴徒不愿意停止他们自己的违法活动。接着发生了最严重的骚乱。警察的人数少，只好暂时撤退，很多警察受了伤。后来12名暴乱头子被逮捕。根据普通法，他们被控犯有暴乱罪。陪审团是由布里斯托的居民组成的，有色人和白人都有。当陪审团进入法庭时，这12名被告都使用了“绝对”异议权。这样，12名被告就可以使用36次“绝对”异议权。他们用了35次。他们这样做的目的是拒绝白人而争取尽可能多的有色人担任陪审员。也就是说，陪审团中有五名有色人，七名白人。对其中两名被告指控的证据非常充分，因此你会认为他们肯定会被判为有罪。但结果还是会有一场争论。

那是一件最惊人的案件。可是在不久前伦敦法务官〔1〕审理了被控以暴力进行抢劫的五名罪犯。辩护律师使用了“绝对”异议权以争取尽可能多的妇女担任陪审员。陪审团中有八

〔1〕 伦敦法务官(Common Serjeant of London)，中央刑事法院中一名巡回法官的称号。它原是伦敦城的一个古老的职位，地位次于王室法律顾问。——译注

名妇女和四名男人。警察对他们昼夜保护，以防有人对他们进行贿赂或威胁。

除这些情况以外，“绝对”异议权还被用来争取组成一个被认为是比较同情被告的陪审团——例如让长头发的青年人或胆怯的妇女组成陪审团，这要根据案子的情况而定。有时它被用来拒绝服装讲究或长相聪明的人或属于中等阶级的人。

这就引起了人们的深思：今天被告的“绝对”异议权是否应该存在？我们是否应该再允许被告仅因为一个陪审员的面孔就拒绝这个陪审员呢？

第七章　提供考虑的建议

我已讲了过去和现在，我再来讲讲将来。下面是我提出供大家考虑的改革方案。

一、废除“绝对”异议

最简单的方法就是废除提出“绝对”异议的权利。正像我已经说过的一样，这种权利起源于许多罪犯被判死刑的那些日子。布莱克斯通觉得为顾全生命而提出“绝对”异议是合理的。被告对他所反对的人一无所知，并没有充分的理由说明某人为什么不能当陪审员，他只能根据某一陪审员的相貌。据我看来，给被告这种权利是完全没有道理的。

现在陪审员名单包括可供选择的人的名单上的每个人,那么就更没有理由继续实行“绝对”异议了。因为这种权利可能被滥用,而且已经被滥用了。应该可以随意选择陪审员。但是“绝对”异议权可以使被告将他认为是同情他的观点的人塞进陪审团。这样做的根据只是陪审员的相貌,被告将成为性别歧视、种族歧视、等级歧视、服装歧视、发型歧视、年龄歧视或其他某种对他有利的歧视的提倡者。这是完全错误的。

“相对”异议是另外一回事。但它只能存在于英国现有的基础之上。我们不应照搬美国的做法。法官只要亲自告诉陪审员他们中的某个人为什么不能坐在陪审席中,这就足够了。某个陪审员应予回避的理由通常是:案子拖得太长,以致给某陪审员带来不便;陪审员看不懂或听不懂文件;陪审员事先在报纸上看到过对某案的报道,有可能已经形成了自己的观点,等等。

二、陪审员名单

以前陪审团名单是由郡司法官从有资格当陪审员的人中确定的。我在艾丽丝·莱尔审判中已经提到过陪审团的问题:

“因为这是一个引人注目的重要的案件,高等法院院长命令郡司法官注意陪审团应由这个郡品质最优秀的人组成。”

我还讲过曼斯菲尔德勋爵在几乎所有的商事案件中是如何选择他自己的特别陪审员的。

在我同陪审团一起审案的日子里,郡司法官一般都是采取一些办法谨慎地选择陪审员。我记得我在伦敦中央刑事法院审理过一个时间拖得很长的案子——一个关于“黑市”的复杂案件。在这个案件中,陪审团是由银行职员、保险公司职员及其他市民组成的。他们在核查证据时很有办法。他们得到了一些账目并对其进行了审查。

三、审查诈骗案的特别陪审员

我认为,涉及一些很复杂的账目的案件,不应由一般陪审员审判,而应该由特别陪审员审判。这些案件不应该由任意选出的陪审团审判。想想看,以后选陪审员是多么随便。选举册上的人都有号码。他们的号码被放到一顶帽子下面或输入一台电子计算机中。那些幸运的(或不幸运的)号码便组成了陪审员的名单。

现在想一想,当一个陪审团在伦敦刑事法院审判一个复杂的诈骗案,或审判一个涉及许多账目和一大堆数字的案件,或审判一个牵扯到一大堆细节问题的案件时,会出现什么情况呢?一般来说,陪审团中恐怕没有一个人懂这个案子——或者顶多只有一两个人懂。由这样一个陪审团审理这样一个案件完全是错误的。每位陪审员都应能聪明而机智地查究证词,以便能履行流传了几百年的誓词:

“我将认真诚实地进行审判,在女王陛下和将由我审判的被告席上的犯人之间发表正确的意见;并根据证据作出正确裁决。愿上帝保佑！”

现在的誓言不如过去的誓词，但陪审员仍然应该履行：

“我将忠实地审理女王陛下对被告席上的犯人的起诉，并根据证据作出正确裁决。”

我要问一个问题：在一个诈骗案或其他类型的复杂案件中，陪审员如不能查究并理解证据，如何能根据证据作出正确裁决呢？

我倒希望看看改革后的特别陪审员对商事诈骗案和类似案件的审判。我建议，陪审员的人选可以从伦敦商业区的公司所推举的人中选择，或范围再扩大些，在大伦敦市由工会或地方当局或其他有声望的机构所推举的人中选择。可以依靠这些机构提出能够查究有关这些案件的账目、数字和证据的适当人选。

四、由法官同专业顾问一起审判

我建议这些诈骗案还可以由高等法院法官同两名专业顾问一起审判。目前这些案件是由巡回法官和一个不伦不类的陪审团审判。被告律师尽量把问题弄得模糊不清。他们说它不是诈骗，只是会计工作中的一种错误。他们制造一种复杂的气氛，使人觉得陪审员稀里糊涂，根本不能判罪。

我要把它同行业裁判所[1]比较一下,行业裁判所必须处理包括许多同样问题的案件:一个律师用了他的委托人的钱,或没有把委托人的钱用于委托人,而用于自己;一个特许会计师有意出示了伪造的或不准确的证明,以便满足他的委托人提出的无理要求。行业裁判所对他的惩罚同巡回法庭对他的惩罚一样严厉。对一个专业人员来说,吊销他的执照,就如同一个普通市民被课以大笔罚款或被监禁六个月一样严重(甚至更为严重)。在这种情况中,行业裁判所是由两名专业人员和一名办事公道、聪明睿智的外行人组成的。就我所知,行业裁判所是一些最好的法庭。我不明白为什么城市的诈骗案不能由高等法院法官和两名专业顾问组成的类似的裁判所去审理呢?两名专业顾问之一可以是会计人员,另一名可以是律师。他们可以用和其他许多国家(原来的英联邦国家)相同的方法进行审判,在这些国家中,都是由法官和专业顾问进行审理,法官向专业顾问作出总结,专业顾问好比是一个陪审团。如同法官向陪审团作的总结一样,他向专业顾问作的总结可由上诉法院审议。

五、次要案件由地方法院审理

每个承担法律责任和被判为有罪,并将被监禁三个月以上

---

〔1〕 行业裁判所(Disciplinary Tribunals),即政府各部门为解决涉及本部门的法律纠纷而设置的行政裁判所,是一种准司法性质的行政机构,如年金裁判所、赔偿裁判所、劳资关系裁判所等,但这类裁判所不能执行自己的裁决(必须另外向法院提出申请)。——译注

的人都有权要求陪审团审理，但在许多案件中被告也可放弃这种权利。他可以同意由地方法官迅速处理。遗憾的是，自从采用法律援助以来，一些被告（本应较快地得到处理）选择由陪审团审判。他们不用为此花费一分一文。这给了被告时间——几个月的时间，在这段时间内，他们可以为辩护做准备，使证人忘掉某些情节，并使被告有时间处理自己的财产，在受到判决以前做好一切准备。这样对律师也有好处。如果案子拖得时间长，他们就会拿到更多的酬金。

我建议把这些不重要的案件，如小偷小摸（商店扒窃）以及轻微的损害罪行（如毁坏窗子），交地方法官审理。1975 年，高等法官詹姆斯（James）和一个很起作用的委员会就这么建议过，对于金额少于 20 镑的纠纷交地方法官审理，但这一建议遭到了上议院的否决。

最近有一个很有说服力的例子，通过它我们可以了解到一个法官的意见及一些主张由陪审团审判的人的反应。

一个人在伦敦乘坐地铁，在格林福德下车时他往收票箱里投入了 20 个便士，然后就走了。两个检查员正好看见了他，问他是在什么地方上的车，他说是在佩里维尔上的车，只坐了一站，但是人们注意到，他老早就上了车——是在起点站迈尔车站上的车，从那里上车，车费应该是一镑零五便士。他被指控为故意逃票。他申辩道，他还没来得及交费就被检查员叫住了。他要求由陪审团审判。案件是在伦敦中央刑事法庭审理的，他得到了法律援助。案子审了两天，花了至少四千镑。陪审员裁定他有罪并罚款 50 镑。毫无疑问，这个判决是正确的，但是，亚伯德拉（Abdela）法官（一个很有经验和能力的法官）不得不说出下面的一些话：

"这种案子绝不应该由这种法院审理,也不应该由陪审团审判,浪费了他们的时间,这种案子应在别处审理。

也许将来法律会有所改变,对涉及少量金钱问题的罪犯,只在有即决审判权的法院处理,而不是在其他地方处理。"

根据这一案件的特殊情况,法官命令被告自己支付五百镑的法律援助费,这表明他不赞成陪审团去审理这种不重要的案件。

事后,《泰晤士报》征求了许多人对此事的意见,两位国会议员完全不同意法官的意见,一位说:

"如果取消要求由陪审团审判的权利,英国公民的一项基本权利就被剥夺了。"

以后又紧跟着发生了这样一个案子:一个邮递员被控告偷窃了一盒价值一英镑三便士的巧克力,他要求由陪审团审判。他告诉法庭那盒巧克力是他收邮件时偶然拾到的,陪审团判他无罪。处理该案的法官认为这是对陪审团审判权利的一种维护。

现在我的意见是:我认为,一个地方法庭可以作出和陪审团相同的判决。当人们碰到类似的案件时,他们可以假定:(1)那个人确实是无辜的;(2)地方法官可能错误地判他有罪。如果他们假定那个人真的有罪而且被陪审团错误地裁定无罪而释放了,那么他们的整个论点就站不住脚了。有一种说法,即地方法官可能将无辜者错判为有罪,我不同意这种说法。他们和陪审团一样,不会无故怀疑任何一个人,而且即使被告被错误地判为有罪,他也会向皇家法院提出上诉的。

六、当陪审员的资格

我认为，对于由陪审团审判的好处应由国会作出新的评价。很多人（包括我自己在内）从小就深信陪审制度的优越性。这种制度是在英国还是单一的民族国家时发展起来的。虽然就其根源来说，英国人民是多民族的（撒克逊人、丹麦人和诺尔曼人），可是到陪审团审判制被列入我国宪法（一种不成文的宪法）时，英国已成了单一民族的国家。他们有着同样的行为标准、同样的道德规范、同样的宗教信仰。尤其是他们都遵守统一的法律原则。有资格当陪审员的人们，都是不动产持有者和户主。他们强烈主张不经正当的法律程序不得剥夺任何人的生命、自由或财产。

由鲍斯－意－盖斯特·莫里斯大法官任主席的委员会对陪审员的必要品质作了完满的评价：

“对于陪审团中的男人或女人来说，他们必须能将自己一般的判断力用在需要作出判断的工作上；必须具有关于世界和人的知识；具有个人从属于社会这种概念，做到公平合理这种愿望是他们行动的动力；尤为重要的是，他们都愿意努力争取对他们要解决的争端作出公平的决断。我们认为，在任何健康的社会里都有高度的责任感及对法律和秩序的基本尊重，人们都希望诚实和公正能够占优势。陪审团应该代表社会的各阶层，应该成为一种途径，通过它，某一地区的良好意识便可在对有关问题的审判中得到反映。这就必须由所有具有善良愿望的男男女女都来做贡献，而不能只限于少数人。”

但是奇怪得很，该委员会认为所有公民都会具有这些应该具有的资格。他们说：

“……我们的观点是，陪审团的工作应当是一种义务，一个公民既有权利也有义务。根据这个观点，公民应该是这种义务赖以存在的基础。我们在有资格选举国会议员和地方政府的选民的登记册上可以看到这种公民（广义上）的名单。”

七、一般人不再适于当陪审员

上一段所讲的是所有公民都有资格当陪审员。我不同意这种观点。现在英国人已不再是一个单一民族了。他们是白人和黑人、有色人和非有色人。他们已不再有同样的行为标准。有些人来自这样一些国家：在那里，行贿受贿已经成为生活中不可缺少的一部分，在那里，只要不被人发现，偷窃就是一种美德。他们已不再有同样的道德规范，他们已不再有同样的宗教信仰，他们不再遵守同一种法律。很多人公开蔑视法律，他们攻击法律的代表——警察，把他们骂成是折磨人的东西。他们不接受警察对他们的任何劝告。实际上现在每一位公民都有资格当陪审员出席审判，不管他是不是文盲，不管他受教育的程度多么低，不管他是否适于当陪审员。由于在这个社会上各种人都有，陪审员中很可能有相当一部分人并不是这个社会中有理智、有责任感的人。

八、选择陪审员的新方法

我认为事情应该是这样的，担任陪审员应该有一种资格，以保证陪审团由这个社会上有理智的、有责任感的人组成。陪审员必须是他们中间的最优秀的代表，而不论他的性别或肤色，也不论他的年龄或职业。担任陪审员应被视为担任社会工作——实际上也确实是为社会工作。陪审团的工作必须得到人们的普遍尊重，陪审员应和地方官一样受到尊重。选陪审员应和现在选地方官的方法一样。可以由人们自己申请，也可以由别人推举。不管用什么办法选，应该有必要的参考资料。可以面谈，看看是否合格。在确定陪审员名单时，地方官应给予最大的帮助。帮助确定附近地区的陪审团名单也是他们的部分职责。

如采用上述方法，我建议把由陪审团审判作为一项完善的制度保留下去。否则，我建议改由法官和专业顾问审判。

时常有人建议把陪审团的十二人改为七人。我不同意这个意见。在有些事情上十二人的裁决和七个人的裁决是不同的。

结　论

我很希望看到：

(1)废除“绝对”回避权。

(2)复杂的诈骗案或关于账目的案子由伦敦商业区的特别陪审员审理，或者由法官和专业顾问审理。

(3)不太重要的案件根据高等法官詹姆斯委员会的建议由地方法官审理。[1]

(4)陪审员不再从选民登记册中任意挑选。

(5)采取新方法选陪审员，以保证所有陪审员都适于审案。应该有一份具有陪审员资格的人的名单，从这份名单中可以任意挑选陪审员。

---

〔1〕 在本书付印过程中，法庭书记官协会提出一份最有价值的报告。他们建议，根据詹姆斯委员会的建议，应当重新确定刑事犯罪审理的范围，这样很多案件就可以由地方法院审理。他们非常正确地强调：“地方法院是真正的人民法院，在那里不仅有罪或无罪的问题可以由同一居民区的同胞作出决定，而且也可以决定判刑——这是独一无二的特征。”

第三篇

法 律 援 助

导　言

我常说，自第二次世界大战以来，法律方面最重要的革命就是法律援助。它意味着在许多案件中，律师的酬金和费用由国家支付，而非由当事人负担。这是一个非常重要的问题，以致我要冒昧地探讨一下关于诉讼费的法律——它过去是什么样，现在是什么样，应该是什么样。

第一章　过去的诉讼费

一、不要去打官司

在第二次世界大战以前，只要到法院打官司，双方当事人必须付给各自的律师“诉讼费”，即律师的酬金和费用——包括他的律师付给法律顾问、专家或证人的钱，这些叫作“办公费”；律师要求为自己的工作付酬，这叫做“酬金和收益”。

一般做法是这样的：如果原告胜诉，法院则命令被告支付原告的费用。这样被告除支付他自己的费用外，还需支付原告的那份费用。如果原告败诉，法院则命令原告支付被告的费用，这样原告就需支付当事人双方的费用。

这对双方来说都是一次很大的冒险，

因此诉讼双方打官司前会考虑再三，斟酌到底去不去打官司。聪明人是不会轻易去打官司的，除非他有把握胜诉。

但是这种旧制度产生了很多弊端，以致到了非改革不可的程度。在过去的法律报告中，你找不到几份关于诉讼费的报告。但是在查尔斯·狄更斯[1]的小说中你却会发现很多。我年轻时看过许多这类书籍，但那时我对诉讼费还一窍不通。这些小说对法律改革所做的贡献远远超过了杰里米·边沁[2]的论文。他，查尔斯·狄更斯直接看到了诉讼费的作用。他在24岁时写了《匹克威克外传》，我的故事就从这本书开始吧。

二、道孙和福格——他们的光荣行为

人人都知道巴德尔太太控告匹克威克先生违反婚约的故事，人人都知道不知弗知大律师向陪审团述说案情的故事，人人都知道匹克威克的男仆山姆·维勒的故事。但不是人人都知道律师——为巴德尔太太辩护的道孙和福格先生及为匹克威克先生辩护的潘卡先生——的诉讼费的故事。据潘卡先生说，巴德尔太太和福格都是精明人。确实很精明。据匹克威克先生说，他们都是大恶棍。他们替巴德尔太太打官司，知道她

〔1〕 查尔斯·狄更斯(Charles Dickens，1812～1870)，英国著名作家。《匹克威克外传》是他的第一部长篇小说。另著有《大卫·科波菲尔》、《荒凉山庄》等。本书译文引自蒋天佐译：《匹克威克外传》，上海译文出版社1979年版(译文略有改动)。——译注

〔2〕 杰里米·边沁(Jeremy Bentham，1748～1832)，英国哲学家、法学家，功利主义学说创始人。著有《道德与立法原理》、《惩罚与奖励理论》等。——译注

一便士诉讼费也付不起。他们代表巴德尔太太向不知弗知大律师和史金平先生提供情况。我相信这两个律师没有深究是否付给他们报酬,由谁付给他们报酬的问题。当山姆·维勒作证时,对话是这样的:

"太太们就对道孙和福格先生的可敬的行为大大地称赞起来——'他们就是现在坐在你附近的两位绅士。'这话当然把大家的注意力都引向了道孙和福格,他们就尽可能做出有德性的样子。

'他们是原告的代理人,'大律师不知弗知说,'那么,他们大大地称赞了一番原告的代理人道孙和福格两位先生的可敬的行为,是吗?'

'是呀,'山姆说,'她们说他们是多么慷慨,办这案子是投机,一点儿费用都不要,除非从匹克威克先生身上弄出钱来。'"

对于这个非常意外的回答,旁听者们又吃吃地笑起来,道孙和福克呢,脸上通红,倾身凑近大律师不知弗知的耳朵匆促地低声说了几句话。

大律师不知弗知带着假装的镇静神情说:"那是完全没有用的,大人,要想从这个不可救药的愚笨证人的身上获得任何证据是完全不可能的。我不再问他任何问题来麻烦法庭了。下去吧,先生。"

三、匹克威克先生一个铜板也不付

陪审团作出裁决,赔偿原告750镑。当他们走出法庭时,匹克威克先生同道孙和福格相遇了：

“他们得意地搓着手，露出满意的神情。‘喂，绅士们，’匹克威克先生说。‘喂，先生，’道孙说，替自己也是替他的伙伴作答。‘你们以为可以弄到你的诉讼费了，是不是，绅士们。’福格说他们认为那未尝是不可能的，道孙微微一笑，说他们要试试看。‘你们试试看，试试看，道孙和福特两位先生，’匹克威克先生激动地说，‘但是你们不要想从我这里弄到一个铜板的费用或者赔偿，纵使我把以后的生命都消耗在债务人的监狱里！’‘哈哈！’道孙大笑。‘下次开庭前，你还可以好好想想呢，匹克威克先生，’‘嘻，嘻，嘻！我们不久就会看到的，匹克威克先生，’福克龇牙咧嘴地笑着说。”

四、匹克威克先生入狱

故事讲到这里，狄更斯就突然停下了，接下去讲到关于匹克威克俱乐部其他成员的冒险故事。这占用了 70 多页的篇幅。因此不经心的读者就会丢掉故事的线索。我要接着这个线索讲下去。行政官的属员带着拘票拘捕匹克威克先生，原因是他没付赔偿费和诉讼费。拘捕者是带着叫作“拘票”这种老式传票来的（狄更斯这样描述的）。这是授权行政官对匹克威克先生实行强制执行，直到他付出赔偿费为止。潘卡先生劝告匹克威克先生开张支票付上算了。但是

“‘潘卡，’匹克威克先生说，‘我请你不要再让我听到这种话了。我看留在这里没好处，所以我打算今天夜里进监

狱’……‘假使你一定要到什么地方去坐牢的话，我的好先生，你可以到佛里特去，’潘卡说。‘行呀，’匹克威克先生说。‘我一吃过早饭就走。’”

五、大法官法院的修鞋匠

然后狄更斯就讲佛里特监狱及其在那里边的犯人。他们大部分是因为欠债而入狱的。狄更斯讲了修鞋匠的故事，他被关在那里已有12年之久了。他曾为一个老绅士干活，这个人留给他一笔遗产。老绅士的侄儿侄女就他的遗嘱问题，向伦敦处理婚姻和遗嘱的民法博士协会〔1〕提出了抗议。结果协会命令修鞋匠退回遗产并交诉讼费（狄更斯未说明为什么他得交诉讼费）。于是修鞋匠说：

“‘从那以后我们就进了大法官法院。我现在仍在这里，以后也会永远在这里。我的律师很久以前就要去了我仅有的一千英镑。把他们的所谓财产和诉讼费加在一起，我还欠他们一万英镑，所以我来到了这个地方，以后再也别想离开，在这里修鞋，一直到死为止。”’

〔1〕 民法博士协会（Doctor’s Commons），英国历史上的一个民间律师组织，成立于1495年。只有获得牛津或剑桥大学民法学博士学位，被坎特伯雷大主教承认为律师且具有一年出庭经历的律师才能成为该协会会员。1858年该协会解散。——译注

六、巴德尔太太为诉讼费问题而入狱

很明显,狄更斯必须把匹克威克先生从佛里特监狱弄出来。在50页以后他安排了这个情节。他仍是让行政官的下属去做此事。道孙和福格没有得到匹克威克先生的赔偿费和诉讼费,于是他们就向巴德尔太太要。他们为她不肯付给他们诉讼费而把她投入了监狱。书记官对她说:

"'这些诉讼费是讨厌的事,不是吗……对不对?我是说你的诉讼费的账单啊。''他们拿不到这笔钱,我很抱歉,'巴德尔太太回答。'你们知道,不过。假使你们这些搞法律的绅士们做这些事情是投机,那么你们一定会时常受到损失,你知道。'

'我听说,你在审判之后给了他们一张你的诉讼费总数的具结'?

'是的,这只不过是一种形式罢了,'巴德尔太太回答说。

'当然啰,'完全是一种形式。完全是。"

在狄更斯那个时代,谁都知道什么是具结。具结是诉讼具结的缩写。被告承认别人对诉讼费的要求是合理的,这就叫作具结。于是经过审判后就提出判决。因此道孙和福格先生就得到了法庭对巴德尔太太不交诉讼费的判决。根据她对诉讼费的具结,他们对她实行人身管制,并把她投入佛里特监狱。

七、终于自由了

就这样她被关进了佛里特监狱。这对匹克威克先生的律师来说是个调解的机会。匹克威克先生是厚道的人,他不希望巴德尔太太被投进监狱并在那里度过她的余生。只要匹克威克先生同意付出道孙和福格的诉讼费(约150英镑),则巴德尔太太宁愿放弃她的750英镑的损失赔偿的要求。潘卡先生是这样告诉匹克威克先生的:

"'我今天早上看见了那个女子。付了她的诉讼费,就可以完全免除清偿赔偿金;另外——这一点,我知道是更值得你好好考虑的,我的好先生——以她的名义,用写信给我的形式发表一种自愿的陈述,声明这件事一开始就是由道孙和福格这两个人教唆、鼓动和惹起来的;说她非常后悔,做了烦恼和伤害你的工具;并且说她要求我出面调解,请求你原谅。'"

由于这些关系,问题终于解决了,匹克威克先生和巴德尔太太都被释放了。道孙和福格也得到了他们的全部诉讼费。这就是他们提起诉讼的唯一原因。匹克威克先生把他们称作"贪得无厌的人"。

第二章　以往的副作用

一、一大堆花费巨大的无聊东西

有一种法院在处理某一类案件中，原告不必付诉讼费。诉讼费出自“遗产”。这个法院就是大法官法院。它的大部分诉讼案都是关于死人的财产问题；或者是由于死亡和遗嘱所引起的财产继承问题；或者是关于留给子女的财产和存款的委托保管问题。在这些案件中，都要指派律师来维护财产，维护活着的人——成年人、婴儿及未出生的孩子——的利益。对这种案件的技术性问题争论很多，经常是争论几年后，遗产问题才最终得到解决。最后在案件结束时法庭命令各方从遗产中支付诉讼费。这就是说，参与案件的所有律师都可先于受益人得到他们的诉讼费。经常是为了付诉讼费而卖掉一部分遗产。往往是律师从中取出他们的诉讼费后,给受益人留下的财产便所剩无几了,有时甚至没有了。

狄更斯在《荒凉山庄》的第一章讲到了大法官法院的整个定罪程序。在那一章里他描述了林肯律师学院的情况,当时正在审议"贾迪斯诉贾迪斯案":

"在这样一个下午,承办那件案子的各式各样的律师——其中有两三个是接替父亲承办此案的。他们的父亲都靠此案发了财(现在他们不也是这样吗?)——在一条长长的、铺着席子的像井字一样形状的律师席上(不过你要是想在这个'井'底寻求真理的话,那就枉费心机了),在书记官的红案桌和王室法律顾问穿的丝袍中间排着一行,面前摆着起诉书、反诉书、答辩书、二次答辩书、禁制令、〔1〕宣誓书、诉状、推事的参考文件、推事的报告等一大堆花费巨大的无聊东西。"

二、公爵拒绝付款

按照普通法,每个原告或被告都得向各自的律师付诉讼费。任何人帮助他付诉讼费都是十分错误的。任何人不得借给他钱或答应替他付钱。在诉讼过程中任何人不得作他的后台。支持某人打官司被认为是十分有害的。这既可以作为一种犯罪受到控告,也可以作为一种错误向法庭提出。

〔1〕 禁制令(injunction),法院向某一特定人发出的不准其作出或继续作出某一行为,或者强制其作出某一行为的书面命令。——译注

1784年有一起关于科尔切斯特选举国会议员的案件。选举结果表明，乔治·杰克逊因获得了多数票，从而击败了他的对手乔治·蒂尔尼。后来落选者乔治·蒂尔尼递了一份诉状，声称乔治·杰克逊贿赂了某些选民，不应该当选。波特兰公爵支持乔治·蒂尔尼的起诉。他答应付律师和法律顾问的酬金。诉讼失败了。公爵变了挂，拒绝向诉状律师[1]付酬金。律师对公爵提出起诉。他们失败了。大法官拉夫巴勒勋爵(Lord Loughborough)说："每个人都必须靠自己的力量，用自己的钱打官司。"(见"沃利斯诉波特兰公爵案"[2])。

这种惯例对没有钱付酬金的穷人来说是极为苛刻的。于是就有了律师的"投机"活动，如道孙和福格就是这样做的；或按临时费对待，如1849年斯普赖先生就是如此对待的。他是个律师，他给托马斯·雷内尔将军写过这样的信：

"……现在所有人对于取得财产的法律诉讼有一种恐惧感，所以处理这种案件的律师们逐渐采用了这样的一种制度，即只在帮助打赢官司的情况下才收诉讼费。如果官司打赢了，律师们首先从所得到的财产中提取诉讼费，但起诉一方起码可以得到这场官司所涉及的那笔财产的一半，对于他自付诉讼费而没有打赢官司这种风险来说这是一种好办法。"[3]

[1] 诉状律师(solicitor)，为当事人承办案件的具体事务性工作，如就法律问题向当事人提出意见，草拟起诉书等法律文件，处理诉讼费用等问题。诉状律师一般不出庭为当事人辩护。——译注

[2] (1797年)3 Ves 494，上诉卷宗(1798年)8 Bro Parl Cas 161。

[3] 《雷内尔诉斯普赖案》(1849年)8 Hare 222 at 230。

三、没有"胜诉酬金"

斯普赖先生的主张完全是错误的，英国法律从来不允许一名律师以"胜诉酬金"的方式索取报酬，也就是说只有胜诉才能得到报酬，败诉则得不到。这种规定是违法的，因为这属于帮诉。[1] 最早的帮诉是瓜分获益。事先答应一名律师打赢官司后可以分得一部分利益，这纯粹属于帮诉。即使他没有分到，但是在胜诉时从有争议的财产中付给他一笔佣金，也应看作是帮诉。即使不是从有争议的财产中付给他的，但是如果他胜诉了就接受一笔特殊酬金或好处，败诉则没有，这也是不合法的。不管他接受的那笔钱是唯一的报酬还是外加的报酬（在正常费用之外）；只要是胜诉收钱，败诉不收，无论在什么情况下都是非法的。

四、专办交通案件的律师

第一次世界大战后不久有一种照顾穷人的制度。有一些诉状律师和出庭律师自愿为穷人代理案件。这就是说事务律师只向当事人收办公费，如证人作证费和誊写费，这样他们在实际上没有得到任何报酬。我第一年的收费簿中登记的头几

[1] 帮诉（champerty），是指帮人打官司，打赢后分利。按英国法律，这是一种犯罪行为。——译注

项就是关于一个穷人的案子的,诉讼中间阶段的辩护,关于证据的建议,关于各项细节的说明书,为被告写的辩护书,所有这些工作都未收费。这些工作都在希望诉状律师们为我找个能收费的工作的情况下做的,但他们没找到。后来我办了几个关于穷人的案子,都未收费,我当时是希望在这方面取得经验,也希望借此了解事务律师。

后来有了律师事务所,他们被称作"专办交通案件的律师"。一听说有事故发生,办事员或受托人说首先找到受害人或他的亲属,暗示他们可能有充分理由进行起诉,从而得到赔偿,并且向他们说,他们愿意承办此案。他们这种做法实际上是一种投机。他们认为官司肯定能打赢,起码能得到一个较为有利的解决办法。所以他们并未要求受害人立即支付任何费用。很多人对这种诉讼手续感到厌恶,甚至把它看成是违反职业道德的。互相协议的条件是:"没有补救办法就不给报酬",除非案子胜诉,否则诉状律师就一无所得。在我们的律师事务所从来就没有以这种条件接受工作的。每次辩护都必须收正常的费用。如果某律师被认为是可疑的,那我们的办事员就坚持"付现金的辩护"。无论胜诉或败诉,诉状律师都要自己负责向我们上缴费用。

那时还没有现在这样多的交通事故,汽车还没有形成像我们现在这样的危险,还没有强迫保险制度。在审判人身伤害案件中,根本不允许你向陪审团或法官提到被告是保过险的。如果你这样做,那就认为你偏袒了被告,就得重新审判。

1930 年的《道路交通法》使这种情况改变了。保险已成了强迫性的,每个人都知道被告是保过险的,与以前比较,法官和陪审团更倾向于判为过失罪并增加损失赔偿费。

第三章　法律援助的出现

一、只是为穷人的

第一个《法律援助法》是在 1947 年 7 月 30 日通过的。从此再也不是任何人必须“依靠自己力量、花自己钱打官司了”。那些穷人——收入微薄的人——可以用国家的钱打官司。他们可以在由他们自己选择的律师的指导下打官司，而不必自己掏钱。他们的所谓负担是“零”。如果他们胜诉，他们将赔偿金装进自己的口袋，如果败诉，也不必付对方的任何诉讼费。

对于稍富裕者也可以这样做——只是稍有不同。他们必须为付他们自己的诉状律师的诉讼费做出一点的捐献——在不给他们带来什么困难的情况下是可以做到的。

在紧急情况下，法院可以给当事人开一张“紧急情况证明书”，而不问当事人的经济状况如何，法官要的只是一份事务律师写的情况简要。

但是相当富裕的那些人——中等阶级——是不给法律援助的。他们必须自己付诉讼费，如果他们败诉，还需付对方的诉讼费。

我要首先说明一些主要原则；然后再说说这种制度的缺点。

二、必须有合理的理由

基本原则是，如果一个人有合理的理由提出起诉或进行辩护就应该给予法律援助，而且如果律师为他的利益所采取的步骤是合理的，就应该采取。特别要注意的是，不考虑会给当事的另一方带来什么困难。个人的要求可能在最后变得完全不合理，也可能完全是捏造的。尽管如此，如果根据本人自己的叙述，某项诉讼看起来是有道理的，或与此有关的一些行动是看起来有道理的，那么国家必须为此支付费用。另一方不得提出异议。

我担心人们会对这种“合理”的鉴别作出过宽的解释。如果按照这种过宽的解释，那么当事人随意提出的任何要求，或采取的任何步骤都会被认为是合理的了。

三、不考虑当事人的贫困

如果在办案中不考虑当事人的贫困，就会使人把当事人看成有足够支付能力的人。这一点在"关于萨克斯顿死亡案"[1]中得到了证明，在该案中，有一个文件是否是真实的问题。该案原告得到了法律援助。他们说文件是伪造的。虽然他们没有确切的证据证明它是伪造的，但是他们要求一名很有经验的专家进行检验，并且拒绝把这份报告拿给未得到法律援助的被告看。我说：

"在被告看来，原告能由国家出钱进行诉讼，甚至包括请一名笔迹鉴别专家做高水平科学鉴别试验的费用，而且还不把结果给被告看，这似乎非常苛刻。因为这意味着被告为了和原告打官司，必须花很多钱请他们自己的字迹鉴别专家作高水平科学鉴别试验，而且他们几乎不可能或完全没有机会从已经得到法律援助的对手那里得到补偿。

可是立法机关告诉我们不能考虑这方面的情况。法院不能考虑当事人得到法律援助这一因素，必须按照在他们没有得到法律援助的情况下应该采用的方法行使他们的自由裁量权。"[2]

---

〔1〕 (1962年)1 WLR 968。

〔2〕 "关于萨克斯顿死亡案"1 WLR 971。

四、出庭律师的意见获胜

这是每天都要碰到的事情。一个人去找律师，说他要对另一个人的造谣或人身伤害提出起诉。他的陈述听起来较真实。有时他可以提出一个证据，有时提不出。他没有钱，但是想得到法律援助。诉状律师（或可能是他的办事员）觉得他必须接受这个人关于这件事的陈述。这个人毕竟是他的委托人。如果他认可了，那么这个人就有了案由。[1] 诉状律师（多半是办事员）把案子交给出庭律师。出庭律师以书面材料提出——如果是认可的陈述——他有正当的诉因，地方委员会将根据这一建议给予法律援助。实际上他们没有其他的选择。

五、"不要谈它了，史密斯！"

但是如果没有得到法律援助，律师承担案件就会更为谨慎。他就会对他的委托人说："不要谈它了，史密斯！"这是一句口头语。G. K. 切斯特顿用它指责过 F. E. 史密斯先生的伪善：

"谈谈教堂的椅子和尖塔，谈谈在这上面花的钱吧！

至于教徒们的灵魂……

---

〔1〕 案由（cause of action）或称"诉因"，是使某人提出诉讼的依据。案由可能是一项不法行为（如侵犯行为），也可能是由不法行为造成的伤害（如过失引起的伤害）。——译注

不要谈它了,史密斯!”[1]

诉状律师会继续说:“你是不会成功的。你会白花很多钱。而且如果你败诉,你就得付对方的诉讼费。”除非取得法律援助,否则案子是绝不会开始审理的。

当然困难出现了,因为地方委员会只能根据一方的陈述作出决定。他们竭尽全力地对付这个困难。他们精心、周到地工作。他们有义务考虑情况的是非曲直,而且确实是考虑了。

六、一名出庭律师被控告

当一个人控告一名出庭律师犯有过失时,就能很好地说明那个问题。他申请了法律援助,但遭到拒绝,首席高等法院法官帕克(Parker)说:

“据我看,应由委员会考虑整个情况,而且要考虑对于某一特定诉讼是否给予法律援助,还要全面考虑诉讼的性质,是否有适当的理由提出起诉。如果从耗费国家金钱的角度看这个问题或者从被告的角度看这问题(即与得到法律援助的原告打官司,他是要担风险的),那么假使委员会不考虑该诉讼法本身的价值,他们就是十分错误的。”

实际上由于该案所涉及的问题很重要,必须作出判决,首席律师——在没有酬金的情况下——还是出庭了。

---

[1] 《一名反清教徒的诗》。

七、这个制度的价值

事实证明这个制度对社会是有价值的。通过使用法律援助,很多人收回了债务或得到了赔偿,如果没有援助,他们是不会成功的。许多法律上的重要问题提到了上诉法院和上议院,如果没有法律援助制度,这些问题是得不到解决的。但是这种制度像我将说明的那样也会被人所滥用。

八、关于赔偿或保留的财产的收费

我说得到法律援助的人没有交诉讼费的义务,但这必须有一个重要的限制。如果他成功地取得了赔偿的款项或财产,那么他必须按照这个办法交诉讼费。法律援助基金应从赔偿或保留的款项或财产中收一定的费用。只有这样才是公平的。如果他没有法律援助,他的事务律师就会向他收这笔钱,因此法律援助基金也应该收这笔费用。

有一个人们熟悉的案例。一个人在事故中受了伤,得到了假定是三万英镑的赔偿费。他是得到法律援助的,因此要从诉讼补助基金中付给他的律师的费用——假定是四千英镑。诉讼补助基金可以要求从三万英镑中扣下四千英镑作为聘请律师费用。

但是在夫妻之间关于婚姻家庭问题的许多争端中出现了一些极难处理的问题。夫妻双方都有法律援助,每个人的负担都是“零”。每个人都要求房子归他(或她)所有,或他和她平均享有。每个人都要求从对方那里取得财产或者将财产留给他或她。在任何情况下,得到房子的一方要负担支付法律援助基金的费用。这笔钱的数目很大,以致几乎抵消了整个房产的价值,而当事人却只剩下了按规定留下的2500英镑。对丈夫和妻子的教训是:在你们去法院以前,把关于婚姻家庭的争端解决好——无论如何在上诉以前解决好——否则诉讼费会把你们整个房产都花掉。

第四章　这种制度的缺点

一、诉讼费上涨了

法律援助的问题之一是诉状律师在费用增加的情况下有利可图：对他们自己有利，而不是对另一方即纳税人有利，而且没有阻止这种情况发生的有效办法，除非对他们的做法强加限制，此外是没有任何有效办法的。我觉得我必须注意到这一点，但是我不希望你们认为那是普遍的问题。我只想讲给你们一个案件，在这个案件中，律师为了得到诉讼费工作非常认真，可后来却没有给他们诉讼费。

二、在码头上跳水

一个人去海里进行潜水训练。他从码头上跳入水中。海底正准备进行一些民用工程。他碰上了障碍物，腿部受了重伤，非锯掉不可，他说这是潜水教练们的过失。他说他们应该知道这里有危险，并应预先告诉他在那个时候不要跳入水中。他申请并得到了法律援助，案子审理了四天，法官驳回了他的所有要求，法官说那是潜水者自己的过失。

案子就这么办了。被告自己花钱打了一场官司。他们必须从自己的口袋里掏诉讼费——而没有任何可能从那个人手里得到什么——因为他是得到法律援助的。另一方面，那个人什么钱也不用付。他的诉状律师是从法律援助基金中领取报酬的。

对事务律师有一种牵制，他们的诉讼费要受到所谓“清算诉讼费”的牵制。这就是说由一位法院官员对他们的诉讼费进行检查，看是否合理。

当时诉状律师上交了一份账单，要求报销四年后在海岸码头举行的事故调查会的费用。这个会议是出庭律师建议他们召开的。参加会议的有出庭律师和诉状律师以及潜水专家和一名鉴定员。他们认为提出的要求是正当的。但对诉状律师不幸的是税务官员持不同意见，他认为这次会议是不必要的。他说现在的海底情况已不同于四年前事故发生的情况。况且民用工程早已完工。所以他不给报销这次会议的费用，诉状律师们提出上诉。现在我在这里重复一下我在上诉法院所讲的话：

“鉴于没有人反对，我认为在法律援助的评定问题上，审议官应记住他们有义务考虑到公共利益。他应该拒绝任何不合理申请或不合理的申请数目。总之，只要要求过高，他就必须在评定中将数目减少。不然的话，法律援助制度就会被诉状律师和出庭律师们任意滥用。在此案中并未滥用，但是若不密切注意就完全有可能滥用。我必须指出在涉及法律援助案件中，在诉讼事实的摘要中，并未注明出庭律师的费用。在出庭律师的办事员和诉状律师之间也没有关于该项费用的协定。出庭律师的办事员按他自己的判断确定某案件的收费。一般律师的酬金应交给事务所的助理人员去办，甚至交给与诉讼无关的办事员去办，而办事员可以按照他所起草的诉讼费清单上的钱数的一定比例提取佣金，而不按审议官所确定的数额比例提取佣金。除非负责人予以密切注意，办事员总会在诱惑下提出高得不合理的费用。我并不是说他们就是这样做的。但是总是有一种诱惑力使他们说：‘价码会压下的，10%将会被克扣掉。这是一个涉及法律援助的案子，要由补助基金来付款。’如果诉讼费未经任何调查研究就通过了，法律援助基金就要受到损失，公众就会付出超过他们应该付的金额。人们一般认为只要律师有了法律援助证明书，他就有了‘全权’，无须向地方委员会申请，便可处理一切有关诉讼的事项。没有疑问，在现在的案件中，证明书包括了为审案要做的一切准备以及审判本身的事项。在任何这类案件中，审议官应该审查所有项目，看看是否在所有方面都没有过高的收费。律师们不可认为取得了诉讼证明书后，他们就可以从法律援助基金中无限制地开出支票。好像它是个有无底钱袋的顾客愿意支付律师们所能想到的一切开销。对滥用基金的唯一防范措施,就是审议官提高警惕,他的工作是艰难的。如果其他人没有提出什么异议,那么他就得认为诉状律师的话及他做的工作是不可怀疑的。他要想让每件事情都顺利通过,那是容易的。但他必须抵制这种图省事的办法。他必须是个监察员,他必须对一切引起他怀疑的事情提高警惕。”

三、结案

在有法律援助的案子中,另外一个问题是在结案时,得到法律援助的人确实是处于一种无比有利的地位。他手里有取胜的王牌,他可以靠国家的费用继续进行他的诉讼,而对方则必须掏自己的腰包,并且不可能从得到法律援助的人手中得到分文的诉讼费。

很多被告或他们的保证人让了步,他们付给原告的钱比支付他们自己的诉讼费要少得多。因此当法律援助机构为自己的成绩感到得意时,必须记住有时这是被威胁污染了的成绩。

四、回声器

在另外一些案件中,给一方以法律援助可能会使另一方陷入窘境。现在我来讲一个案件,在该案件中上面的情况很可能发生,但终于得到了避免。

一位发明家发明了一个回声器。它是用在大轮船上的。它们能通过声音从海底返回的时间测知海水的深度。他与一家要利用这个回声器的大公司订了合同。如果能达到预期的目的，他们就准备使用这个东西，但是并没有办到。因此他们拒绝继续履行这个合同。他提出起诉，说他们不履行合同，他要求赔偿损失，而且是巨额的损失，因为他说给他造成了他本应得到的利润的损失。

他得到了法律援助，估计审判要持续30天。他是个无力偿付的欠账者。那家大公司宁愿付出四万英镑以满足各项要求，而不愿承担同原告打30天官司的花费。原告说若是这笔钱可以偿还债权人的债，他就愿意接受四万英镑。但是如果这四万英镑得先用来交法律援助基金，他就不肯接受。实际上他是这样说的：

"若事情不能按我的意愿解决，我就坚决主张案子继续审理30天，这就会使该公司和法律援助基金付出巨额的诉讼费。"

发明家并未能按他自己的意思去作，他的诉状律师做事极为稳妥，他们凡事都交给出庭律师，并根据出庭律师的意见向律师公会[1]交代，然后再提交法庭。我现在重复一下我曾经说过的话：

"这个案子生动地向我们说明了作为一位享有法律援助的

〔1〕 律师公会(Law Society)，英格兰和威尔士的诉状律师的专业团体，1831年成立。其宗旨是促进诉状律师职业上的权益以及履行有关准许诉状律师执业和有关他们的品德和纪律的重要法定职能。——译注

当事人的法律顾问、律师应承担哪些责任。他必须记住是国家在提供他的诉讼开支，而且在案子的争辩中他们会给被告（未获得诉讼补助的人）带来很多忧虑和花销，这样的被告即使打赢官司，他也不能取得他自己的诉讼费的赔偿，这使原告的法律顾问在争辩中居于极为有利的地位。双方争辩的力量是不均衡的。法官不应在被告的花费上面滥用权力，也不应在消耗法律援助基金上滥用权力。无论何时，结算的问题一经提出，原告的法律顾问就应对案子的本身进行估价，就好像他在为一位财力不足的私人委托人（这个委托人并不是足可支付任何费用的富有者，也不是负债累累的人）办理起诉，而当事的另一方，即被告，也是一位财力有限的人，在胜诉时可以得到诉讼赔偿费的人。合理的金额一经标出，他们就应按照这个金额结算。他们不应设法改变这笔钱原定的用途，从而避免交纳法定的诉讼费。尤其是他们不应该将这笔钱付给原告的债权人或与原告有关的其他任何人。如果他们要这样做，他们就会发现他们将招致法庭的不满，法庭会挫败他们的计划。”

五、要怜悯没有得到援助的人

对一个无罪的人最不公平的是，他要对抗一个获得法律援助的人，即使他将官司打赢了，他也要自付诉讼费。无罪者眼中的邪恶就是法律援助基金。这些基金对请求赔偿的人（或被告）提供资金。如果没有法律援助，原告或被告可能根本不会起诉或进行辩护。毫无疑问，在一些情况下法律援助基金向申请赔偿的人和被告方面提供了帮助，根据普通法，有些人是有罪的，他们不是有错误而是犯了罪，但是根据《1949年法律援助法》，他们却得以逍遥法外。

1964年国会承认这种做法是不公平的，但是这一法律提出了一个最不妥当的补救方法。如果没有援助的人在初审法庭取得了胜诉，他只能在以下两种情况下从法律援助基金中取得诉讼费：第一，如果他是案中的被告而不是原告；第二，如果由于必须支付自己的诉讼费而造成严重的经济困难。

人们已经发现了这种案件是极不公平的。就拿第一个案件来说，在很多情况下，一个无罪的原告（他是没有援助的人）有其无可辩驳的理由去索债或要求赔偿损失。被告没有辩护理由，但是他捏造了一个荒唐的故事以逃避债务。在一个为四千英镑的汇票而起诉的案件中，被告拒不承认汇票上的签字，但是他获得了法律援助并将此案送交上诉法院处理，法院认为他的申辩是不能成立的。没有援助的原告得不到出自法律援助基金的诉讼费赔偿。

再来谈谈第二个条件。它"必定使没有援助的一方造成了严重的经济困难"。这句话在另一案件中引起了上诉法院的思考。我在法院上说：

"这些话应该加以解释，以便排除保险公司、商业公司及可以支付诉讼费并对此无所谓的有钱人。但不应解释为排除收入不多或资金不多的人，他们难以负担他们自己的诉讼费。"

我必须说，我认为无论怎样，第二种情况是不公道的，如果法律援助基金支付一个没有希望的案子，并让保险公司或商业公司花很多钱去为这个案子辩护，那么为什么不由法律援助基金支付诉讼费呢？由于不想付诉讼费而得到法律援助的人，可以摆出姿态，施加压力："要给我好处，否则我就继续打官司，而且你也不会从我手里得到任何诉讼费。"

六、医生拉得太猛，时间太长了

到此为止，我说的只是初审法院的诉讼费。在上诉法院，事情就比较公正一些。如果判得"合理且公正"，该法院就有权判定由法律援助基金支付诉讼费。现在上诉法院和上议院正式规定，当法律援助基金支持或抵制一件上诉案并败诉时，它要支付所有的诉讼费。

有这样一个案例，即一个婴儿生下来脑部有严重损伤，婴儿母亲责备医生说他在"试着用产钳帮助分娩"的过程中把婴儿的头拉得太猛，时间太长，以致使脑子受伤。她取得了控告医生和医院的法律援助，双方都不怕花钱，都请了有名的教授，都有著名的王室法律顾问。审判的结果判定医生和医院犯有过失罪，赔偿10万英镑，他们不服，上诉到上诉法院，他们在上诉法院取得了胜诉。孩子的母亲又上诉到上议院，在上议院她又败诉。因此医生和医院在上诉法院和上议院都取得了胜诉。要以诉讼补助基金为他们支付两院的诉讼费，但是没有为他们支付初审法院的诉讼费，因为他们没有"严重的经济困难"。当然法律援助基金得为婴儿母亲支付整个过程的诉讼费。在该案中，法律援助基金支付的诉讼费，总计达25万英镑。

七、一个往窗外跳的人

另一个案例是一个人因背痛进了医院，进院后痛得越来越严重，对此他非常郁闷，他在病房内不停地徘徊并告诉其他病人，也告诉了护士，他们都很同情他。他猜他得的是癌症，可能会死。因此一天夜里他决定死了算了。他给他的妻子和家人写了绝命书，告诉他们在接到他的信以前，他已经死了。他下了床，钻出窗子跳了下去。他首先感到掉在了阳台上，然后他再从阳台上往下跳。他受了极重的伤，但并未死。他被抬进医院救活了。但他的手足不能动弹（四肢瘫痪），只有躺在床上在他妻子全力照顾下度过他的余生了。

他得到了法律援助，他说护士玩忽职守，他们应该请一位精神病医生：他会采取措施阻止他自杀的行为。双方都聘请了著名医生，法官作出有利于这个人的判决，并由医院赔偿 20 万英镑的损失费。医院提出上诉，上诉予以受理。那个人一无所得。双方的上诉费统统由法律援助基金支付，若从那个人方面谈，是因为曾获得法律援助，从医生方面谈，因为这样做是公平而合理的。

但是初审的诉讼费（那个人一方的）也得由法律援助基金支付，而医院一方的则由医院支付，因这不会使医院造成“严重的经济困难”。

毫无疑问，必须正确地给予法律援助。审案法官的判决表明，法律援助是有利于那个受伤的人的。但也有些案子，其结果也许会证明，给予法律援助是件不幸的事情。

我记得有一个婴儿早产的案子。医院通过输氧救活了这个婴儿,但结果却是这个婴儿成了瞎子。原告得到了法律援助。在初审和上诉过程中花了许多钱,结果要求赔偿的起诉失败了。

八、不要把案子交给没有律师执照的办事员去办

诉状律师把法律援助的案子交给他们的办事员去办,这恐怕是很经常的事。这是错误的。这样做可能引起他们(或另一方)许多麻烦。在一桩关于拍卖一家照相馆的案件中它就是一切麻烦的根由。照相馆老板同意以8500英镑的价钱把照相馆卖给买主,并讲明可以分期付款。买主接受了照相馆。他只付了第一期的钱,其余的未付。老板为催索余款提出起诉。买主没有钱,他得到了法律援助,他的出庭律师承认对方的指控,但是他说合同是在欺骗引诱下订的,因而对欺骗提出反诉。卖主方面的诉状律师把案子交给一个年轻的实习办事员(尚未得到许可证)去填写法律援助表格,结果他把表填错了。他只为抗辩申请法律援助,而不为“反诉”申请法律援助。由委员会填写的证明文件模仿了申请书的措辞。双方都认为基金为“抗辩和反诉”提供了法律援助,他们是根据这个理解来打官司的。整个诉讼都是围绕反诉进行的。但是由于那个错误,老板(他遇到了严重的经济困难)未能得到法律援助基金的任何赔偿。

我提出了这样一种意见:

“这里我们把‘英国司法最糟糕、最不能容忍的一面’摆在

我们面前。老板到法院来是向债务人要钱。毫无疑问,钱应该归还给老板。由于允许给予被告法律援助而使老板受挫。他们自己的诉讼费就达到七千英镑。当他们表示想从法律援助基金中得到诉讼费赔偿时,遇到的回答是:'你们不能得到法律援助基金的赔偿了,因为法律援助文件弄错了,而且无法改正。'这种托词成功了,事情得到这样的处理真使我羞得抬不起头来。"

九、绝不能为胜诉酬金而工作

法律援助使我们杜绝了出现专办交通事故案的律师收胜诉酬金的危险。这确实是值得感谢的事情,近来发生的一个案件非常清楚地说明了这个问题上的道理。[1]

一艘属于和美国得克萨斯合作的一家公司的汽船专为北海的石油钻井台运送供给品。它停泊在诺福克的大亚茅斯港,其中一个葡萄牙水手是原告。他从鼓轮往油槽里输送石油——通过空气压缩管。一个活塞飞出来打入他的颈部,刺进了脊椎。他的胳膊和腿完全不能动了——成了一个四肢瘫痪的人。他的一切生活都要依靠别人日夜照顾。

他在斯托克的曼德威尔医院住了九个月,他在那里受到了很好的照顾。雇主对他很好,一直给他开全工资。他们安排他的家属从葡萄牙来探望他,由他们负担全部费用。他们每月一

〔1〕“卡斯坦奥诉布朗和鲁特(英国)有限公司案”(1980年)1 WLR 823;(1981年)AC 557。

次派代表去慰问他。九个月以后，医生认为他回葡萄牙同他的妻子和家属在一起生活会更好些。所以他的雇主安排让一架有特殊设备的飞机把他送回葡萄牙。为了便于他的活动，他还为他在葡萄牙的住所安装了特殊设备。他们在里斯本的代表也去慰问他，尽量帮助他和他的家庭做些事情。他的妻子很好，对他的一切都照顾得很周到。唯一没有解决的事情就是付给他的赔偿金的数目的问题。

葡萄牙领事馆让他不断同伦敦的一家大公司的律师接触。他们提出诉状，指告雇主犯有过失。官司打得很顺利。雇主承认负有责任，准备给他 20 万英镑损失赔偿费和诉讼费来了结此案。无论根据英国的标准还是根据葡萄牙的标准，这都是一笔数目可观的赔偿费。

但是后来得克萨斯的一家律师事务所出面干预。他们到葡萄牙去劝受害者不要在英国起诉，到得克萨斯去起诉。如果案子在那里审理，受害者就有希望得到更多的赔偿费，可能会有 500 万美元（约 250 万英镑）：但要拿出 40% 给得克萨斯的律师们。如果胜诉，这 40% 是付给得克萨斯的律师的“胜诉酬金”，如果败诉，则分文不付。总之得克萨斯的律师们想从此案中捞取很大的一笔钱。

这里的法官不允许案子转到得克萨斯，但是在上诉法院以两票的多数认为案子可以转到得克萨斯，而且这个意见得到了上议院的五名上议院高等法官一致确认。所以只有两名法官主张这一诉讼应留在英国解决，但是其余七名则认为，如果美国法院愿意接受就应该转到得克萨斯。不久以前这个案子在美国法院审理。

这个案子对在英国的我们是个教训，绝不允许律师为“胜诉酬金”而工作。

十、案子得到了解决

刚刚收到的消息证实，此案已经得到解决。拥有这条船的公司曾在美国一家大保险公司和英国伦敦的洛伊德保险公司及英国保险托拉斯保了险。他们付给受伤者150万英镑的赔偿，但是受伤者只得到了80万英镑。其余的70万英镑都给了律师。毫无疑问，他们花了很多钱，但是即使这样，这也是一笔数目很大的钱。律师们从此案中捞到了很大油水。

第五章　刑事法律援助

一、从前没有法律援助

从前对任何刑事诉讼人都没有法律援助。多年来一直不允许重罪犯人请人辩护——但是轻罪犯是可以请辩护人的。甚至连为自己提供证据都得不到允许——无论重罪还是轻罪都不允许。他所能做的一切只是在被告席上陈述。

布莱克斯通曾谴责不允许死刑犯在审判中请人辩护的规定。他说：

“这似乎同英国法律对待犯人的人道待遇毫无共同之处……而且，说真的，法官本身就能察觉到我们现代诉讼手续中的那些缺点。因此对犯人的辩护人在法庭上站在他身旁是没有什么顾虑的，出庭律师可以提醒法官应问些什么问题,甚至可代替法官就一些事实进行提问;因为在审判中出现的法律问题上法官**有权**让出庭律师提供帮助。但这毕竟是极为重要的问题,不能听任法官的兴致去处理,有必要由立法机关加以干预。"[1]

二、免费辩护

根据1836年通过的法规,重罪案被告可以请出庭律师,同样其他案也是可以请出庭律师的。但是费用要自付,所以实际上很少有人请出庭律师。当我在法庭工作时,我有一个计划,即在难办的案件中,贫穷犯人的辩护费从郡的基金中支付。要不然请出庭律师的唯一办法就是免费辩护。这样做被告必须由他自己或由他的亲戚朋友交纳一镑三先令六便士的费用。大部分开始在法庭工作的年轻出庭律师都愿意到一年开四次庭的郡法庭或巡回法庭去工作,他们列席对犯人的审判,希望有犯人提出免费辩护的要求。法官总是要问犯人:

"你有一镑三先令六便士吗?"

回答是"有"。

"那么你可以请在座的任何一位律师为你辩护吗?"

被告只能看到他们的假发,所以只能碰运气了。他提出要某位律师替他辩护,希望找到了一位高明的律师。法官(有人偷偷地告诉法官那位律师的名字)说:"史密斯先生,你愿意为他辩

〔1〕《英国法释义》第4卷,第355~356页。

护吗?”

史密斯先生点点头,然而走进牢房看看被告,并与他交谈,一般这一活动只用半小时,然后开始审案。

三、现在有了法律援助

民事案件的法律援助是从1949年开始的,由律师公会管理。刑事案件的法律援助是从1967年才开始的。款项由内政部长支付,由法院管理。但在实际执行中,几乎总是主动给予每个被告以法律援助,只要他要求,说他没有力量交诉讼费。不仅当他不认罪时如此,而且当他认罪并为减轻刑罚而上诉时也是如此。在许多轻罪法庭都有一名义务律师值班,他可以为任何希望给予指导的人指导诉讼。有时也被邀请来进行辩护。在巡回刑事法庭几乎每件案子都要请出庭律师。

现在许多人认为由陪审团审判的案子大量增加以及审判时间的延长,是法律援助的结果。一个被告本来罪行明显,但也要申辩说自己无罪:他愿意看到诉讼消耗大量的时间和金钱,而他自己却没有什么可损失的,侥幸的话,还可能被宣布无罪,他的一些律师可能以这种动机去鼓励他上诉,因为工作越多,他们挣得钱就越多。往往有一个案件本来可以在地方法院处理,被告和他的律师却要求由陪审团审判,而不同意在地方法院处理。这里,他们的动机也是律师做的事情越多,有越多的工作可做,收的费也就越多。经常是一个案子中有几个被告,他们每人都要由一位出庭律师和几位年轻律师做他们的代理人,每人向证人提出的问题都一样。

根据大体估计，法律援助受益人分成两类：第一类是被告，包括有罪和无罪者；第二类是法律工作者。有些律师事务所有十几个年轻律师专门从事轻刑事罪的辩护，每天晚上法官都需要一个年轻的诉状律师去办理某个案件。他们给诉状律师的办事员打电话，办事员把各种案子分配给那些年轻人。

四、等候的时间

在轻罪法庭，被告往往也能获得法律援助，他们一般是由诉状律师作为代理人，有时也由出庭律师当代理人。但是特殊的案件是要为“等候的时间”付给律师报酬的，这种报酬实行法律援助制度前从未听说过。诉状律师或出庭律师由于出席庭审而获得诉讼费。如果他为等待案件进行审判而耗费了时间，那就是不幸的事。是否要等待，得靠抽签来确定。如果对诉状律师或出庭律师的诉讼工作必须付给超过规定的报酬，那对诉讼委托人是不公平的，但是由于有了法律援助制度，诉讼委托人就没有什么可担心的了。因此轻罪法庭的律师，每等候一小时要取得20英镑的报酬（现在是15英镑）。对于这种制度的结果，1981年7月30日的《新法律日报》作了生动的描述。

“在一个主顾较多的伦敦轻罪法庭上（表格上记着的时间是上午10点30分），我数了一下，差不多不下11个律师在那里等候参加午后12点45分对他们的案件的审理……这样多的人，都要回去吃午饭，然后还要回来，这都要由公家支付费用，对那些无所事事的律师付酬，而他们却去玩猜字谜或同朋友闲谈……因此每天要浪费一大笔钱……我们怎么办才能使在伦敦以及各个地方的即决裁判的速度加快同时又节约经费呢……其中一项应该是取消法官喝咖啡的休息时间……不再随便拖延对原告和被告的押候。”

实际上,“等候时间费”占初级法院的诉状律师诉讼费的20%。我时常想了解法庭官员是否可能知道对此“等候时间费”的计算是否准确。毫无疑问,他只能相信诉状律师的话。我们但愿他们是从良心出发。

第六章　提供考虑的建议

一、得不到援助的人的诉讼费问题

考虑到将来，我可以说法律援助是资助诉讼的一种极端形式。它意味着国家在资助诉讼中，除每个人对原告或被告都有的同情外，并无任何合法的利益或关系。然而罗马法的准则是："诉讼法应该有个结局，这对国家有利。"新的英国法律准则是："使诉讼不受经济限制，这对国家有利——由国家支付一切费用。"无疑，这对从事法律职业的人有利。但是就我自己的意见说，我认为这对国家无利。

让我首先同大家一起回顾一下关于资助问题的现代法律。我在 1968 年是这样说的：

“许多诉讼资助，今天被认为是合理的，而在1914年则被认为是应受谴责的。我们的法院的大部分诉讼为一些社团或国家本身所支持。相对来讲只有很少的诉讼当事人是自费起诉或辩诉的。大部分工人对资方提出要求的诉讼费都是由工会代为支付。大部分以汽车司机为被告的诉讼费，则由保险公司支付。这种做法是有道理的，一般人认为是合法的，只要支持者在他的当事人败诉时支付对方的诉讼赔偿。按照法庭的经验是：如果工会或保险公司支持一个案子而且败诉，那么它就得支付对方的诉讼费。”

主要的话是：“只要支持者在他的当事人败诉时支付对方的诉讼赔偿。”目前的法律援助基金不受这一原则的约束。败诉时不支付诉讼费，而应该支付。国会应该立刻修改《法律援助法》，以使法律援助基金在败诉情况下能为初审支付诉讼费，不管是谁开始提出诉讼，也不问是否有“严重的经济困难”问题，都应该予以支付。当赔偿要求公平合理时，法院应该有权决定给予诉讼赔偿。近来的案件已经表明《法律援助法》及其法律援助制度本身都急需改革。

首先一件事，就是这种制度给予得到法律援助的人以无限的力量以对抗没有得到法律援助的另一方。获得法律援助的人以国家无限制的财力为后盾，他有力量无限期地把诉讼进行下去，直到另一方筋疲力尽为止。证明书的说明内容甚为广泛，它包括了诉讼的整个办案过程，经过整个中间程序一直到结案。证明书有时还给了事务律师请教专家在审判中召集他们进行“总结”的权力。有些案件，如医疗过失案件，要耗费大量资金。如果就解决案件进行谈判，得到法律援助的人可以——有时实际上就是——对另一方说:“如不按照我的意见解决,我就要继续进行诉讼。我不负担任何费用,但是全部费用由你负担。”而结果总是得不到援助的被告宁愿向有法律援助的原告赔偿损失也不愿为打官司而耗费金钱;或者没有法律援助的原告的实际所得少于有法律援助的被告所应付给他的赔偿,这是因为所付给他的赔偿不能补足继续诉讼所要耗费的钱财。最重要的改革应该是这样的:当有法律援助的人在诉讼中或辩护中败诉时,法律援助基金应为没有援助的一方(正如败诉的其他当事人一样)支付诉讼费。

二、关于给予法律援助的新原则

现在的主要原则是只有在起诉或辩护有合理依据时才给予法律援助。这似乎是完全公平的,但是从实际断案中看有这样一个限定:你不要考虑一方是有法律援助或可以得到法律援助,而另一方没有这一事实。这样问题就来了,你要如何看待申请法律援助的一方呢?或者又要如何看待对抗他的那一方呢?我看恐怕实际上双方都被视为有无限财力可以使用的。原告是获得法律援助的,他能请高级专家和极为卓越的王室法律顾问,就好像他对这点儿花销根本不在乎,其实并非如此,这是因为由国家支付诉讼费。被告是反对对方要求赔偿的,他被看成是同最大的保险公司或国营公司或国家卫生局一样富有的人。

我认为这是不对的。可以举出几个近来发生的案子。我曾经讲过一个人住进了医院,企图在那里自杀,他自杀未遂,但是自己受到了极其严重的损伤,以致终身成了四肢瘫痪的残废人。如果他得不到法律援助,而且他也不是家财万贯的人,那么他就根本不会想到要对医院进行起诉。也不会有哪个律师诱劝他这样做。他没有钱这样做:他所要冒的败诉的危险(赔偿对方的诉讼费)会使他完全放弃起诉的念头。或者举我曾讲过的另一个案子为例,即一个母亲生一个未足月婴儿,若不是输氧他就不能活的那个例子。如果没有法律援助,也就不会有人想对医院起诉。

我以为批准法律援助不应该根据出庭律师所写的建议:"我认为起诉或辩诉一方具有合理的依据。"地方委员会应该考虑这样的问题:在这个案件中,国家是否应该为原告的起诉提供资助?在本案中辩诉费是否应由被告自己负担,而他若胜诉有没有希望从任何方面得到偿付?

三、收入多少的人可以被列入法律援助的范围?

值得注意的是近来法院有许多案子是控告医院的,原告多是穷人或比较穷的人,但他有申诉的原因:医院的治疗不如他们预期的好。根据诉状律师的建议他们获得了法律援助并想以此得到数目很大的损失赔偿。没有一个案子是由没有资格获得法律援助的中产阶级的人提起的。另一种情况是有些人由于受了较高的教育,他们理解手术治疗本身包含了风险以及不幸结果的可能,他们不想从灾难中捞金钱。我想提个问题:为什么低收入的人们能获得这样大的资助,以致使医院受到严重困扰,弄得经济困窘不堪,而中产阶级就不这样呢?或者更为普遍的是:为什么低收入阶层的人们能得到法律援助,以致使中产阶层的人们受到困扰——到底谁没有资格得到法律援助呢?

事实真相是,现在中产阶层的人们会被诉讼费弄得濒于破产。他们被迫放弃合理要求,因为他们不敢冒着负担诉讼费的危险去将自己的要求诉诸法律。一个近来发生的案子登在《星期日泰晤士报》上,一个户主请了一个大建筑公司来为他建造房屋,房子建得很糟糕,以致还要花几千英镑来加以修整,公司赔偿了5500英镑,他觉得必须接受这个案件,因为他没有钱将诉讼继续下去。付了他自己的诉讼费,办完了这桩事,他发现自己反而赔了3500英镑,报纸是这样批评的:

"律师们越来越关心这类案子了。青年律师协会主席说:'我们国家有那么一些人负担不起诉讼费,这就是收入在五千到一万英镑之间的中产阶层的人们。'"

这启发我提出了这样的建议,就是法律援助的范围应扩大到包括所有中等收入的人们。而有限公司仍应除外。当然受到保险公司和工会支持的人们也应除外。

四、丈夫和妻子

在夫妻之间(关于监护以及接近儿童方面或关于夫妻家庭生活方面)的案件中,由于夫妻双方同属一个阶层,往往双方都会得到法律援助,每个人都向他的或她的律师讲述自己的起诉或抗辩的充分理由。总有一方或另一方败诉,而每一方都获得上诉的资助,法律援助基金要支付双方的诉讼费。我建议地方委员会应该考虑考虑:这个诉讼由国家负担花费,是否应该?社会状况往往说这样做是应该的,但并不总是如此。

五、对法律援助基金负责

从传统上讲,一名诉状律师的责任就是向委托人负责——委托人聘请他并付给他报酬和营业费,但是当他的诉讼委托人获得法律援助时,我的意见是诉状律师不仅要对他的诉讼委托人负责,还要对付给他钱的法律援助基金负责。他所要负责的是使基金不被用于不合理的或不必要的开支。他也要对另一方当事人负责(即不利用法律援助作为压迫或侵害另一方或强迫他接受不合理条件的一种手段)。他有义务做到绝对诚实(如只收取正当的等候时间费),将他所做的和所索取的费用登记入账。如果他不这样做,对他所要求缴付的费用就毫无办法加以检查。

这些准则非常重要,我们应该将它们作为每个诉状律师和司法人员所应受的训练的一部分。对任何偏离这些准则的行为应该向律师公会的律师职业道德委员会报告。如我在最近一个案件中想到的那样:

"我知道法律援助使许许多多人受到了很大益处。但是法律专家必须记住,当他们谋求法律援助时,他们负有特殊责任去保证法律援助得到明智的谨慎的利用。它仅用于证明为正当的案件。而不用来支持那些没有什么价值的小案子,也不支持那些诉讼措辞含混、态度暧昧的当事人，也不得用来负担那些不合理的、不必要的费用，或用来对没有资助的那一方施加不公平的压力。”

结 论

法律援助给社会的一个阶层带来了很大的利益,那些收入不多的人,那些从事法律工作的人,他们可从国家那里得到诉讼费了。但是随之而来的是诉讼的大量增加,法庭的拥挤不堪,审判前的长时间搁置,对更多的法官和法庭的需求以及律师的大量增加。现在要想废除这个制度已经实在太晚了。我们所能尽量去做的只是减少随着这种制度而出现的对法律援助的滥用。

我希望看到以下情况:

(1)对法律援助的批准应该慎重,不能不认真地考虑其影响;它不得被用来作为压迫没有得到法律援助的一方的当事人的工具;不得被用来向对方施加压力以达成某种不合理的协议;不得被用来扩大收费和支出以增加诉讼总额;不得被用来拖延或否定正确的和公平的解决方案。

(2)如果一位得到法律援助的人胜诉了(或在案件的某个问题上败诉了),而另一方当事人是没有得到法律援助的,那么法律援助基金应赔偿没有得到法律援助的当事人的诉讼费,这应成为一个制度。无论哪一方是原告,无论没有得到法律援助的人的经济情况如何,法律援助基金都应赔偿其诉讼费。

(3)应扩大法律援助的适用范围,使那些有中等收入的人也能享受到它。

我写这篇的目的是谈我的观点,鼓励大家对这一问题进行思考。

第四篇

人 身 伤 害

第一章　皇家委员会的报告被搁置

关于人身伤害的法律迫切需要改革。一个皇家委员会最近已经考虑过这个问题。该委员会的主席是我的好朋友皮尔逊勋爵(Lord Pearson)。他几乎和我同岁。他是我们这个时代最优秀的法官之一。1973年他还是上议院议员的时候,他就承担了这项最重要的工作。他依靠一班很有才干的委员进行工作,他们代表着各种利益。1974年他退休后,他仍然继续承担这项工作——没有报酬。这个委员会的所有委员都没有工资。即使是这样,它仍要用掉150万英镑。我想这些开支是用在委员会办公人员的工资和在国外的调查上了。这项工作进行了五年。皮尔逊勋爵急于拿出一份一致同意的报告，和我们大家一样，他知道如果报告不能取得一致同意，是没有可能被采用的。他成功了。报告——编号为188号——获得一致通过，尽管有19人不同意，但这19人不属于正式委员。皮尔逊勋爵认真仔细，彬彬有礼，富有耐性，而且聪明能干，简直没人能与他相比。他在1978年提出的这份报告[1]是一本不朽的著作。

然而这份报告却被以后的两届政府"搁置了"。根本就没有实行。我总是想知道到底是谁看过这份皇家委员会的报告，这份报告是在1973年由当时的内政大臣、保守党党员、国会议员罗伯特·卡尔(Robert carr)授权后而开始起草的。

这份报告于1978年交给了当时的内政大臣、工党党员、国会议员默林·里斯(Merlyn Rees)先生。这份报告没有提任何有关政党政治的问题。我想内政部的一些文官研究过这份报告，司法部的一些文官也可能研究过，政府其他各部可能也传阅过。我可以肯定地说，法院里没有一个人有这份报告或者看过这份报告，或者被征求过对报告的意见。上议院曾就报告中的一部分即关于产品的责任问题辩论过。毫无疑问，上议院的一些议员看过这一部分。不过，我非常怀疑除了个别人以外，大多数议员是否看过这份报告的全文。毫无疑问，很多人看过建议书，但很少有人看过388页的铅印本。我怀疑搁置该报告的决定——就是说，把它放在抽屉里，等到有更多的时间去考虑它时为止——是大臣们在文官的建议下作出的。

---

[1] 《皇家委员会关于民事责任和人身伤害赔偿的报告》(Cmnd 75041)。

在修改这些报告的最后时刻，人们才作出一些努力来实行报告中的一两项建议。但是正如后面我要讲的一样，这些努力是非常令人失望的。

第二章　旧时代

皇家委员会处理过许多事情。现在我主要谈的是道路交通问题，因为它是最重要的问题。现在的法律是以 19 世纪制定的法律为基础的。那时道路上来来往往的还都是马和马车以及行人。但仍有很多涉及铁路的案子。

一、必须证明犯有过失

当一个人在交通事故中受伤或死亡时，他就负有了法律责任。这是因为他有责任证明被告犯有过失。倘若他不能证明——不能肯定被告是否犯有过失——原告就是败诉。这是在我们目前制度下起着很大作用的一项原则。原告可能受到非常严重的伤害，以致他记不起当时发生的事情；或者原告死亡。这样就可能没有证人了，因为他不能证明被告犯有过失，因此他得不到任何损失赔偿。在旧时代，陪审团往往作出有利于原告的裁决——在这种情况下，我认为有证明被告犯有过失的证据，但是法官宣告他们的裁决无效。有这样一个案子：一名妇女被一辆公共马车轧死了。赶车人承认当时他没注意，而是回过头去同售票员说话。陪审团作出了有利于原告的裁决，但是法官宣布他们的裁决无效：见“科顿诉伍德案”。[1] 还有一个案子：一个人在夜间横穿铁路横杆时被火车轧死了。火车司机承认当时没有鸣汽笛。陪审团作出了有利于原告的裁决，但是上议院否决了他们的裁决：见“韦克林诉伦敦和西南铁路公司案”。[2] 霍尔斯伯里勋爵（Lord Halsbury）冷漠地说：

“在这个案件中，我看不到任何证明这个不幸的灾难是如何发生的证据。人们可以推测，罹难的人在交叉路口被通过的火车撞倒，然而这只是推测而不是证据，当然要为原告的利益着想，但是有什么能够证明是火车轧过了那个人而不是那个人撞上了火车呢？”

在我年轻时，在许多案子中法官在原告出示证据后总是拒绝继续审案。他会说：“此案不送交陪审团。”案子即以此了结。

现在这类案子不再由陪审团审理了。但是法官还得运用这个法律原则。原告有责任证明被告犯有过失。一个小孩在

---

〔1〕 (1860 年)8 CBNS 568。

〔2〕 (1886 年)12 APP Cas 41。

路上被车轧死，或一个成年人横过马路被撞得不省人事。这两个案子都没有证据。司机说不是他的过错。他的注意力一直很集中，但没有办法避免事故的发生。结果没有给予任何损害赔偿。

二、互有过失是关键

即使原告成功地证明被告犯有过失，但只要原告自己也有过错，按照法律，原告也不能胜诉，因此不能得到分文赔偿。如果他自己适当注意就能在最后的时刻避免事故发生，那么他就不用任何赔偿了。1809 年在“巴特菲尔德诉福莱斯特案”[1]中，被告在马路中间横了一根竿子。这是一个危险的障碍。很明显把它横在马路中间是被告的过失。天渐渐黑下来了。“就在他们要点蜡烛的时候”，原告骑着马沿着马路走过来。他没有看见那根竿子，从马上摔了下来，受了伤。他败诉了，据说是因为他自己没有适当地注意。

三、被捆住前腿的毛驴

在我们的法学著作中经常引用的一个案件动摇了这种僵硬的原则。这是一起毛驴案，“戴维斯诉曼恩案”。[2] 原告有

〔1〕 (1809 年)11 East 60。

〔2〕 (1842 年)10 M & W 546。

头毛驴，他在公路旁的草地上放驴吃草，他捆住了驴的前腿，使它行走不便，走不了多远。被告赶着一辆三驾马车“飞快地”驶来，一下子撞倒了那头毛驴，车轮从驴身上轧过，将驴轧死。陪审团作出有利于原告的裁决。法官支持了这个裁决。法官之所以支持是因为虽然毛驴的主人有过错，但是赶车人车赶得太快，他有避免事故的最后机会。帕克男爵（Baron Parke）先生说：

“如果不这样的话，那么一个人就可能会说车子轧了掉在公路上的货物，或者轧了躺在公路上的人，或者故意撞了一辆逆行的马车是合理的。”

四、国会纠正错误

一百多年以来，法院一直反复引用这两个案例。有人提了个问题：“原告和被告，哪一方有避免事故的最后机会呢？”在1945年最终通过《法律改革（互有过失）法案》以前，无数个案件都涉及这个问题。这一法案规定，即使原告本身有过错，他也不能为败诉；他应该公平合理地得到一定比例的赔偿。

这次改革是一次显著的成功。杜·帕克勋爵（Lord du Parcq）就废弃最后机会这一原则发表了一次送葬演说：

“我们已经清除了多少惯例的残渣——一大堆花言巧语，一大堆诡辩，一大堆经过微观调查得来的不得要领的结果！……当需要的时刻，我自己是个不信神的人……我记得上诉法院法官斯克拉顿（Scrutton）有一天是如何反驳我的观点的，他问道：‘如果两个人蒙着眼睛面对面地走过来，互相撞在一起，那么他们之中到底谁有避免事故的最后的机会呢？’”

五、但仍有许多难以处理的情况

在今天的许多交通事故案件中，如果双方都有责任，要按照公平合理的原则适当地给予损害赔偿。但这仍会带来很多难于处理的情况。拿“贝克诉马吉特·哈布罗夫工业合作有限公司案”[1]来说吧。早晨很早，天还是黑的，一辆卡车同一辆带篷汽车相撞，双方司机都被撞死了，没有人目睹事故的发生。从路上留下的痕迹和车上撞坏的部位来看，找不出任何谁负有责任的线索。双方雇主互相控告，但是谁也无法证明对方犯有过失。根据严格的法律，双方的要求都予以驳回了。但是双方都受到了处罚，这就有些不合理了。现在假设双方司机还都活着，而且每人都提出起诉控告对方的雇主，那么每人都有可能胜诉并得到满意的赔偿。此案证明这类案件具有很大的偶然性。

六、旧时代没有保险

法律形成的时候，很少有司机担心第三者要求赔偿而去保险。当时还没有强迫保险。一个受伤害的人必须自己负担要

---

〔1〕 (1953年)1 WLR 1472 at 1476。

求赔偿起诉的费用，除非被告“值得一击”，他就不会起诉。这就是为什么19世纪的大部分案件都是控告铁路公司的，因为铁路公司有充裕的财力支付赔偿。

如果被告不是铁路公司而是个体经营者或小公司，那么即使他们保了责任险，也没有人告诉陪审团被告是保了险的。这是被禁止的事情。人们认为这会使陪审团受同情心的影响而对原告作出有利的裁决或判给原告过多的赔偿。

七、原告是上了保险的

在一些案件中，原告自己保了事故险。如果他这样做了，也不会因为他有保险而减少他应得的赔偿费。如在“布雷德伯恩诉大西铁路公司案”[1]中，一名旅客由于铁路公司服务员的疏忽而致伤。陪审团裁决，赔偿给这位旅客217英镑。但是人们后来了解到他已经保了事故险，已经从保险公司领了31英镑。结果铁路公司主张赔偿费应该减少31英镑。这种主张立刻遭到了反驳。布拉姆韦尔男爵（Baron Bramwell）先生说：“这种想法使人很吃惊。”

这种裁决已经被用于许多类似的情况。即使一个人由于事故受伤，别人出于仁慈而给他一笔钱，或他从雇主那里得到一笔抚恤金，那么也不能由此而减少给他的赔偿金：见“帕里诉克利弗案”。[2]

---

〔1〕（1874年）LR 10 Exch 1。

〔2〕（1970年）AC 1。

这些裁决的理由是什么呢？因为被告犯有不法行为罪，他做了错事。他应该对他给原告造成的伤害给予足够的赔偿。不应该以“你已经从别的方面得到了赔偿”为由而减少赔偿。

第三章　现　代

这是我们从旧时代继承下来的法律。它是我们今天还在实行的一条法律。但是我以为情况已经发生了很大变化，因此法律本身也应该有所变化。三个最大的变化是：(1)汽车的速度与危险；(2)实行强迫保险制度；(3)在相当财政基础上对伤残人实行社会保险金制度。对这些问题我都要加以考虑。

一、汽车是危险的东西

当我小的时候，在公路上的人不是骑马就是步行。路上有由两匹马拉着的装满柴草或粮袋的农家大车缓慢而行；有由一匹小马拉着的商人的布篷马车，这种车比较灵活，但是为了交货每遇停货场就得停一次；偶尔有由私人车夫驾驶的阔人的马车；也能见着骑马办公的差役。在我的记忆中很少有什么交通事故。在我们这个地方，我从未听说过有谁由于交通事故而受伤或丧生，原因就是路上的一切东西都是慢行的，你看见什么来了，你能来得及避免事故的发生，不需要瞬间的决断。这就是19世纪的法官们在制定关于交通事故责任的法律时所面临的交通情况。

20世纪头20年大致如此。1910年时汽车还是很稀罕的东西。我岳父的汽车是在伦敦登记的第一辆——车号是“伦敦一号”。它就像一辆轻便的二轮马车一样。我的妻子在11岁时就开这辆车了。一战前的这种车子嘟嘟叫得很响，排出许多废气，每小时只走20英里，还时常出故障。当它开来时，你很容易就能躲开。甚至在第一次世界大战期间，我的菲尔德工程公司也只有马和马车，根本没有汽车。

现在一切都不同了。汽车本身就是危险的东西。它们在路上跑得飞快，拐弯灵活又没有声音。它们开过来你听不见，听不见呜呜的声音。它开过来时你又来不及躲开，遇有紧急情况时，司机不得不作出紧急决定，是躲闪，还是继续往前开，还是刹车，他的决定就是一种判断。即使其结果是错误的，也不能说这是司机的过失。错误可能——有时就是——轧死或撞伤无辜的人。受害者可能没有任何证人，即使有证人，他们也只是在那一刹那看见了事故的某一部分而已。一个证人见到了这一部分，另一个证人则见到了另一部分。审判时，每个证人都在想他应该看到了什么，而不是他实际上看到了什么。法官必须在他们互相矛盾的描述中作出判决。常常是各种情况混在了一起。

二、强迫保险

1930 年国会作出了一个很重要的改变。根据《1930 年道路交通法》,国会强迫司机对第三者保责任险:但是只有当他被证明是犯有过失时才负有责任。这意味着受伤的一方可以确信他的损失是会得到赔偿的,因为即使司机本人没有钱赔偿,保险公司也会赔偿。这对法庭的判决也有很大的影响。所有陪审团很快就会了解到被告是保了险的,法官也会知道。结果他们作出有利于原告判决,而被告只是受到轻微的处罚,陪审团和法官甚至只让他对判断错误负责。他们还会毫不犹豫地判决予以赔偿,因为赔偿要由保险公司来付。虽然如此,但仍有一个大的障碍,原告必须证明司机是犯有过失。如果原告没有证人,无法证明事故是出于被告的过失,他就不能得到赔偿。

三、社会保险金

我们这个时代的伟大革命之一就是在《1975 年社会保险法》中确立了社会保险制度。由于有了这个制度,在汽车事故中受到伤害的许多人就有了从国家那里得到救济的权利。这些补偿救济主要是疾病救济金、工伤事故救济金、残疾救济金、寡妇恤金和孤儿救济金。国家每周或每月向伤残人发放很多钱。

到目前为止,这些救济金很大一部分是由纳税人负担,而不是由某人或其雇主捐赠。

在我们现在这种制度下,受伤害的人不必完全依靠这些救济金而只依赖其中一半即可生活。这些救济金要从对收入或收益的损失赔偿金中扣除。

四、不需要证明犯有过失

在目前这种汽车交通的情况下,我相信,作为一种原则,文明的法律制度应该要求,在马路上使用这种危险的交通工具的任何人——他们到处制造死亡和破坏——应该对由于使用这种工具而造成的伤亡负责赔偿。对他来说,无须证明他犯有过失,没有证据也应该承担责任。要求一个受伤的人证明对方犯有过失,这对那些无辜而又没有证据的人是非常不公正的。司机在马路上使用这种危险的工具从而使别人冒险,这本身就是非常错误的。

所以我觉得我很同意与我同时代的一位优秀的法官斯威夫特(Swift)先生的意见。法官戈达德(Goddard)先生曾于1938年谈起过他:

“已故的法官斯威夫特先生,对这些案件有独特的经验。他曾不止一次地以足以表明他的性格的活泼的语言说过,如果国会允许这种有潜伏危险的东西(如汽车)用于大街之上,也应该规定被这些东西致伤的人,只要不是出于自己的过失,就应该得到损害赔偿。”[1]

---

[1] “亨特诉怀特案”(1938年)2 All ER 621 at 625。

第四章　不追究责任

一、皇家委员会考虑过这个问题

所有这些事情都经皮尔逊勋爵和皇家委员会委员仔细考虑过。最激进的建议之一就是在汽车事故案件中,即使原告无法证明被告有过失,被告也应负责。此外,即使被告没有任何方面的过失,受伤一方也应得到伤害损失赔偿。应该建立赔偿基金。所有在车祸中受伤的人都应从此项基金中得到赔偿。为促使这一建议的实施,有必要由保险公司承担此项责任,或者由国家设立国家赔偿基金。皇家委员会倾向于规定国家本身建立赔偿基金。经过计算以后,皇家委员会认为可以按每加仑汽油征收一至三便士的额外税款来建立这项基金。

然而这项基金不适于一个人单独驾车、因车祸死亡或致残而又与其他车辆或行人无关的情况。在这类案件中，任何过失都是他自己造成的，这类案件属于不追究责任的范围，不属于不追究责任的保险的范围。这种情况同他在家里用剪草机或花园拖拉机把自己碰伤的情况是一样的。他唯一能做的就是尽量申请得到与此有关的社会救济金。

二、计算赔偿金

正如我已经讲过的，现在当受伤的一方受社会保险救济时，他只能得到其中的一半，但是皇家委员会建议，如果不追究责任制度予以实施的话，即由交汽油税的纳税人来负担此项费用，那么应从赔偿金中扣除全部救济金。因为不管是什么情况，钱都要由国家付，所以从任何意义上说国家都不应支付双份赔偿金。皇家委员会注意到了社会保险救济的范围在逐渐扩大，它已经包括了像不追究责任的损害赔偿问题了。

三、还应该继续对过失负责吗？

如果不追究责任的制度推广开来，我看继续维持对过失负责的规定从原则上讲就没有意义了。受伤的一方应该从赔偿基金中领取赔偿金。无论他能否证明事故出于过失，他一般都能获得足够的赔偿金。一个人侥幸能够证明事故出于过失的人所得到的赔偿金也不应超过那些不走运不能证明其为过失者所得的数额。不管在哪种情况下，遭受伤害的人都应该得到公平的赔偿金才是正确的原则。所以受伤者都应得到同等标准的待遇。

但是皇家委员会建议，对过失责任，即过失罪应该予以保留。他们认为对能够证明过失的人们应该允许他们去证明；因为这样一来，他们所能取得的损失赔偿金就会高于从不追究责任损失赔偿基金中所取得的赔偿金数额。当然他们要从不追究责任损失赔偿基金中领取赔偿金作为保证。“……过失罪的作用将成为由国家提供的不追究责任损失赔偿的补充。”

我认为这和原则是矛盾的。不论在哪一种情况下，损失赔偿都应该是对受伤害者的赔偿。而受伤害者不论能否证明事故是出于过失，其受伤害的程度都是相同的，所以损害赔偿也应该是相同的。

另外我担心，保留过失责任会意味着很多人在取得足够的不追究责任损失赔偿后，通过法律援助再对过失起诉以求取得更多的赔偿金。

据我看，正确的解释是，要认识到不追究责任损害赔偿金的数额要在一个公平的基础上确定，而且过失赔偿也应在同样的或至少是在相似的基础确定。对每个人都应该是公平的，如果高收入的人在过失诉讼中可获得大量的赔偿，那么从不追究责任的赔偿基金中也能得到同样数量的赔偿。

对于把不追究责任这一原则引入到法律的任何改革，应该同时伴随关于过失赔偿法律的改革，以便确保两者的赔偿数额相同。

我看过皇家委员会的报告，有好几位委员认为由于实行了不追究责任损害赔偿制度,过失责任应予以废除。但是他们又觉得立即完全废除似乎也不尽妥当。他们希望看重这种制度“随着不追究责任损害赔偿以及社会保险范围的不断扩大而自行消失”。从希林(Schilling)教授的笔记(第949段)中可以看到这一点。换言之,他们希望看到两者逐渐靠拢——通过改造这两种制度:不追究责任制和过失罪,使损害赔偿的两种情况在适当的时候逐步趋于相同。

第五章　对人身伤害的赔偿

一、“只得用环锯动手术”

关于伤害赔偿的法律仍然来源于陪审团的审判。如果一个人受了伤害而且控告了另一个人的过失，那么责任问题以及伤害赔偿问题的官司总是由陪审团审判，并且只能一次审判，一次裁定赔偿金数额。所有伤害赔偿只能一次裁定，一次全部裁定。原告不能再次起诉，确定的数额必须是一次偿付，不得定期或分期偿付。这是在很久以前即1702年就定下来的规矩。维尔在菲特头上狠狠地打了一棒。菲特以侵犯罪提出起诉，并由于“被打致伤”而得到11英镑的伤害赔偿。后来的结果比开始所预料的要坏。菲特不得不用环锯动手术并从头上取出一块骨头，从而成了残废。因此他再次提出起诉。被告在抗辩中说不应该允许第二次提出起诉，因为在第一次诉讼中已经付了伤害赔偿费，法庭认为原告不能再次起诉。首席法官霍尔特（Holt）说：

“这是一个新案子，就我们所知，像这样的案子还没有人受理过。对取得伤害赔偿的每个人来说，他应该根据他所受到的伤害程度领取赔偿金。如果原告的外科医生在最后一次审判时出了庭而且证明原告并未治愈，陪审团就要考虑这个问题；然后就是考虑殴打的凶狠程度，并为此提供证据……接着是陪审团考虑怎样作出对此事件完全合理的裁决。”[1]

二、不要完全而要公平

在这一时期，赔偿费一律由陪审团计算。任何法官都不会在他的总结中贸然提出关于陪审团如何计算赔偿金的原则。判定多少都不会受到上一级法院的干预。但是在19世纪，当许多铁路事故开始出现时，法官就在赔偿金问题上开始指示陪审团了。最著名的一次就是1852年帕克男爵先生坚决主张不要给受伤害者完全的赔偿，只给公平的赔偿，而且陪审团不应查看年金表。我希望你们注意这个问题，因为现在情况不同了。下面就是法官布雷特（Brett）先生在“罗利诉伦敦和西北铁路公司案”[2]援引的帕克男爵先生的话：

---

〔1〕“菲特诉维尔案”(1701年)12 Mod 542 at 543。

〔2〕(1873年)LR 8 Exch 221 at 230。

"'如果每当发生事故,陪审团都要去调查事故发生的原因,都要给予他们认为同灾难的损失相等的赔偿金额,那就太不公平了。''多少钱也补偿不了一个劳动者失去一只胳臂或一条腿所造成的损失,况且法官也不可能判给他足以维持其生活的数目……你们不应该以与年金评定官员讨价还价的态度去考虑生活费用……我建议你们以合理的观点去看待案件,判给你们认为是公平的赔偿金。'"

三、过去计算赔偿金不是逐项细算

在我第一次当法官时,法官总是判给一笔赔偿的总额,而从来不把它分成若干项。作为一种惯例,这种估算法一直沿用到最近,这就是我要在"沃森诉波利斯案"[1]中说到它的原因:

"过去陪审团在估计损害赔偿时,没有细分项目的问题。陪审团只判给损害赔偿的总额。而在现代,法官单独开庭结算时,法庭总是劝阻法官不要过细地估算。当我第一次办此类案件时,法庭就告诉我细分金额项目是错误的。总的说来,我认为这个意见是对的。人身伤害的诉讼只有一个诉因而不是同时有几个诉因,所以判给的伤害赔偿只能是笼统的一笔,由几部分组成的一笔。其中几项可能按现金金额估算,如对将来收入造成的损失。其他项目根本就不能按金额估算,而是必须根据惯例来估算,如对遭受的痛苦、折磨以及享受舒适生活方面

〔1〕 (1968年)1 QB 596 at 603。

的损失,最后将所有的项目汇总起来对受伤害者做出公平的赔偿。如果对一个人未来收入项目估算的金额相当大,亦可以此作为对他未来痛苦的赔偿。如果他没有未来收入方面的损失,则对他所受痛苦的赔偿就可放宽些,如此等等。现在的法官也可能会像过去的陪审团那样只裁定一笔总的金额。”

四、现在的估算项目同我们的意见一致

现在完全变了,这是因为1970年国会宣布要重视对人身伤害案件的处理,因为这方面的案件的比例有所增加。这意味着伤害赔偿金要由法官来分项估算。从那时起,法官便要把伤害赔偿分成这样四个项目:

(1)到审判之日止金钱上的损失和支出。

(2)未来的支出。

(3)未来收入的损失。

(4)所受到的痛苦和灾难以及享受舒适生活方面的损失。

结果,这四个项目被分开了,好像它们是各自独立的诉因。

这样一来,就产生了一些严重的问题:当你还不知将来会是怎样一种情况时,你如何估算“未来的支出”呢?当你还不知未来收入情况以及受伤害者会活多久,而且你也不知会受到通货膨胀的怎样影响时,你如何估算未来的收入呢?各个项目之间会有多少重复呢?当所受到的痛苦、苦恼和生活享受的损失无法折算成现金时又如何估价呢?在我看来,为解决这些问题,现在的法官已经改变了过去的法官的做法,他们没有接受“公平赔偿”的建议。他们企图以年金表和保险统计员的证明

为根据给予完全的赔偿,而不考虑各项之间的互相重复。他们已经形成了一种习惯,尽量多判给遭受痛苦灾难和享受生活方面的损失赔偿金额。鉴于这个问题的严重性,我建议对这种做法要重新评价。上议院同意了我的建议,但是又说那不是他们要做的事情,现在我要全面讨论这个问题。

第六章　活死人

一、女博士做了一次小手术

当一个人的大脑受了极为严重的伤害以至于他(或她)遭受到活死人的痛苦时，问题就尖锐地提了出来。最主要的一个就是关于一名叫林宝珠(Dr Lim Poh Choo)博士的案子。她为做一次妇科小手术而住进了医院。手术是为了扩张和刮宫。她原是个身体很健康的女人。手术使用的是一般麻醉术。手术做完后，把她从手术室推进观察病房。当她还没有恢复神智时肤色就开始发青，医生称之为发绀症。这是麻烦的预兆，表明她的呼吸受到了影响。病房的护士马上去抢救，给她输氧。虽然如此，但发绀症继续严重。五分钟后，她停止了呼吸。这使她的心脏受到了影响，停止了对胸部的供血。她患的是医生所说的“心脏障碍”。医生对她的心脏进行了按摩，25分钟后，她的心脏恢复了正常，她被抢救过来了。然而这更令人可怜！因为她成了活死人。她的大脑严重损伤，无法恢复。她陷入昏迷状态达两周之久。最后她恢复了神智，但是不能说话，还出现了两次癫痫。四个月以后只能略说几句话，靠人搀着能走几步路。五年以后，在开庭时她依然不见好转。她只能略说几句话，但语无伦次。不能自己穿戴和梳洗。根据医学专家的说法，她显示出：

“神经错乱和明显的身体残废征兆，这是由于大脑受到了严重损伤，她无论在家或外出都需有人全面照顾。”

此后她的母亲（她的保护人），对当地医院提出起诉，要求给予赔偿，法官判给她近25万英镑的赔偿费。这是一个令人震惊的数字，是当时法院判给的金额最多的一笔伤害赔偿。医院不服，提出了上诉。

二、如果她在手术中死亡

如果这位妇女在手术中死亡——因为按一般情况，她很可能死亡——那么即使是由于医院的过失而死亡，损害赔偿也是很少的。她没有亲属依靠她赡养，所以根据《死亡事故法》的规定，不会给她多少赔偿，按照惯例死亡损失的数额，总共只有750英镑。

三、她的生命已不值得存在了

然而,由于医药科学的进步,手术把她从死亡中抢救过来了,恢复了不值得生存的生命。躯体犹存,大脑却已经死亡。经过及时的抢救,医生和护士说他们能够保存她的躯体,力求能有正常生活的希望。她的这种状态持续到了37岁,但是这期间她和她身边的人无时无刻不在苦恼。悲惨和幸福对她来说是没有差别的,很多人可能会说:“死了也许更好些。”

这类案子并非罕见,而且我们正在面对着这样的问题:应该根据什么原则判定损害赔偿?应对这个问题需重新作出评价。

四、使她舒适

下面是我在判决中阐述的原则:

“依靠现代科学使丧失思维的生命延长是一个现代问题。根据我的原则,为了使她或他舒适,而且在其灾难性的一生中得到很好的照顾,所定的金额项目应该从宽规定,例如在可以预知的偶然事件中,包括通货膨胀的影响,要他或她有所保障:这就是说如果他或她有需要赡养的人,则对被赡养的人应该赔偿金钱上的损失,这损失是由于他或她缺少了取得收入的能力而造成的金钱损失,这同他或她已经死亡,根据《死亡事故法》

应判给赔偿的道理是一样的。除此以外，对痛苦和享受生活方面的损失，可按一般惯例予以赔偿，但是数字不宜过大，因为这样对他或她并没有好处，只能在他或她活着的时候把这些钱存起来，给予他或她死后还活着的人们以好处。这是皮尔逊勋爵委员会赞成的观点。该委员会的半数委员认为最高法定额应该是两万英镑，而另半数则认为不应该有最高法定额，但是上诉法院应该实行一种限制的方法。"〔1〕

五、对国家的损害

我接着考虑了这个问题的更为广泛的影响：

"我也可以进一步说，如果这些数额定得太大，我们就会有损害国家利益的危险，美国的医疗事故所引起的影响就是那样。由于数额判得很大，保险费也越来越高，结果都转嫁到公众身上，他们得付越来越高的医疗费。相反，我们国家有个国家卫生管理局，但是卫生部门的开支如此之大，对社会的服务就不能不受影响，因为所用的资金是来自纳税人的腰包。卫生部门为把资金尽量用在服务上，就不得不注意节约，对于不公平的赔偿费就不应该支付。在许多这类案件中，国家卫生当局一直予以充分关注，对伤者免费看护和照料。确实，应该因此而减少判给伤亡者的赔偿金额。损害赔偿费不该为了支付最高级的疗养院费用而增加。众所周知（我说的不是这个案子），

〔1〕《林宝珠诉卡姆登卫生管理局案》(1979 年) 1 QB 196 at 216，见第391~392 段。

若这样判给赔偿费，亲属就会设法利用国家卫生管理局提供的便利条件，为他们自己攒钱。”

最后我力争将判定数额减少近一半，减到136,596英镑，但是我的两个同事拒绝这样改变。

六、上议院的意见不一致

该案上诉到上议院后，除了一个不重要的论点外被驳了回来，上议院拒绝了我关于重新评价的要求。斯卡曼勋爵（Lord Scarman）（他发表了唯一的一个讲话）是这样说的：

“因此，产生了这样的问题：引起如此复杂性的法律状态是否合理，上诉法院院长丹宁勋爵在上诉法院宣布对法律的彻底重新评价是需要的。这我很赞成，但我不同意其中的方法和手段。上诉法院院长认为依靠法官是可以办到的，而我向阁下建议，这种重新评价需要社会、财政、经济以及行政方面的决定，而这些决定只能由立法机关做出。在《关于民事责任和人身伤害赔偿的皇家委员会的报告》（即《皮尔逊报告》）发表以后，目前的这种复杂情况表明需要进行法律改革。”〔1〕

上述这段话使我认为上议院要求法官遵循现在这种不能令人满意的法律，接受由它而引起的各种问题。在新法规制定出来以前，法官们本身不要去解决任何问题。他们应等待着立法机关的干预。他们应听从皇家委员会的建议。

---

〔1〕 (1980年)AC 174 at 182。

七、应该分期赔偿吗?

我以为在确定未来的损失——未来的支出以及未来收入的损失——赔偿时,让法官预料未来三四十年的事情或猜想大概要发生什么事情,在原则上是错误的。只要法官在判决的时候一次判给某人全部赔偿费,这类事情就是不可避免的。你肯定会觉得这种判给是错误的。结果判得不是太多,就是太少,总是不合适。这个问题似乎应该这样解决:不要判给总的一笔,而应有个分期赔偿的制度。如果不可能的话,最好是对支出以及未来收入的全部实际损失予以赔偿。我认为也许这是不太可能的。但还有另一种最好的办法,即在审理中,法官可安排后三年的赔偿,每三年进行一次审核。这样就可以注意到受伤害人的伤势是在不断好转,还是在继续恶化,同时也就注意到通货膨胀、货币价值的变化以及他的晋级的希望或工作的变化。据说:

“这种分期赔偿制度的提出,遭到了几乎所有有关人身伤害的起诉机关以及个人的强烈反对。”

但是英国保险公司告诉皇家委员会,虽然他们不赞成分期赔偿的办法,但是如果需要,商业保险公司可以为这种制度服务。而且皇家委员会的多数人的意见是,认为应该有关于下列问题的法律条文:

“对因为死亡或伤害严重而难以恢复而造成的未来收入的损失的分期赔偿。对于我们所提意见中的实际困难我们并未抱任何幻想。”

即使确有实际困难，但大多数人都提出了克服困难的意见。

对此问题我要再谈一点：我很关心因为战争而死亡或残废以及伤痛不断恶化而领取赔偿的人们。这些事项都由抚恤部有效地进行管理。我认为在不追究责任损害赔偿方面同样也应进行很好地管理。

然而，对于为什么在关于追究过失责任的案件中应该实行分期赔偿制，总要有一个明显的理由。理由是，使过失责任的赔偿与不追究责任的赔偿较为一致起来。要相信社会保险制度——这就是分期赔偿的一种形式。也应该相信根据不追究责任赔偿的方针所给的分期赔偿。这就是说，过失责任的赔偿制到一定时候就会逐渐消失而代之以不追究责任赔偿制。

第七章　一个人被伤害致死时

一、公共马车翻车了

从很早的时候起，关于道路交通死亡的赔偿问题的法律就不合理，也不公平，立法机关曾多次努力改善这种情况，但是它现在仍有改革的必要。

旧法律固然不好，但比较明晰，它是用拉丁语表述的："对个人的诉讼随个人的死亡而消失。"如果一个步行的人在由于驾驶员的过失而造成的交通事故中死亡，那么他以及他的家属从肇事者那里得不到任何伤害赔偿。如果此人并未死亡而仅仅是受伤，但驾驶员死了，那么受伤者从驾驶员那里也得不到任何赔偿。

早在1808年以前，这个问题就在"贝克

诉博尔顿案"[1]中得到了解决。贝克先生是位商店老板。他的妻子在商业经营管理中对他帮助很大。他很爱自己的妻子。有一次他们两人同乘一辆公共马车从朴次茅斯到伦敦去旅行，由于驾驶员的疏忽马车翻车了。贝克先生只是被撞伤，但是他的妻子却受了重伤，她被送进了医院，一个月以后死了。他控告车夫犯有过失罪。埃伦巴勒勋爵（Lord Ellenborough）对陪审团指示说：

"你们可以考虑贝克先生自己遭受的撞伤和由于失去妻子的陪伴而带来的痛苦以及从事故发生到他的妻子死亡这段时期内他妻子的伤势给他带来的痛苦。在民事法庭上一个人的死亡不能控为伤害罪。而且在这个案件中对她的伤害赔偿必须计算到她的死亡为止。"

二、接二连三的改革

1846年这方面的法律进行了重要的改革，这就是这一年发布的《死亡事故法》。如果死亡的人有妻子和子女要依靠他生活，可就要求因其死亡而蒙受的金钱上的损失赔偿提出起诉。

这在方法上是好的。但这会导致特殊的异常现象。一次事故的赔偿金不如一次终身致残事故的赔偿金多。如果他仅仅残废了，可以取得一大笔伤害赔偿金；如果他在事故中死了，其家属只能得到金钱损失的赔偿，而得不到其他任何赔偿。

---

[1] （1808年）1 Camp 493。

它也可以导致这种甚至更为异常的结果：如果犯有过失的驾驶员在事故中死了，任何其他受伤的或死亡的人从任何人手中都得不到任何赔偿。

法律的这种状况一直延续到1934年才得到改善。在法律复查委员会最先提出的中期报告中宣布：

“最常发生的交通死亡事故，使得这一部分法律的改革成了国家最紧急的事项。”

因此国会出面干预了此事。通过《1934年法律改革（综合性条款）法令》对关于人身死亡问题作出了规定：

“诉因及家属的权利不因人的死亡而消失，无论起诉是增加还是减少死者的财产。”

这个简单的规定导致了许多问题，法院曾努力使这些问题得到解决，但在我看来，他们的收效不大。

三、幸福的希望

“贝纳姆诉甘布林案”[1]这一重要案件说明了这一问题。甘布林驾驶着他的汽车，同车的还有他的两岁半的小孩。贝纳姆先生驾车企图超过这辆车，结果没超成，反而撞上了这辆车并把它撞翻。孩子受了重伤不省人事，当天即死了。孩子的父亲代表孩子提出起诉，要求赔偿损失。我认为，为死亡孩子要求伤害赔偿是个破例的想法。但是上议院认为孩子可以提出

〔1〕（1941年）AC 157。

起诉,因为孩子的生命被缩短了,已经丧失了“生命的希望”。但是怎样来确定这种“生命的希望”的价值呢?上议院应用“失去了幸福的希望”作为尺度去衡量其价值。但如何折算成金钱呢?你怎么能想到这个孩子以后的生活是幸福还是悲惨呢?毫无疑问,就大多数人来说生活中的幸福和痛苦是一样多,所以二者抵消了。大法官特别组织了一次由他自己以及五位上议院高等法官参加的审理。他说:

“这样一个问题用亚里士多德的伦理学论文方式加以讨论,似乎比由法院审判更为合适……

抛开专门事项不谈,赔偿金根本不可能给予受伤害者,因为受伤害者已经死去。事实自然是人们用金钱来弥补死者丧失的对未来幸福生活的享受,但陪审团或法官的这种做法是企图把无法比较的标准等同起来。”

关于两岁半的孩子的案件的情况就是这样。但是这种观点也适用于成年人的案件。上议院确实说赔偿金的数额只能是一小笔。判给200英镑赔偿金。近来的案件中的赔偿费被定为500英镑,再晚些的被定为750英镑。

据我看,就原则而言,无论“对生命的希望的损失”或对“未来幸福的损失”都不应该判给赔偿,那是不能用钱来估量的事情,即使能够估量,那也是不着边际的空谈,关于这种情况判给任何损失赔偿都是不正确的。皇家委员会建议应取消对“生命的希望”的伤害赔偿。

第八章　未来收入的损失

一、对“年龄损失”不予赔偿

对于一个受伤害的人的未来收入的损失给予赔偿是完全公平的。如果他受伤太重以至于不能工作，没有工资收入——或者因只能干轻微工作而减少了收入——那么他当然应该得到损失赔偿。但是当伤害过重使其生命缩短时，问题就发生了。拿一个30岁的人来说吧，如果他没有受到伤害，一般说他可能活到75岁，但是由于受到伤害可能在50岁时就死了。毫无疑问，他应该得到30岁至50岁这段时间的收入损失赔偿。可是，他能得到50岁至退休年龄65岁这段时间的收入损失赔偿吗？由于事故对他造成的从50岁到65岁这15年的损失就是“年龄损失”。对于“年龄损失”应该给予伤害赔偿吗？

在“奥利弗诉阿希曼案”[1]中，一个20个月的男孩在一次摩托车事故中受了伤，由于他的大脑受到严重影响，而成了不能工作的低能残废人，他的生命可能会从60岁减到30岁。上诉法院认为不应给予“年龄损失”赔偿。高等法官皮尔逊提出，对此（30年的损失）而给予他的任何赔偿都不会落入他本人或他父母的手里，而只能落入其他近亲的手里。他说（第243页）：

“假定由陪审团审理。在陪审团考虑到判给的数目已经达到足以满足可以预见到的原告的经济需要后，他们有理由拒绝增加给他的赔偿费，因为这些多余的钱在受害人死亡时最终可能会落到他的某位近亲的手中。”

二、现在对“年龄损失”予以赔偿了

这一判例沿用了18年之久，但后来出现了“皮克特诉英国铁路工程有限公司案”。[2] 皮克特先生51岁，身体结实，有妻子和两个孩子。他在铁路部门工作，制造客车。他的工作要接触石棉灰尘。1974年他51岁时由于灰尘污染生了病，56岁时死了。在他生病的过程中，他提出起诉并得到了判决。上议院认为在此案件中应该判给他“年龄损失”赔偿，因为在56岁到

---

〔1〕 (1962年)2 QB 210。

〔2〕 (1980年)AC 136。

65 岁这段时间内，如果他不生病的话，他还可以继续工作。上议院不赞成对“奥利弗诉阿希曼案”的判决。对皮克特案的判决从道义上讲是合理的，因为寡妇和孩子没有权利根据《死亡事故法》提出赔偿的要求。因此只有赔偿在他“失去的年龄”期间应得的收入才是正确的。

三、小鸡回到了鸡窝

但是小鸡回到了鸡窝。国会对“奥利弗诉阿希曼案”[1]的谩骂又轮到了他们自己的头上——就像白天走失了的小鸡晚上又回到了自己的鸡窝一样。这就是“甘默尔诉威尔逊案”。一名 22 岁的年轻人在一次汽车事故中当场死亡。因为他没有靠他赡养的眷属，因此没有人根据《死亡事故法》提出赔偿要求。上议院主张他的法定代理人可以领取其“年龄损失”期间的收入的损失赔偿，也就是领取如果他还活着而且在他整个工作年限期间都工作所该得到的收入。如果实际计算起来，这笔数目是很大的。这种赔偿对受伤害人并没有好处，因为他已经死了，赔偿费只能对他的近亲有利。这种结果是很可笑的，以致迪普洛克勋爵(Lord Diplock)郑重声明：

“我同诸位阁下的想法是一致的，除立法外，任何使关于对死者的赔偿金的法律合理化的努力都已为时过晚。”

---

〔1〕 (1981 年)2 WLR 248。

四、让靠他赡养的家属提出要求

迪普洛克勋爵没有提出修正建议。我倒要提出建议，即对于“年龄损失”不应判给损失赔偿。但是，如果死者有家属则可单独提出诉因，要求对因早亡而遭受的金钱损失给予损失赔偿。这就是说，在一个儿童或青年人受到重伤或死亡的案件中，不要对“年龄损失”给予任何赔偿。这种赔偿只适用于结过婚有家属的人受伤或死亡的案件，也就是只适用于其家属在其“损失的年龄”期间，由于没有他来维持生活而受到的金钱上的损失。这与皇家委员会的意见是一致的：

“受伤害者在年龄损失期间的收入损失，实际上是依靠他生活的人所受到的损失。我们认为只有他们才有权申请损失赔偿。”

五、瘫痪的盲童

在最近一个案件[1]中，我尽量去应用我所提倡的原则，但没有成功。

詹姆斯·克罗克生于1972年3月。在初审的一次开庭时，他才7岁。他是一个很可爱的小男孩，胖乎乎的像个小圆

---

〔1〕“关于C(一个小孩)诉韦斯曼案”(1982年)1 WLR 71。

球。可是当他生下刚21个月的时候，由于患假膜性喉炎而发高烧，被送进了诺斯威克·帕克医院。在治疗中出了差错。当医生检查他的喉咙时，他的心脏停止了跳动，从而损伤了大脑，结果他的大脑失去了功能，眼睛瞎了，四肢也瘫痪了。他站不起来，他不能说话。他只能躺在母亲的膝上或地板上，就像一个不满周岁的婴儿，大小便已经失禁，不管什么时候都要垫上尿布。已经没有任何希望恢复正常了。他和一个婴儿一样，只能辨认他母亲的声音，表示爱她。总之，就像一个婴儿一样，凡事如喂饭、洗脸以及穿换衣服等都要依赖他的母亲。虽然他的大脑毫无用处，而他的身体却和常人一样发育正常。到这时为止，已经有好几年的时间，每天都去在哈罗的威特尔西残疾儿童学校。该校的女校长说：

"威特尔西学校的所有教师都非常喜欢他，我们在他的生活中尽量给他幸福。因为他的残疾非常严重，所以对他以后的一生都需要经常不断地照顾和注意。"

看起来他不会活得太久，医生估计他可能活到20～40岁。

这就是詹姆斯·克罗克的悲惨的故事。他的母亲以他的监护人的身份，提出起诉，控告医院犯有过失罪。他们承认了责任，但是赔偿数量要由法院决定。

我在上诉法院是这样说的：

"法官判给这个孩子未来收入损失45,000英镑。给这样一个孩子的赔偿是分成两项，即一项是'未来的抚养'，一项是'未来收入损失'，我觉得这有些奇怪。判给他'未来的抚养'是基于他是完全丧失了生活能力的人，而且必须以很大的消费来维持他将来的生活。判给'未来收入'损失赔偿是由于他若不是功能不全,那么在他未来的生活中还能有所收入。我认为同时给予两项赔偿,在原则上是不正确的。

以前从未有过两岁的儿童要求赔偿'未来收入损失',也没有人得到过这种赔偿。"

因此我想到了:

"……在汽车事故中死亡或在事故发生几天后死亡的孩子的案件,在这些案件中,都有'年龄损失'。为什么要对这个孩子赔偿其'未来收入损失'呢?他已经死了,不管赔多少,都要落入父母手中,如果父母已死,就会落入某个近亲手中,这简直太荒唐了。如果英国法律像苏格兰法律那样,那么可以给他们抚恤金,但不用赔偿'未来收入损失'。这种损失太难推算了。"

然后我讲到了这个孩子:

"如果果真如此,那么随之而来的是,如果那个两岁的孩子没死,只是丧失了大脑的功能,从而什么也干不了,那么那个孩子也无权要求赔偿因缩短其生命或由于'年龄损失'而造成的收入损失。"

最后,我说:

"如果'未来收入损失',不予赔偿,那么就应该判给维持孩子未来生活的足够的赔偿金,这样他就会在他的余生中有可能得到最好的照顾。"

我的同事判了 206,224.72 英镑,而我要判 156,524.72 英镑。我判的仍然是个很大的数目。如果把这笔钱作为基金由他的委托人代理,用于投资,完全能使他得到好的照顾,使他未来的生活舒适。当然,这不是对其父母遇到的灾难予以赔偿,钱做不到这一点。法庭所能做的只是判给公平合理——对双方都是公平——的赔偿。我认为,我提出的数字是公平合理的。

我只能作出这样的最后评论:正如我以前曾经指出过的,分期支付孩子的各项需要不是最公平合理的办法吗?这种办法无论对于孩子在一两年后死亡还是对一直活到五六十岁,都是适用的。

第九章　痛苦、苦恼和生活享受方面的损失

一、"睡美人"

痛苦、苦恼和生活享受方面的损失是最难处理的事情。过去当陪审团判定赔偿损失时——当时没有分成单独的项目——这一项是包括在整个项目当中的，就像鲸鱼肚子里的乔纳一样，当你看见鲸鱼的时候，你就看不见乔纳是否在里面了。[1] 但是法官们常常告诉陪审团要注意到这一点。在"菲利普斯诉伦敦和西南铁路公司

〔1〕 乔纳(Jonah)，在英语典故中，乔纳是个常常给同伴带来不幸的人，曾在一次航海中被鲸鱼吞入肚中。——译注

案”[1]中，一名外科医生在两列火车相撞中受了重伤，法官菲尔德(Field)先生说：

“你们必须考虑到伤害赔偿的分类项目首先是关于他的痛苦和苦恼这一项。这当然是你们必须注意的问题，因为这是需要得到赔偿的项目，如果一位精力充沛的健康人在他(她)正当年时遭到了不幸，变成一名无力照顾自己、无法享受生活的人，而且可能很快就要死去，那么陪审团应该对这一事件予以考虑，应对他因此而面临的种种不便及在生活享受方面的损失予以公平的补偿，当然这种补偿不应是过分的或报复性的。”

这是一段很精彩的话。说这段话时医学尚不发达。这段话中的差不多每一个字都适用于名为“睡美人”的案件，即“怀斯诉凯案”。[2] 沃朗尼卡斯是一位迷人的姑娘，20 岁，精力充沛，生活在一个幸福的家庭里，享受着舒适的生活。她已订了婚，前途似锦。后来有一次她乘她哥哥驾驶的汽车出去旅行，她坐的车与司机约翰·凯开的带篷卡车相撞。她的大脑严重损伤。她失去了知觉，至今还昏迷不醒。她被送进了莱克利福医院，经过外科手术，使用现代的医药和精心护理，终于保住了生命。她继续活了许多年。她的父亲作为她的监护人提出起诉，要求赔偿损失。在审判时她没有知觉，一直到死都不省人事。对她的痛苦和灾难以及享受生活的损失，该如何赔偿呢？

法庭判给她 15,000 英镑。以前的赔偿从没有像这次一样在法官中间引起这样大的分歧。上议院在一个类似的案件即

[1] (1879 年)5 QBD 78 at 80。

[2] (1962 年)1 QB 638。

“韦斯特父子有限公司诉谢泼德案”[1]中,充分讨论了这个问题。两位当代最伟大的法官瑞德勋爵(Lord Reid)和德夫林勋爵判给的赔偿费很少。其他人则确定判给15,000英镑。

二、问题没有得到解决

当然事实上问题没有得到解决。你们想用钱来估量不能用钱来估量的东西。还应该记住,这只是赔偿受害者的损失。这不是惩罚被告。我提出这样一个问题:除去金钱损失外,你赔偿给受害者的又是什么呢?正如我们所说,当一个人在事故中丧了命,或者说受了伤,那就得对失去的幸福生活予以赔偿。所以我们首先应该考虑皮尔斯勋爵关于这个问题的意见(第368页):

“我认为,在人身伤害案件中,原告个人失去了幸福生活不是对活着的原告给予合理赔偿的一种实际的或正确的理由。一个刚毅的人,不会因为失去一只肢体而不幸福。伤残可以改变他活动的范围,迫使他在别的地方寻求他的幸福。由于意外而致残的人在炉边读书或同朋友谈天,可以和在空气清新的高尔夫球场打高尔夫球的人感到同样程度的愉快。对古代哲学家来说,如果阅读的书籍或谈论的内容是他们所欣赏的,则前一种愉快的性质甚至比后一种更为高尚。另外,一些怯懦的人却往往因琐碎的小事而失去对幸福的追求。如果一件人身伤

[1] (1964年)AC 326。

害案的审判只是奖励受害者叫苦，如果拉长脸只是为了得到大笔的赔偿费，那就太可悲了。”

三、用抚恤金代替赔偿金

据我看，这对伤害赔偿是一种误解。为补偿痛苦、苦恼和享受生活方面的损失而给予钱，毕竟不是赔偿。它属于苏格兰称作安慰金一类的东西。这种制度一经实现，我们就可摆脱理论上的争论。我们可以判给活着的原告（他完全能够意识到他损失的是什么）一笔合理的赔偿费作为抚恤金。但是不能用此方法给予没有知觉的原告（他意识不到他所损失的是什么）以抚恤金。这样对本人并无好处，无非是增加他死后的财产，而这财产将落入近亲手中。

皇家委员会的建议与这个观点是一致的，但其理由并不相同。他们说（第382页）：

“非金钱方面损失的高额赔偿使我们震惊。用于这方面的钱占了用于由于不法行为造成的人身伤害赔偿费的半数以上，而且这笔款项在小笔的赔偿金中占很高的比例。”

我建议赔偿费应该保持在低水平上（前提当然是大家同意），而且对于没有知觉的原告不应予以赔偿费。

结　论

我希望，我已经证明我国关于人身伤害的法律完全过时了。它是在由陪审团审理民事诉讼和由陪审团核定所有伤害赔偿金额的时代发展起来的。它的形成与当时的马车运输和铁路运输有关，它根本不适用于汽车运输。汽车运输导致了各方面的死亡和致残，许多伤害往往无法证明是由于驾驶员的过失造成的。为了公平起见，应该对受害者采用赔偿制，即使他们不能证明过失。这叫做不追究责任。

就伤害赔偿来说，一种诉因只能有一次伤害赔偿判决的规则已经不适用了。这就是说，当没有人能够说出将来会是怎样时，法院就得考虑到将来可能发生的事情，而且为偿付未来支出以及未来收入的损失,判给一笔总赔偿费。对于受害者或其家属分期付给赔偿金的办法会更符合公平的原则。赔偿应当在实际开支及收入损失发生或将要发生时支付。

对于痛苦、苦恼和享受生活方面的损失用金钱进行估算是错误的,因为没有固定的标准来衡量它们的数量。这些项目都应以抚恤金代替。对于没有知觉或思维能力的伤者不应给予抚恤金,因为对他的感觉不起任何安慰的作用。

皇家委员会的报告包括了所有这些目标。他们承认,原则上,过失责任制应全部废除,而代之以不追究责任制,但应逐步进行。过失责任制应继续保持,但在适当时应逐渐将其废弃。对于由于过失造成的可以复原的伤害,受害人应该相信,可以从不追究责任基金以及各种社会保险中取得全部赔偿。即使在现在这些款项也完全可以代替小数额的过失赔偿。但是过失造成的重伤者或残废者的赔偿申请,一时还不能被取代,然而经过一段时间后,还是可以被取代的。

据我理解,这些是皇家委员会报告的基本策略。在这一篇我已努力说明,根据法律的原则,这些策略是正确的。

附录　无礼对待

从我写完这一篇以来,又有了一些发展。这是最令人失望的。政府已把搁置四年之久的皇家委员会的报告从文件架上取了下来,这是因为人们在不断抱怨。他们已经审查了这份报告,而且已决定如何处理这份报告。我希望它不是由哪位大臣处理的,而是由某个部的文官处理的。其结果使我想起了贺拉斯[1]的话:

“大山分娩了,生下的只是个可笑的小耗子。”

皇家委员会不朽的报告使政府生了一

〔1〕 贺拉斯(Quintus Horace Flaccus,公元前65~公元前8年),古罗马诗人。以写讽刺诗和抒情诗而享有盛名。著有《颂歌》等作品,引文原为拉丁文。——译注

只可笑的小耗子,在一份关于惩处的议案中,在众多的题目之下只模模糊糊地包含了九个条款。

该报告以自己提出的188条建议——如果不是全部的话,也是绝大部分——证明提出一份全面议案是合理的。但是在这些建议中只采纳了九条,而且是通过把这九条塞进另一份议案的办法。这九条中没有一条是比较重要的,其中只有两条涉及我所讨论的问题。一条是计划废除对"年龄损失"的赔偿。另一条是驳斥上议院关于"甘默尔诉威尔逊案"的裁决(第8章〈3〉)。

除此而外,什么事情也没有做。对于儿童或成年人由于他人的过失而受到伤害,但又不能证明其过失的人所受到的不公平的对待,没有提出任何补救措施。没有制定一种不追究过失责任的制度,没有采用分期偿付制。关于评定赔偿费的原则也没有进行重新评价。上议院关于林宝珠小姐的案件答辩没有予以答复。皮尔逊勋爵和他的同事一生中的五年时间算是白白地过去了。他们受到了一个不领情的政府的无礼对待。

第五篇

诽　谤　罪

导 言

关于诽谤罪的法律正陷入一种可悲的境地,我这样说是因为我了解关于这种法律的全面情况。当我是一名新进律师时,我受到了《泰晤士报》、《闲谈者》杂志和许多其他报刊的指教。我草拟诉状,处理出示的证据,根据证据提出建议。什么事我全干。在我当法官的最后30年中,我审理过最重要的一些案件,其中一些是在上议院审理的,很多是在上诉法院审理的。我常常受到非难。我感到很沮丧。因此我将按照我的想法厘定法律。不过,我先讲点儿历史。

第一章　星宫法院

一、“最气派的法院”

和往常一样我要追溯旧的普通法。它经历过很多关于“口头诽谤”——用口头语言所说的诽谤的话——的案件。人们可以在伊丽莎白一世时代的科克勋爵的报告中找到许多关于口头诽谤的诉讼，但却很难找到关于印刷品诽谤的案件。我猜测，其原因是文字的原稿归普通法管，但是通过印刷制成复本则不然。印刷需要经过特许。任何受到印刷品诽谤伤害的人只能在星宫法院得到赔偿。科克勋爵至少报告了两起案件：“约翰·拉姆案”[1]和关于两个

---

〔1〕(1611年)9 Co Rep 59b。

内科医生的案件即“爱德华兹医生诉伍顿医生案”。[1] 提出的理由是：

“对国王的冒犯，其动机是复仇，并意欲破坏治安，造成严重危害。”

星宫法院在当时是限制滥用权力的最有效的工具。它的确切名称是“星宫内的枢密院”。它设在一座有五架三角形柁的长形建筑内，位于威斯敏斯特宫与泰晤士河之间。它的成员由枢密院顾问官组成，这些枢密院顾问官偶尔在一名主教或一两名法官的协助下工作。科克写道：

“之所以称它为星宫法院是因为在法院的屋顶上装饰着一些金星。在所有用拉丁文写的案卷中它都被称为‘星宫法院’。在基督教世界里，它是最气派的法院（除我们的议会以外）。”

星宫法院负责普通法所不能提供赔偿的犯罪。它不能处以死刑，它有自己的惩罚形式，如枷刑、笞刑、割耳刑以及在脸上烙印等。莎士比亚在《温莎的风流娘儿们》的第一句话中通过法官夏洛的嘴说明了在他那个时代人们对星宫法院的信赖：

“我一定要告到星宫法院；就算他是20个约翰·福斯塔夫爵士，也不能欺侮到罗伯特·夏洛先生头上。”

二、普林失去了耳朵

但是后来星宫法院对诽谤罪处理得太过分了。威廉·普

---

〔1〕(1608年)12 Co Rep 35。

林是个严格而执拗的清教徒(他曾是林肯律师学院的司库)。他写了一篇时事短文,反对舞台戏剧,并对查理一世和王后进行诽谤。1634 年他被星宫法院判为终身监禁,课以罚金三千英镑,而且被割掉两只耳朵,上颈手枷示众,他的脸上还被刺上了 SL 的字样(煽动性的诽谤者[1])。他本人硬说这两个字母表示赞扬。[2] 这个烙印是用热铁烫成的。劳德大主教反对清教徒,特别是反对普林。长期国会撤销了星宫法院,因此也撤销了星宫法院对诽谤案的审判权。不奇怪,它还砍掉了劳德大主教的脑袋。

[1] 原文为 Seditious Libeller。SL 为这两个词的缩写。——译注

[2] "赞扬"一词在拉丁文中为 Stigmata Laudis,缩写也是 SL。——译注

第二章　普通法的接管

一、老僭君引起的麻烦

星宫法院被撤销后，普通法法院接管了诽谤案件的审判权。17 世纪末的首席法官霍尔特（Holt）规定了一些原则，特别是在有关伤害赔偿的民事诉讼中使这些原则一直延续了下来。他处理过一起关于王位争论的重要案件。谁该当国王？是新的威廉三世还是老僭君？据说当时如果一个人拥护老僭君，反对新的国王，就是诽谤。“克鲁普诉蒂尔尼案”[1]就是这样。你们大概记得，当詹姆斯二世将要离去时，他的王后玛丽和他们的幼儿詹姆斯被送到了法

〔1〕（1693 年）3 Salk 225。

国。这个幼儿就是威尔士王子(后来被称为老僭君,以区别于他的儿子邦尼王子即小僭君)。1693 年我们与法国打了一场战争。当时举行了一次国会选举。一名候选人控告另一名候选人说了下面一些拥护老僭君的话:

"除非海峡那边的那位年轻绅士复位,依我看同法国的战争是不会结束的。"

没有提到詹姆斯的儿子的名字。能以间接诽谤罪起诉他吗?原告在其辩诉中辩解说"海峡那边的年轻绅士"指的就是威尔士王子。首席法官霍尔特认为对这些话可以间接诽谤罪起诉。事实上他在判决中确实是这样做的,这个判决表明了和今天一样的法律。他说:

"对于恶意中伤的问题没有必要使之成为诽谤罪。只要被告引起外界对原告怀有恶感,或使人们觉得他卑鄙可笑,就足够了;例如,一个丈夫由于被说成是'骑马的斯开明顿'而提出起诉,法院认定起诉成立,因为这样说使得他显得可笑,并出了他的丑。每个人都知道'海峡那边的年轻绅士'指的是谁;如果说错了,被告可以在诉讼中辩解,但并不能在诉状中辩解。"

即使今天,还有些人在为女王干杯之后还嘟嘟哝哝地说着"海峡那边"。

二、"骑马的斯开明顿"

这是首席法官霍尔特引用的很有趣的案子。在中世纪的军队中,人们爱和怕老婆的人开玩笑。骑马时,一个男人骑在一个女人后面，脸朝着马尾巴。那个男人手里拿着一根缠线棒（约三英尺长的有裂缝的木棒，是女人纺线用的）。那个女人用一把奶油杓子打他的下巴。这种人被称为骑马的斯开明顿。说一个人是骑马的斯开明顿，使他显得可笑。这是可以提出起诉的。

三、穿长袍的人

但是那时候的大部分诽谤案是按犯罪对待的。在"王国政府诉奥姆和纳特案"[1]中，被告被控有诽谤罪，因为他们控告一伙人是不可靠的冒险家。陪审团裁定写控告信的人有罪，但王座法院一致不同意受理此案，法院说：

"写一般攻击人类或整个特定阶层如穿长袍的人的文章，这不是诽谤，但涉及某些人的具体细节的文章肯定是一种诽谤。"

当时，"穿长袍的人"当然是司法或圣职人员。今天的法律仍然如此。如果一个人写道："所有律师都是盗贼"，没有一个律师会控告。代表律师的法律协会也不会控告。但是中伤某一群律师的人永远不会逃脱成为被告。如果他写道："在伦敦西部有几个'趋炎附势'的律师"，那么倘若这些律师中有一个人能证明作者的这些话是**有意**指他，那么这个律师就可以[2]提出

[1] (1699 年)1 Ld Raym 486,3 Salk 244。

[2] 王座法院(King's Bench)，英国高等法院的一个组成部分，专门负责审理契约、侵权行为等案件。——译注

控告。阿特金勋爵(Lord Atkin)在《纳波佛诉伦敦快报有限公司案》[1]曾很清楚地谈到这个问题。

四、上帝保佑国王

17世纪和18世纪的律师曾用一个强调性的词来形容某些诽谤。他们称这些诽谤为 libelli famosi(出名的诽谤),它的意思不是说卓越得出名,而是无耻得出名——恶名昭彰的诽谤。这种诽谤永远是要受到起诉的:例如,七名主教审判案或由托马斯·厄斯金辩护的《朱尼厄斯书信集》出版商审判案。

最早的一个例子是1698年在德文郡巡回法庭审理的《王国政府诉比尔案》。[2] 比尔被宣判有罪并课以罚款五百马克。他曾写过拥护"海峡那边的年轻绅士"的文章,但又加进了明显拥护国王的话。他提出了上诉,理由是起诉书只引了文章中的部分言论而没有引全文。首席法官霍尔特驳回了上诉,他说:

"按照规矩,一个讲了叛逆言论的人不会因为又说了**上帝保佑国王**而得到宽恕。"

布莱克斯东是这样谈"出名的诽谤"的:

"……它们是对别人特别是对治安法官的恶毒中伤,是通过发表文章、书籍、符号或图片进行的,目的是激怒某人或使他引起公愤,受到轻蔑或嘲笑。这些诽谤的直接意图是通过煽动

[1] (1944年)AC 116 at 124。
[2] (1698年)2 Salk 417。

被诽谤的人去复仇或去流血……来破坏治安……谩骂、违反道德、谋反、分裂教会、妨害治安的诽谤都要受到英国法律的制裁，受制裁的程度各有不同，有的轻些，有的重些。"[1]

你们可能还记得对约翰·威尔克斯的控告起诉书是刑事犯罪控告起诉书，诉因是他在《苏格兰人报》上发表了煽动性的和可耻的诽谤；而且在《关于妇女的论文》中写了淫乱而邪恶的诽谤言论（"王国政府诉约翰·威尔克斯案"[2]）。

在18世纪末，我们发现严重的诽谤罪不断地受到刑事法庭的审判和惩罚，但是也有不太严重的诽谤罪是在民事法庭审理的。

〔1〕《英国法释义》第4卷，第150~151页。
〔2〕(1770年)4 Burr 2527。

第三章　19 世纪

一、一种犯罪和一种错误

但是当我们进入 19 世纪时，我们发现所有诽谤罪不论严重与否都可通过两种诉讼程序处理，既可作为一种犯罪提出起诉并予以惩罚，也可以作为一种错误要求给予损害赔偿，"索利诉克里勋爵案"[1]清楚地说明了这一点。在这一案件中，一个教区执事给克里勋爵写了一封信，装在没有封口的信封内，让仆人带给克里勋爵。仆人打开信看到下面这段话：

"我可怜啊，这个人（指的克里勋爵）。他竟忘记了他对他自己和对他人的义务，

---

〔1〕 (1812 年)4 Taunt 355。

他假借宗教和拯救灵魂的名义伪善地、庸俗地表现出他的恶意、冷酷和虚伪。”

克里勋爵以诽谤罪提出起诉，陪审团裁决给他 20 英镑的损害赔偿。这个教区执事说这是错误的。它不是诽谤。但是首席法官曼斯菲尔德（不是“伟大的曼斯菲尔德勋爵”）说：

“毫无疑问，这是诽谤。教区执事可能为此而受到控告和惩罚，因为虽然这些话够不上应予惩罚的罪恶，但是这些话可看作是对一个人的诬蔑。信中的内容会使他招致憎恶、轻蔑和耻笑；藉此就可控告教区执事；而且我认为个人的安宁和好名声会由于对刑事诉讼的恐惧而充分得到保障。”

法院认为，为要求得到损害赔偿可以提出起诉。

到 1878 年时我们发现法律很好地解决了这些问题。法官勒什（Lush）先生在“王国政府诉霍尔布鲁克案”[1]中作了这样的叙述：

“对个人的诽谤现在以及过去一直被视为既是民事伤害也是刑事犯罪。受诽谤的人可以要求损害赔偿或者提出控告，或者交给法院一份刑事报告，或者既要求损害赔偿又提出起诉。可以把它归入刑事犯罪类，因为它可能会激起愤怒、复仇，这就会危害治安。但是诽谤者对金钱或其他损失仍须予以赔偿，诽谤可能会使受诽谤的人受到损失。”

---

〔1〕 (1878 年)4 QBD 42 at 46。

二、但是现在不是这样了

现在我要谈谈大约一百年以后的情况。现在我们发现没有人以诽谤罪控告报社，刑事赔偿已经很少了，但实际上民事赔偿却保留了下来。

在最近的一个案件中有一个想恢复刑事赔偿的企图。《窥眼》杂志发表了一篇被人提出起诉的文章，这是一个个人起诉案。这篇文章谈到了卢肯勋爵失踪的事。这在刑事诽谤和民事诽谤之间就有了差别。刑事诽谤是非常严重的，犯罪者应为此受到国家的惩罚，他应受到监禁或向国家付罚金，而民事诽谤还达不到重罪的程度，做错事的人必须付给受诽谤者以全部金钱赔偿并承担诉讼费，而且可以命令他不得再干此类错事。但是他不致为此受到监禁或向国家付罚金。当一个人被控以诽谤罪时，陪审团就要说明所犯罪行的性质；这就是说，其严重程度是否构成了犯罪。他们有权而且也应该作出一般"有罪"或"无罪"的裁决。

事实上，在《窥眼》杂志案中，原告并未继续提出控告。这是我能记起的关于因刑事诽谤而提出起诉的最后一例。

三、根本的政策

所有这一切使我提出这样一些问题，法律关于诽谤罪的政策是什么？对诽谤者使用法律程序的审判权是什么？过去我们的祖先把诽谤罪看得太重了，因此认为应该把它作为犯罪加以惩罚，不仅是星宫法院的法官这样认为，王座法院的法官也是这样认为。它可防止诽谤者或其他人不再作出类似事情。

现在随着时间的推移，诽谤不再作为犯罪而被起诉了。那么我们在民事案件中是否应加强威慑效果呢？

我要这样问：法律判给受诽谤者以损害赔偿的理由是什么？在一些案件中，诽谤会造成一个人所谓的“特殊损失”。他失掉了工作或生意，但在绝大多数的案件中他没有受到金钱上的损失，他无法证明由于诽谤而遭受到了严重损失。他尽管为此烦恼、气愤（确实气愤），但是他并没有想到用武力来报复，他也没有想去找编辑并给他鼻子一拳。秩序并未因此受到破坏或危害。对他的愤怒（他在感情上受到的挫伤），金钱不能予以补偿，他的气愤是不能以金钱来衡量的。因此所能做的就是以慰问金的方式给他某种补偿。但这就是被诽谤者受到的损失吗？不应把“给报社上一课”作为法律的政策吗？法律不应因为威慑效果而判以损害赔偿吗？根据我的经验，我可以说，陪审团在诽谤案件中就是以此来确定损害赔偿的。如果他们认为报社的行为是故意的而且是无法解释的，他们判给的赔偿金额要比非故意的而且仅仅是由于错误造成的诽谤要多。法官可能会告诉他们不能判以惩戒性损害赔偿，但是他们并不太注意这一点，即使他们知道它是什么意思。

第四章　法律的错误转向

一、关于阿蒂默斯·琼斯的一切

“阿蒂默斯·琼斯和一个不是他妻子的女人在一起。”

所有律师都知道阿蒂默斯·琼斯(Artemus Jones)这个人。实际上他的名字是托马斯·琼斯(Thomas Jones),但是在他年轻时人们就叫他“阿蒂默斯”。实际上他在一生中一直被叫作阿蒂默斯。他当上了律师,在北威尔士巡回法庭做事。他很少去伦敦,从不去派克翰。

当时《周日要闻》刊登了驻巴黎记者写的一篇文章。它引起了诽谤法中的一个最著名的案件。[1] 我以前把它说成是最不出名的案件。它当然引起了很多争论。它牵涉到一些最根本的原则。因此我摘录下面一段报纸对在迪耶普举行摩托车比赛的报道：

“看台上挤满了被摩托车比赛吸引来的人群，人们兴高采烈喝着金黄色的鸡尾酒，想从那时间的角逐中寻求精神上的满足……‘嘘！那是阿蒂默斯·琼斯，和一个不是他妻子的女人在一起，你知道，一定是另一种身份！’我的一位近邻激动地同他的挚友耳语道。真的，在国外，我们同胞的举止是多么老实，这不令人惊异吗？根据他的行径，谁能料想到他还是派克翰的教区执事呢？确实没有人会想到琼斯竟能在伦敦担任教区执事这样严肃的工作。这是在迪耶普，在海峡彼岸的法国，他却是一伙快乐人中的中心人物，常出没于俱乐部，把夜晚当成白天过，此外看得出来，他已沉溺于寻花问柳的社会中去了。”

阿蒂默斯·琼斯以诽谤提出起诉，报社说他们对他一无所知，而且并不是有意谈到他的。他们用这个名字，只是像用约翰·罗或理查德·杜等虚构的人的名字一样完全是虚构的。然而有证据表明，阿蒂默斯·琼斯本人六七年来一直向该报社投稿，他已几次在该报上发表过文章，署名是“T. A. J.”。因此陪审团对报社的说法可以持保留态度。他们可以认为(虽然不应该这样认为)某人在报纸上故意拿阿蒂默斯·琼斯开玩笑。陪审团判给阿蒂默斯·琼斯1550英镑损害赔偿费(在当时这是一大笔钱)。他们这个裁决得到了上议院的赞成。上议院没有几个人，只有四个人，但没有一个人熟悉英国的诽谤法，其中

〔1〕《赫尔顿诉琼斯案》(1909年)2 KB 444，(1910年)AC 20。

有两个苏格兰法律师:一个是离婚法律师,另一个是爱尔兰法律师,他们没有延误审判,在第二天就痛痛快快地办了。这个审判没有尊重贵族法官弗莱彻·莫尔顿(Fletcher Moulton)在上诉法院所做的不同的审判,这个审判是很有力量的。事实上,像上诉法院院长威尔弗雷德·格林(Wilfrid Greene)爵士在后来的一个案件中所指出那样,他们的意见是不可能一样的。

该案被看成是确立了一种原则,即用客观的标准来检验某案是否属于诽谤案。它所依靠的是读者的理解,而不是笔者的意思。大法官洛伯恩勋爵(Lord Loreburn)说:

"被控告犯有诽谤罪的人不能通过证明自己的本意不是有意地中伤,或不是有意地去诽谤原告,来为自己辩护,如此事实上他的行为起到了诽谤的效果。"[1]

二、意图的重要性

我从正常法律以外的角度来讨论这个问题,我冒昧地说我认为"阿蒂默斯·琼斯案"的判决是错误的。我认为责任应该根据作者的意图来决定。如果真正的阿蒂默斯·琼斯曾经是派克翰的教区执事,他还可能有诉因,也可说明报道的消息是有意针对他的。但是真正的阿蒂默斯·琼斯从未到过派克翰,就我所知他也不曾当过教区执事。假若报纸提到戴维·琼斯,那么每个威尔士的戴维·琼斯(每个戴·琼斯),也就是说上百

〔1〕 (1910年)AC 20 at 23。

万的戴维·琼斯都能控告诽谤吗？

我认为，根据法律的原则，应该是这样的，有的文章说在“牵涉到原告”时才可提出起诉。这意思是被告的文章有意地提到了原告，或者被认为是有意地提到了原告。换言之，要看作者的意图，看他是否故意提到原告，或者当时出现的情节必然要导致这样的推论即事实上就是有意提到原告。

诉状也总是说（而且仍然在说）被告发表的文章“是蓄意捏造的”。就我所知，所说的蓄意捏造是推定出来的。但真正的蓄意是属于有意的中伤。如果文章本身是无害的（即不是有意诋毁原告的名誉），我就不明白为什么被告只因某第三者将只有他才知道的一些特殊事实给文章加上了一层诽谤的定义负有责任。

三、“喜欢同时有两个妻子”

在对一个案件的讨论中提出了一个论点。在这个案件中我给哈罗德·纽斯特德（“纽斯特德诉伦敦快报有限公司案”[1]）当辩护人，此人在坎伯韦尔当理发匠，大约30岁，是个单身汉。《快报》刊登了一篇文章，标题是：

为什么有人犯重婚罪？

文中写道：

“哈罗德·纽斯特德，30岁，坎伯韦尔人，曾被拘禁九个

---

〔1〕 (1940年)1 KB 377。

月,喜欢同时有两个妻子。他第二次合法结婚是在1932年——他合法妻子的照片登在右上侧——他非法娶了19岁的多丽丝·斯克利(右上角),他说:'在警察干涉之前我同时占有她们两个人。'"

在这个案件中,我根据"赫尔顿诉琼斯案"为原告辩护。我认为文章说哈罗德·纽斯特德犯了重婚罪,这不是事实。报纸不是指重婚者哈罗德·纽斯特德而是指单身汉,我的当事人哈罗德·纽斯特德。报纸是要负法律责任的。我取得了法律上的胜利。上诉法院接受了我的论点。但那是付了极大的代价才取得的胜利。这很像历史上的一次战争,当皮拉斯国王失去他的精锐的军队时惊叫道:"若再来一次这样的胜利,皮拉斯就完蛋啦。"所以虽然我在法律方面胜利了,但是在陪审团面前我却失败了。他们只判给我的当事人哈罗德·纽斯特德很少一点赔偿。高等法官麦克金农(Mackinnon)照例作了尖酸刻薄的评论:

"我们来到法庭是为执行法律,而不是为在法庭玩逻辑推论的游戏的。"

四、宣布一次婚约

阿蒂默斯·琼斯案件为许多奇怪的判决提供了根据。1929年这种错误做法达到了顶峰,我对"卡萨迪诉每日镜报有限公司案”[1]记得还很清楚，当时我们都认为判决是错误的。

迈克尔·卡萨迪的化名是科里根，他说自己是墨西哥军队的将军。他同女人的关系极不检点。一次他同一个女人去参加一次赛马会，他告诉一名新闻摄影师，他已同她订了婚，《每日镜报》在漫笔栏刊登了他们的照片，在照片的下面是这样的文字：

这是赛马的主人迈·科里根先生和X小姐，他们已经宣布订婚。

（报纸上登的是X小姐，但在法庭上并没有公开这个名字。）

科里根先生和X小姐都没有提出控告。但令人惊奇的是化名科里根的卡萨迪先生的真正妻子提出了控告。她说这是对她的诽谤。她承认她同丈夫没有同居，但是他时常到她工作的商店去看她。她叫了三个认识她的人说看了文章后他们认为她（真正的卡萨迪夫人）不是他的妻子而是装作他的妻子。陪审团作出有利于她的裁决，给她以500英镑的损害赔偿。上诉法院的多数人支持这个裁决。但是贵族法官格里尔（Greer）持不同意见。我认识他并很钦佩他。他长得很漂亮，简直是个圣者的面相，而且他也是见解最正确的法官之一。在他的相反判决中，他说：

“在这个案件中，如果我的同事作出的判决是正确的，那么我就完全可以说，我被控告诽谤，并作出赔偿是正确的（如果我知道一对看来是很值得尊重的人订了婚，而且我在给朋友的信

---

[1] (1929年)2 KB 331。

中重复了这个消息),因为我的话就意味着一个我素不相识的女人、那位男人的真正的妻子,不是他的妻子,而是与他同居,是在搞不道德的性关系。我认为,我的话被解释为含有那样的意思,是十足的荒唐。”

在后来的一个案件中大法官戈达德勋爵说他同意大法官格里尔的话,这件事是很重要的:见“霍夫诉伦敦快报案”。[1]

五、被拐骗的女孩

在卡萨迪案件之后,在“摩根诉奥德汉斯出版社案”[2]中又出现了与卡萨迪案同样不合理的结果。《太阳报》刊登了一篇文章说,一个有病的女孩被一群恶棍拐走。摩根先生叫来几个证人说他们看见了他同她吃午饭。陪审团判给他 4550 英镑。在上诉法院我们三人一致同意否决陪审团的裁决。上议院以三票对二票的多数同意了原来陪审团的裁决,仍判给他 4450 英镑。如果作了这样的调查:“报纸是有意提到卡萨迪夫人的吗?”(我认为应该这样调查)那么就不会作出这些不合理的判决了。答案是:否,他们对原告一无所知。他们并没有发表“关于她或涉及她”的文章。

但是实际上是,“卡萨迪案”已被视为这样一种判决。即文章中的话可能是无意说出的,出版者之所以要负责任是因为某人(知道其他一些事实或问题,但作者并不知道)把这些话解释

---

〔1〕 (1940 年)2 KB 507 at 516。

〔2〕 (1970 年)1 WLR 820,(1971 年)1 WLR 1239。

为诽谤的意思了。众所周知,按职业律师的话,“这是派生的意思”。

六、国会的介入

1952年根据波特勋爵委员会关于中伤法的报告的结果,国会采取了某些补救办法。出版者对原告一无所知而又不是有意诋毁,如果他的行为无罪而且无恶意,举止又相当检点;以及在条件允许的情况下尽快加以改正,则出版者可以不负法律责任。这要使出版者能够举出确凿的证据。我觉得彻底推翻“赫尔顿诉琼斯案”[1]的判例可能会更好些。

该报告的另一结果是关于派生意思的规则。他们理解被告所遭遇的困难。因此他们建议,将来如果原告的根据是派生的意思,他就应该提供所有的事实和问题细节。对此已经制定出一条规则。它引起了许多麻烦。

---

〔1〕 (1948年)Cmnd 7536。

第五章　专门性靠不住

一、"真的"还是"假的"?

过多地评述这个问题恐怕是令人讨厌的。但结论是:专门性是靠不住的。我现在讲一讲过去发生的事情。在现在的诽谤案件中,律师们往往能言善辩地谈论"真影射"和"假影射";或讲"合法的影射"和"一般的影射"。我总是装作了解了它们的区别。但是我必须定定神才能判断:哪个是"真的";哪个是假的;哪个是"合法的";哪个是"一般的"。我认为区别是这样的:"真正的"或"合法的"影射是一种对于所说的话含有派生意思的影射。"假的"或"一般"的影射是一种含有自然的或一般意思的影射,但是上述定义引出了这样一个问题。

派生的意思同自然的和一般的意思的区别何在呢？答案是，自然的和一般的意思是任何一般读者都能理解其词意而无难解之处——而派生意思是由某人对词句加以解释的意思，因为他知道一些外在的事情和情况而别人并不知道。上议院加剧了极端混乱的现象，它认为每一种影射都会引起各自不同的诉因。每一种都必须单独予以解释。如果断定是派生意思，就必须提供所依靠的事实和事情的全部细节。

实在是太混乱了！我们在法庭工作期间，从未有过这种现象。我们用简单的诉讼程序进行得很好。我们把起诉的话摘出来，然后对影射简单地提出："所说的话的意思以及人们理解的意思是……"，在条件完全许可范围内尽量把影射的意思说得重些，我们没有在自然意思和一般意思以及派生意思之间作出区别：我们把它们统统看作一种影射。翻开布伦和利克的《诉讼判例》的所有版本，（从著名的1868年的第三版到由我同阿瑟·格拉顿—贝洛（Arthur Grattan-Bellow）先生于1935年共同校定的第九版）你就会发现在约一百年期间的所有判例都是按照这种简单形式划分的，诉因只有一个，从未有人提出分成两种或两种以上，我从来都不理解为什么上议院宣布有两种诉因，因为只有一次刊登，也就只有一种诉因。

现在我们来看看"刘易斯诉每日电讯报有限公司案"。[1]这一案对所有专门性都有影响。

---

〔1〕（1963年）1 QB 340，（1964年）AC 234。

二、反诈骗小组的参与

1958年，"密告者"告诉警察一件事后，他们就开始对一个大型私营公司的业务进行调查。这个公司的名称是橡胶利用有限公司，公司董事长是约翰·刘易斯先生，他曾任国会议员。调查是高度保密的，警察不能泄露一个字。如果泄露对公司会有很大害处。一个当事警察说：

> "把反诈骗小组作的调查泄露给报社，就违反了警方命令，是对纪律的破坏，如果发生泄露情况，反诈骗小组将持非常严肃的态度。"[1]

但是在这个案件中，秘密被泄露了出来。这一故事刊登在了头版上。《每日电讯报》是这样写的：

> **城市警察调查商行**
>
> 《每日电讯报》记者
>
> 伦敦市反诈骗小组的官员调查橡胶利用有限公司及其附属公司的业务。这是根据董事长在最近一次公司会议上作的报告以及股东的说明要求调查的。
>
> 该公司董事长叫约翰·刘易斯先生，是前波尔顿的社会党议员，该公司的公认资本是100万英镑。[2]

这个报纸故事引起了该公司及其董事长的震惊。他们对这一

[1] (1963年)1 QB 340 at 361。
[2] (1964年)AC 234 at 237。

调查一无所知。很明显它产生了极坏的影响。他们立即发表一项声明。在声明中对影射是这样申诉的：

“根据被告所说的意思以及我们所理解的意思是，我们原告及（或者）附属公司的业务是用欺骗或不诚实或者用警察所怀疑的方法经营的。”

如果该影射说得准确，则该报纸是无法证明这则新闻的内容的。他们也无法证明影射的真实性。实际上是进行了调查，在调查中发现该公司的业务及其董事长没有任何问题。结果警察对此情况并未采取任何措施。

三、法官的总结

上述案件是由法官萨尔蒙（Salmon）先生审理的。他是位优秀的法官，他当了多年法官，对关于诽谤的案件很有经验。他把这个案件用这样的话交代给陪审团：

“一般人会如何理解这个案子呢？在你们面前讨论的两个观点是，佛尔克斯为报社辩护说：当然一般人是不会怀疑的；他只会把它看成是一条消息，警察在进行调查，而这件事也不至于真的就会对一般人的思想产生其他什么影响。密尔姆先生为公司辩护说：当然啦，一般人看见‘城市警察、伦敦市反诈骗小组的官员在调查橡胶利用有限公司的业务’时会自言自语地说：‘有诈骗了，不然，警察是不会进行调查的。’或者自言自语地说：‘无论如何，警察有足够的事实怀疑有诈骗，’密尔姆先生说，即使不比他的邻居更疑心的一般人也会立刻这样自言自语地说，'我真的无法帮你们的忙。'这是两个对立的论点。现在该谈谈你们的看法了。当你们看见报纸时你会想什么呢？你们懂得，你们能了解到一般人的想法的唯一方法。就是把陪审团的12个成员召集到一起，他们都是一般的男人和女人，问问他们的想法是什么。"

我认为法官萨尔蒙先生的总结是完全正确的。他所做的正是一百年来法官已经做的事。他把案子交给了陪审团去处理，陪审团解释了申诉中所提的影射的原话的意思。上议院多数人认为该消息本身没有那种意思。国会里有一个苏格兰律师，一个大法官法庭的律师，一个离婚律师和一个商务律师。另外是一个在同陪审团审理诽谤案件方面很有经验的律师，他是博斯—意—盖斯特·莫里斯勋爵(Lord Morris of Borth-y-Gest)，是我的挚友。他持不同意见，他认为这条消息有影射的意思。他说：

"负责任的报纸，是不会贸然刊登或者无情地刊登有问题的消息的，除非它得到的消息——无论是怎样获得的消息——不是据说调查正在进行，而是说确实有欺骗和不诚实的行为。因此一些善于推理的读者可能认为该条消息的意思是出现了欺骗或不诚实的行为。"

四、陪审团判给损害赔偿

陪审团判给公司75,000英镑的损害赔偿，判给刘易斯先生25,000英镑。国会多数人认为赔偿太多了。博斯—意—盖斯特·莫里斯勋爵对此不以为然,他对赔偿的数目没有表示不同意见。

我冒昧地猜测一下为什么陪审团判给这么多赔偿。他们一定感到报社严重滥用了权力,它获得了极为保密的消息。某个新闻记者掌握了警察并从他们那里得到了消息,也不能说就是通过行贿得到的,当然不一定就是这样。但是消息总是得到了。然后用醒目的标题加以报道,引起了人们对该公司及其董事长的怀疑,这对他们造成了严重损失。几个星期之内,他们的股票价格跌了一半。陪审团清醒地感到这种情况不应该继续下去。他们唯一的方法就是通过判给赔偿把它公布于众。

五、如果我在场

我扪心自问,如果我在上议院,我会不会否决陪审团的这项裁决?这问题留给你们来回答。

我希望我没有参与制定对每项影射都必须分别提出诉因的规定。就在这个案件中,德夫林勋爵说,“那条原则现在似乎只有似是而非的价值”。由法官福克斯(Faulks)先生任主席的中伤问题委员会于1975年建议:

“对于出版的中伤要求赔偿,无论有无合法影射的辩护,都应该构成诉因,而且在诉讼中只能作出一次损害赔偿的判决。”〔1〕

〔1〕(1975年)Cmnd 5909,para 119(b)。

第六章　过长的时间

一、三头小猪

专门事项如此之多，以致案件的审理要消耗过长的时间，我来举几个例子。一是“博斯顿诉巴格肖案”。[1] 这是又一个“卡萨迪案”。三个小猪被拿去卖，它们都是纯种小猪，都标上了记号。一个穿着棕色工作服的人挤在竞买的人群中间。小猪被以 103 英镑 19 便士卖给了一个自称名叫“鲁其利的博斯顿”的买主。他把小猪放在拖车里运走了，再也没有出现，也未付钱。拍卖人告诉了警察并写信给其他拍卖人，要他们提高警惕。警察也在电视上播出了

〔1〕（1966 年）1 WLR 1126。

通告,告诉买主警察想和他见面。他们说那人自称叫博斯顿,是鲁其利人。

碰巧真有一位叫博斯顿先生的鲁其利人,他是个为人正派的农民,在当地很有威望,没有人想到会是他。因此他提出起诉,控告拍卖人诽谤他。但是在迪普洛克勋爵描述了下面一系列灾难性事件后,他败诉了。

> "这是一宗一般的简单诽谤案。审判共用了 15 天的时间,最后的总结用了一天:陪审团报告了 13 份特别裁决书。上诉状提出了 7 项单独的理由说明为什么允许上诉,而且又提交了 10 份上诉状说明为什么应允许进行一次新的审判,这 10 份上诉状列举了 40 多条分项理由。诉讼费是很贵的。法学家们应该感到羞耻,因为是他们把关于中伤的法律拉入大量烦琐的专门事项的泥潭之中,从而使上述情况的发生成为可能。"

如果没有阿蒂默斯 · 琼斯和卡萨迪这两个案子在前,这一案子是不可能被法庭接受的。拍卖者、警察以及电视台都未特指鲁其利的这位有威望的农民。

二、公正的评论

在本篇中我不能完全论述整个诽谤法,甚至也不能论述它的主要原则,我只能让人们注意其中的某些部分,这些部分是改革家应该注意的。特别是关系到新闻界,报纸和电视应享有充分自由把公共利益或有关的事物告诉给人民。这是人们特别关切的事情。通过保护"对公共利益问题的公正评论",法律已经承认了这一点。为了很好地辩护,报纸必须证明两件事:第一,叙述的确实是事实;第二,评论是公正的。但是直到现在,这种保护已被乌云遮得暗淡了。

三、"矛盾的想法"

这种情况在"斯利姆诉每日电讯报案"[1]中表现出来了。这个案子是关于在泰晤士河边的哈默史密斯修一条道路的争论问题。公民有走路的权利。地方议会贴了一张"禁止通行"的通告。该通告是由市政官斯利姆先生签署的。以后斯利姆先生退出了市政会并当了一家维他命有限公司的法律顾问。他们想利用这条道路作为他们车辆的入口。于是,奇怪得很,"禁止通行"的通告就撤销了,而且当地的一些居民似乎认为斯利姆先生参与了此事,因为现在他受雇于维他命有限公司,他站在公司的立场上了。当地的一个居民给《每日电讯报》写了一封信,他们刊登了这封信。标题是:"矛盾的想法",信中说:

"……在上游的哈默史密斯,上麦尔的安宁受到了维他命有限公司(附近的一家工厂)的威胁,因为它要求有通车的权利。如果这个要求得到批准,则盖满古老房屋的狭窄的河边就会变成车辆川流不息的交通大道。这对行人来说是极为危险的。

……引起人们关注的原因是在上麦尔西端市政会禁止通

〔1〕 (1968年)2 QB 157。

行的通告已经消失了。如果这引起了当地居民的愤恨,那是不奇怪的。

这张通告是由霍勒斯·斯利姆签署的,已经许多年了,他是管理城镇的一位市政官。但同一个斯利姆先生,在他当了维他命有限公司的法律顾问后,他又要求货车有通过同一条道路的权利。"

这封信之后,另外一个人也写了同样的信。斯利姆先生提出起诉,控告《每日电讯报》对他的诽谤。毋庸置疑,那封信是一种诽谤。很明显,这是公共利益问题,如果信件是公平的评论,被告应该受到保护。如情况不是如此被告就要负责。

因此简单的问题是:评论是公正的还是不公正的?虽然诉状写了 83 页,调查信件写了 300 页,作证花了 6 天,辩论花了两三天,最后判决又写了 35 页,但这个问题却被忽略了。

法官认为这封信诋毁了斯利姆先生的名誉,暗示他对市政会雇员施加了不正当的压力,不适于当事务律师。法官判给他 3500 英镑的损害赔偿。

上诉法院推翻了这位法官的判决。我们的意见是报社应有权保护"对公共利益的公正评论"。我希望我们对该案的审判能解释清楚保护"公正评论"的问题,并使报社能在任何适当情况下依靠这种保护起到较大的作用。也许现在我可以重述一下有关的根本原则。

四、"给报社写信"

在考虑是否属于公正评论这一问题时,把不同读者加给文章的不同的诋毁理解都进行彻底讨论是不正确的。重要的事情是要判断作者是否有这种意思。如果他是个诚实人,发表的是有关公共利益的中肯意见,那么即使他的语言只有毁损名誉的作用,即使他的意见是错误的或言过其实或有偏见,或文章表达的意思不准确以致使别人读了会有各种影射的误解,那么他也能用公正评论的原则进行辩护。他的诚实是主要的试金石,他必须诚实地发表真实的观点。只要他做到了这一点,他就什么都不必怕,即使别人对他有误解。我之所以强调这一点,是因为公正评论的权利是决定言论自由的重要因素之一,任何时候我们都要维护这种权利,使之不受损害,它不能由于完善法律而被削弱。当一个公民被错误的事物所困扰时,他应自由地"给报纸写信",而且报纸应该自由地刊登他的来信。这往往是唯一纠正错误的办法。当然涉及的问题必须是公共利益方面的问题。作者必须把事情弄清楚,而且老老实实地陈述真实意见,只要他们是这样做的,作者和报纸的行为都不应该负任何责任。他们不应该因害怕被控告犯有诽谤罪而不敢发表意见。

第七章　正确的消息

然而在许多案件中，报纸是不能依靠“公正的评论”的，因为它们无法证明它们所发表的消息是真实的。在这种情况发生时，有时有必要给予它们向公众提供正确消息的特权（有限定的特权），如果它们这种做法是符合公众利益的话。如果报纸怀有恶意，这种特权可以是无效的，但是，若不是这样，就应使报纸得到这种特权的帮助。

一、被肢解的尸体

这个论点是在一个奇怪的案件即“韦伯

诉泰晤士出版公司案”[1]中产生的。1949年在艾塞克斯的沼泽地发现了一具被肢解的尸体。有人肢解了一具尸体，然后把它分包在小包裹里，从飞机上扔了下来。它是斯坦利·塞提的尸体。第二年，即1950年唐纳德·休姆在伦敦中央刑事法庭因谋杀塞提受审。休姆的妻子作证说，她这辈子从未见过塞提。休姆被宣布不是杀人犯，但后来他又被指控为一名罪犯。

10年以后即1959年《泰晤士报》报道了瑞士法庭上的一个案件。它们驻那里的记者参加了审判并进行了采访。这篇报道被说成是对休姆夫人的诽谤。

休姆承认杀害了斯坦利·塞提尸体被分解
并从飞机中扔出

9月24日于瑞士文特瑟

今天，唐纳德·布赖恩·休姆因谋杀一位瑞士出租汽车司机在这里受到审判，他向法庭交代说他在伦敦的伯兰福抢劫了米德兰银行并枪杀了一名办事员。他还承认出于妒嫉曾杀害了汽车经销商斯坦利·塞提。他把他的四肢锯成小段包成小包从飞机上扔了下来……当问他是否已结婚并有一个小孩时，休姆回答说“有，但那不是我的。他的父亲是斯坦利·塞提。”

我想休姆夫人可能没有读《泰晤士报》。是别的人看了《泰晤士报》告诉她的。他们认为她完全有理由以诽谤罪提出起诉，因为最后那句话是“他的父亲是斯坦利·塞提”。她提出一份诉状。她坚决说她这一辈子从未见过塞提，她的丈夫唐纳德·休姆是孩子的父亲，她已于1951年同他离婚。她在要求

[1] (1960年)2 OB 535。

赔偿损失的诉状中说,《泰晤士报》上的报道的意思是或按上面的字义理解的意思是,她和塞提通过奸,而且在伦敦中央刑事法庭的审判中提供了伪证。

怎样辩护才对《泰晤士报》有利呢?他们说"我们只是报道唐纳德·休姆说了什么",这种辩护是不能成立的。如果报纸刊登这样的话,"甲先生说乙先生是个贼",那么他们只证明那是甲先生说的话是不行的。他们必须证明乙先生是贼。

《泰晤士报》不能依靠公正的评论,因为他们无法证明事情是真的。他们也不能依靠关于法院诉讼程序的公正报道的特权,因为该特权只适用于英国的诉讼程序。但是这是该案的重要之处。法官皮尔逊先生提出了这样的问题(第565页):

> "一种'与公共利益有关的事情的正确消息'的辩护理由与我们所熟悉的'对与公众利益有关的事情的公正评论'这条辩护理由能否相对应?"

法官认为在这个条件中有个限定的特权。因此,《泰晤士报》如无恶意就没有责任。后来,也没有证据说《泰晤士报》有恶意。

二、主教大肆抨击

在关于考特·理斯国立少年感化院案("库克诉亚历山大案"[1])中可以找到对这种理论的进一步支持。在感化院的一位叫库克先生的教师写信给报社,批评感化院的工作方法。他

[1] (1974年)1 QB 279。

说少年受到了极为严厉的惩罚(被痛打)。当局对此事进行了调查并关闭了感化院。职员们失了业。

问题提到了上议院。南瓦克主教抨击了库克先生。《每日电讯报》记者发表了记者的一篇所谓“国会特写”。它是这样写的:

主教抨击考特·利斯是“十字军骑士”

……南瓦克大主教默文·斯托克伍德博士对艾弗·库克先生展开了猛烈的抨击。他是一位教师,是由于他的揭露才进行调查的。

斯托克伍德自己的令人震惊的揭露是,库克先生把很多少年送到院长那里而不是送到其他教师那里去受训——这意味着到院长那里去受体罚。

……然后他又朗读了使国会感兴趣的库克先生体罚学生的一些缘由。第一个少年在公共场所吐痰;第二个在清扫下水道污物时,从库克先生干净的鞋上扫过;第三个是在床上穿着袜子。

他用轻蔑的口吻解释说:“这就是反体罚的十字军的使徒。”

《每日电讯报》并不能以这是一篇“关于国会程序的公正报道”为理由进行辩护。从适当的意义上说,它不是一篇报道。但是上诉法院认为报纸有报道“有关公共利益的正确消息”的特权。

三、国会特写

该案提出了一个特殊的问题:国会特写的地位是什么?一个记者在写特写时并没有概括所有的发言。他只选择了发言中他认为是涉及公共利益的一部分,于是就写了下来,使之给予国会以强烈的影响。如果特写写得公正而诚恳,意图是为有效地使读者了解到议员的发言对听众的影响,就应该给予特权。现在国会讨论的内容很多,时间很长,记者就不可能详加报道,也不可能提供所有发言人的姓名,甚至不可能概括主要的发言。当讨论包括一个特殊课题时,就会出现这种情况,问题的某些方面牵涉的公共利益会比其他方面多些。如报道人要使公众对所有程序有所印象,就必须允许他有所选择地写,并允许他的特写包括有关公共利益的事项。如果报道是对讨论作公正的介绍以向读者传达发生的事情,使他们了解到听众当时的反映,这就够了,用不着逐字逐句地报道。检验的办法是:如果国会议员问:"在讨论中发生了什么事情?请告诉我",报道者的回答应是以文字向他提供的特写,由于他的记忆的关系,这个特写可能强调了一件事而忽视了另一件事。无论是在就餐时讲或在报纸上向广大公众报道,这种特写是特权所允许的。即使它中伤了某人,这也是特权所允许的,因为在讨论中,公共利益超过了个人的私利。

四、即将解决

这种正确消息的特权问题需要一个案子一个案子地解决。但是这种特权会对报纸或电视广播事业者提供新的和重要的保护。回顾一下三头小猪案。拍卖人所提出的警告(以及电视人的描述)都是他们“关于公共利益问题的正确消息”。他们应该通过限定特权受到保护。在他们不怀恶意时不应该负有责任。

我很想看到这种原则的出现:如果报纸或电视台从可靠而负责的来源收到或采访到正确消息,而又是公众应该知道的有关公共利益的消息,那么他们就有特权把它发表出来。在没有恶意的时候,他们不应负有责任。

五、一项危险的新规定

另一种辩护处于危险之中。那就是对“公平而准确的报道”的辩护。很长时间以来对报纸发表关于法律程序的公平而准确的报道都是不加限制的。但是1981年国会在《1981年蔑视法庭罪法》中又插入一项新的条款,即第四条第二款。这一款给法院和法庭规定了新的权力。这项权力使它们可向新闻、出版界发布命令。法官或地方法官甚至议长可以命令报社禁止刊登法庭的各项发言或证据,当然也不许刊登诉讼程序的任何部分。如果他们认为在司法行政方面有必要时,便可对他们发布命令。

新条款的适用范围在四人走私军火案[1]中引起了讨论。人们预料此案能提供关于暗杀政治人物的阴谋的证据。被告要求不要报道诉讼程序。在霍斯翰的地方法官制定了一项总括性的命令。他们指示出版广播业不要在这个阶段抢在他们前面发表诉讼程序的任何部分。全国记者协会被这个命令激怒了,因此他们把此事提到了上诉法院,要求检查地方法官的命令。

我认为对该条规定要有限制地应用,而且我也是这样说的。我的同事不同意这个意见,他们认为这条规定给了法院拖延法律程序的报道的广泛权力。这一案件提交到了上议院,我希望我的观点能被广泛采用。我冒昧地将我的话抄录于此。

"据我看,这个解释为确保我们两项最基本的原则是必要的。一项是公开审判,另一项是出版自由。审判应该在公众面前公开进行,这是头等重要的事情。凡想进入法庭旁听的人都有资格进入法庭,并可任意看和听所发生的任何事情;任何报纸都有权刊登关于诉讼程序的公开而准确的报道,不用怕有人控告诽谤,怕被控有蔑视法庭的行为。即使报道可能严重毁坏个人名誉;即使可能暴露上层的坏事;即使可能会给国内最有权势的人找麻烦;即使可能成为政治上的炸药,也是可以自由发表的——只要它是公正而准确的报道。只有当法庭为了司法利益合法运用其有关权力,命令延期发表某类文章遭到违抗时才能以蔑视法庭罪处罚报社。

---

〔1〕"王国政府诉霍萨姆·贾斯蒂斯,由法奎哈逊起诉案"(1981年),见《泰晤士报》1981年11月14日。

六、巨大的诈骗案

“最能说明问题的就是‘威廉·库珀·霍布斯案’。[1] 那是在1925年当我们还有大陪审团的时候。由大陪审团来决定诉讼是否成立。如果诉讼成立就由小陪审团在开庭期间予以审理。1925年2月3日，伦敦首席法官在给大陪审团指示中说：

‘毫无疑义，我应该说(由你们来判断)霍布斯参与了一起巨大的诈骗案，它是我们法律史中最严重的、最肆无忌惮的犯罪。’

报纸在当天晚上以及翌日以这样的大标题发表了文章：

‘霍布斯无疑参与了一起巨大的诈骗案’”

——删去了‘由你们来判断’这几个字。

“1925年2月6日威廉·库珀·霍布斯提出起诉，说《晚报》及编者犯有蔑视法庭罪。他的根据是那篇报道影响了几天后对他的判决，是对法庭的不尊重。1925年2月10日此项起诉开始由首席法官休厄特勋爵、法官索尔特先生和弗雷泽法官一起审判。索尔特是一位最优秀的普通法法官，弗雷泽是关于诽谤法及新闻出版法的最高权威。他们认为该文是一篇关于审判程序的公正而准确的报道，没有犯蔑视法庭罪，如果地方法官曾指示报界不应该发表他对大陪审团的指示，那无疑他们这样做是犯了蔑视法庭罪。”

---

〔1〕 (1925年)2 KB 158。

七、制定总结性的命令是错误的

现在我回到第四条第二项。这项规定能使法庭禁止对一些事情的报道：

“我不认为国会在第四条第二项中是想要有意削减或扼杀法律规定的出版自由。他们的目的是使编辑清醒地懂得什么是可以允许的，什么是不可以允许的。若考虑到是否根据第四条第二项发布一条命令，那么唯一要考虑的是偏见对司法的危险性。无论谁要考虑这个问题都应该记住一个从事审判的法官是不会受到报纸的影响的。陪审员那样的普通人也一样……他们受影响的危险是非常轻微的，因此一般可认为这个因素是不太重要的——因此根据第四条第二项发布命令是没有意义的。

回过头来看我们现在的案件，我不认为在司法中出现偏见的可能性有多大。现在我来假定，在证据中，可能涉及各种政治暗杀事件。这可能对这个案子没有关系，只是可能毁坏什么人的名誉，或者可能困扰什么团体。但是它不可能影响到审判。我认为读到该消息的法官和陪审员，不会受到影响，而且他们可能几个星期或几个月以后才进行审判。因此我认为地方法官在审判一开始就发布总结命令的做法是错误的。区法院撤销他们的命令是十分正确的。”

第八章　1964 年以前惩戒性的损害赔偿

一、判给损害赔偿以防止犯罪行为

直到 1964 年英国法官在对不法行为的诉讼中对陪审团一直是这样指示的：在错误行为侵害的诉讼中，无论在何时只要被告的行为是不正当或是应受谴责的，他们就应该考虑被告给予损失赔偿问题。律师是把这一条规定作为既定法律予以接受的，但是 1964 年德夫林勋爵在上议院说这是错误的。他说侵害的损失赔偿应该限于对错误行为的金钱赔偿，处罚应留给刑法。对我来说，这种说法的理论味道未免太重了点。很多不法行为可在民事法庭上作为以侵害行为予以起诉，也可作为一种刑事犯罪在刑事法庭上予以惩罚。诽谤罪就是个适当的例子。受伤害的人要取得金钱赔偿,不法行为人要受到罚金的惩罚,为什么不可以按一种诉讼程序审理呢?即使罚金——如果你这样称它的话——归受伤害的人所有而并非交给国家。重要的事情是法律制度要起到防止犯罪的作用。可通过增加损害赔偿(在适当案件中)的办法有效地教训犯有不法行为的人,特别是在有的案件中(如在诽谤案件中)刑法补救已经很少见了。

二、把小笔记本装在口袋的开口处

无论如何,那就是几个世纪以来英国法院处理错误行为赔偿的方法。我想这项规定只是通过历史上著名案件("威尔克斯诉伍德案")[1]制定出来的。此案原告叫约翰·威尔克斯,据说他在《苏格兰人报》上写了一篇文章。文章攻击了私营部门的一些人以及在国内公共部门工作的人。他在刑事法庭上被控告犯有诽谤罪。但在诉讼过程中原告必须证明威尔克斯就是那篇文章的作者。为了取得这个证据,国务大臣哈利法克斯勋爵(Lord Halifax)开了一张搜查证,允许搜查他的房子。搜查命令是由伍德和其他人执行的。他们把屋子内外能够找到的文件都堆在一起。他们拿来一个口袋,把文件都塞了进去。铁匠进来打开办公桌抽屉的四把锁,把这个抽屉的所有文件和威尔克斯先生一个小笔记本全拿了出来,他们把这些东西也装进了口袋,把小笔记本装在口袋的开口处。

〔1〕(1763年)Lofft 1。

约翰·威尔克斯对伍德提起了民事诉讼,请求对侵入私宅给予损失赔偿。伍德先生靠的是“搜查证”。首席高等法官普拉特(Pratt)认为国务大臣没有权力发搜查证。他认为伍德先生应对侵入私宅负责赔偿损失。他作出值得纪念的判决如下:

“不管检察总长先生说过什么,我曾在另一个场合正式讲述过我自己的意见,而我现在仍坚持我的那种意见,陪审团有权作出给予超过所受损害数额的赔偿的裁决。赔偿金不仅是使受害人满意,而且也是对犯罪者的惩罚,防止以后任何类似行为的发生,同时也是陪审团痛恨这种行为的证据。”

陪审团判给约翰·威尔克斯1000英镑,在当时这是一笔可观的财富。我想相当于现在的25,000英镑。

三、牛排和啤酒

除搜查约翰·威尔克斯的私宅外,官员们还逮捕了印刷《苏格兰人报》的一个人。他们“拘留了他六个小时,但是对他很客气,用牛排和啤酒来招待他,所以他并没受到什么迫害或损失”:见“赫克里诉莫尼案”。[1] 陪审团判给那个印刷工人300英镑损失赔偿,这或许等于现在的7500英镑。有人认为判给的数目太大,提起上诉。首席高等法官普拉特说:

“如果陪审团按照他的誓言只考虑人身的伤害,20英镑的赔偿也许就足够了……我认为他们是判以惩戒性的损害赔偿,

〔1〕 (1763年)2 Wils 205。

是正确的。靠未署名的搜查证进入私宅去寻取证据比西班牙的追查异端有过之而无不及；没有哪个英国人愿在这种法律统治下生活，哪怕是一小时；这是对公民的自由最明目张胆的侵犯。”

德夫林勋爵想让我们把这些案件完全按照特殊案件对待。他说这些案子都属于对政府公务员“压迫、专制或违反宪法的行为的诉讼范畴”：见“鲁克斯诉巴纳德案”。[1] 但是为什么要这样分类呢？政府公务员并不是唯一犯迫害罪或违宪罪的人。我要向你们讲我们在 1953 年遇到的一个案子（“劳登诉赖德案”）。[2]

四、一名年轻女人被殴打

一个 21 岁的年轻女人在伦敦一家公寓拥有一套房间，那是她父亲死后遗留给她的。她母亲好像同一个名叫赖德的波兰移民很要好，他说一口蹩脚英语。她母亲同赖德阴谋闯进这套房子，并把年轻女人赶出去。不管怎样，他们都没有权利和资格这样做。那房子是那位年轻女人的，是她父亲遗留给她的。他们让园丁帮助他们，他们先试看一下门，门锁着，他们找来一个梯子。园丁爬上梯子，当他爬到半截看见女青年时，他就下了梯子，然后赖德又爬了上去。这时那名年轻女人提着一个装半桶水的水桶，向他们扔了下来，但是无效，他带着铁器仍

[1] (1964 年) AC 1129 at 1226。

[2] (1953 年) 2 QB 202。

继续往上爬，他打破一块窗子上的玻璃，跳进了小厨房，接着喊了一声“出去”。她听见这声音后就拼命地喊救命。在公寓工作的一位电机工人听见了她的呼救声，立即爬上梯子去营救她。以下是他进房后的所见所闻。

“她举着胳臂，赖德在打她的手，我抱住他的两个肩膀，直到这时他才看见我，他的脸色变了，他开始畏缩在角落里，他问我到那儿做什么：‘你来做什么？这与你无关！’我告诉他，在英国他没有权利做这样的事情。”

那名年轻女人提出控告，要求对这种非法侵入和对女性的强暴行为给予损害赔偿。此案是由德夫林勋爵（当时他是法官）和陪审团审理的，他是用自从普拉特首席高等法官以来一直使用的总结方法作总结的。他告诉陪审团可以判以惩戒性的损害赔偿，“以此让被告懂得做那种事情是不可能不受惩罚的”。陪审团裁定的总数是5500英镑，其中1500英镑是对非法侵入的损害赔偿，1000英镑是对强暴行为损害赔偿，3000英镑是惩戒性赔偿。

赖德先生不服，提出上诉，但被驳回。辛格尔顿勋爵说：“我看德夫林勋爵作的指示没有错。”我和霍德森勋爵同意陪审团的裁决。

现在我很遗憾地发现，德夫林勋爵在上议院，就“鲁克斯诉巴纳德案”说了这样一段话：

“我认为‘劳登诉赖德案’应该完全废除——该案不是那种应该判以惩戒性赔偿的案子。”

这对我来说是值得回顾的立法。“劳登诉赖德案”在判决时是正确的。它完全是按照几百年来一直遵循的法律判定的，自然是不应该推翻的。

五、那不是强行进入吗?

毫无疑义,赖德犯了强行进入罪,这是违反 1381 年所通过的法规的。这项法规是从诺曼底语翻译过来的,它规定:

“从今以后,任何人不得强行进入任何土地和房屋,但法律规定可以进入者除外:但必须是在非暴力和非聚众情况下以和平而从容的态度进入的。今后如有人违犯,必须受到监禁的惩罚。”

这条法律仍然包括在《成文法全书》里。赖德肯定违犯了这条法律。他是“强行”而“聚众”进入的;他对房屋占有者使用暴力,并进行恐吓(该案所用的词句)。这不是压迫、霸道和违宪的行为吗? 这不正和铁匠开约翰·威尔克斯的办公桌的抽屉的情况是一样的吗? 和扣留印刷工人六小时不也是一样吗? 为什么陪审团不能像这些案子一样判赖德案以惩罚性赔偿呢? 在赖德案中为什么陪审团不能说电机工人所说的话:“在英国你没有权利做这样的事情”呢? 按照首席高等法官普拉特所定的原则判以赔偿金为什么就不能?

“防止以后任何类似行为的发生呢? 为什么就不能作为陪审团痛恨这种行为的证据呢?”

六、大麦浸毒药

为了证明我的观点，就得想到 1818 年发生的案件。这个案子是“西尔斯诉莱昂斯案”。[1] 一个人在大麦里掺了毒药而且把带毒的大麦扔到了邻居的地上，想让他的鸡去吃。结果鸡吃了，许多鸡死去了。被告争辩说原告没有权利取得比鸡的价值还大的损失赔偿，而且陪审团不应将被告所怀有的那种恶意考虑进去。法官艾博特(Abbott)先生[即后来的首席高等法官坦特登(Tenterden)，最优秀的法官之一]指示陪审团说：

> “人们一直认为对于非法侵入和进入原告的房屋和土地，你们陪审团考虑的不应仅是原告所受到的金钱上的损失，而也应考虑行为的意图，看是否是污辱或伤害。对此案你们不要只限于考虑由于扔带毒的大麦所造成的损失，而且也要考虑他的目的。”

损失的鸡只值一两英镑，但是陪审团判以 50 英镑的损害赔偿，即相当于今天的 1000 英镑。

德夫林勋爵没有提到这个案子。此案恐怕很难适于他的理论。

七、F. E. 史密斯的行为

根据长期的经验，我知道法官总是把大部分关于损害赔偿

[1] (1818 年)2 Stark 317。

的案子交由陪审团去审理，告诉他们把各方面的情况考虑进去。不仅要考虑被告个人的行为，而且也要考虑到在审判中被告律师的行为。陪审团判的赔偿金永远是一笔总额。除非常案件外上诉法院绝不干预陪审团的裁决。我总是喜欢高等法官汉密尔顿（Hamilton）在"格林兰斯诉威尔姆赫斯特案"[1]中所采用的方法：

"据说被告的律师由于强烈攻击原告而使陪审团同他对抗，而且使陪审团由于激怒而增加了判给原告的赔偿金。依我的意见，无论根据什么样的准则和处理方法仍不可能判给 1000 英镑的赔偿。对于真正造成的损害来说 1000 英镑就够了，出于怜悯之心加倍，出于陪审团对被告的行为的考虑再加倍，而且由于他们考虑到 F. E. 史密斯的行为仍有可能再加倍，结果只能判定 800 英镑。我知道'在诽谤案件中，损害赔偿的估定并不依靠明确的法律惯例'（见沃森勋爵在'伯雷诉福特案'的判决）。[2] 但在错误行为和安慰金的应用之间必须有某种合理的关系。上述裁决是过分的，是站不住脚的。"

[你们必须知道王室法律顾问 F. E. 史密斯先生（即后来的大法官博肯黑德勋爵〈Lord Birkenhead〉）在当时是最有影响的律师。]

---

〔1〕 (1913 年)3 KB 507 at 532。

〔2〕 (1896 年)AC 44 at 50。

第九章　1964 年以后惩戒性的损害赔偿

一、勇敢的皇家海军司令官布鲁姆

此后出现了有疑问的“布鲁姆诉卡斯尔案”。[1] 我在《法律的训诫》一书中以及在《家庭故事》一书中都相当详细地叙述了这个案子，因此这里我不再重述此案了。我感到这是一个陪审团根据以前法律制度完全有权判以惩戒性赔偿的案子。这种诽谤是对一位勇敢的人的严重中伤，这种做法没有任何道理和借口，而且是在被警告之后进行的。在一般人看来 4 万英镑的赔偿一点儿也不多，尽管它是赔给了一个生

〔1〕 (1971 年)2 QB 354，(1972 年)AC 1027。

活极优裕的人。

二、威尔伯福斯勋爵把它置于正确地位

我只想在这里多说一句。我建议对此问题感兴趣的人都应去阅读、注意、研究以及细心理解威尔伯福斯勋爵(Lord Wilberforce)在上议院关于"布鲁姆诉卡斯尔案"的讲演。在下面这段话中他讨论了这样的理论,关于侵权的法律的目的仅在于赔偿而不在于惩戒:

"即使是理论问题,也不能轻易认为关于侵权行为的法律的目的是赔偿,更不用说它应该是赔偿了——这是具有重大社会意义的问题——或者认为民事赔偿包括惩戒性赔偿是不适当或不合乎逻辑或不正常的现象(假定有人会用这词),或者相反,在这些案件中,作为表示社会不同意见的手段,刑法要比民法好,或者对于社会结构改正错误来说,或在其他任何情况下,损害赔偿可以分成两个独立的成分。从实际上讲,英国法律并没有承诺这样的理论:法律本身要比它的经验高明。"

他在下一段中拥护旧制度:

"诸位,我想在'鲁克斯诉巴纳德案'以前,在我所理解的旧制度中有许多有价值的东西。我同意上诉法院的意见,即在实质上而不是在哲学上或语言学上,这一点是清楚的,并且按照以上所述,我怀疑关于法官应该做什么的问题是否有些混乱。法官的责任是笼统地指示陪审团判给一笔金额,把各种因素或可能存在于案件中的因素,包括原告感情上受到的伤害以

及被告的行为都要考虑进去，但是要提醒他们不要加倍估算，要有所节制……现代的案子为这条原则提供了佐证。在此我只想将‘布鲁姆诉卡斯尔案’中高等法官萨尔蒙基于他丰富的经验做的审判推荐给大家。”[1]

他通过说服德夫林勋爵未能把这一原则用于”布鲁姆诉卡斯尔案“：

“当可以要求惩戒性赔偿时，诽谤与侵权一般被认为与侵权是具有同等性质的。被告律师在辩论中（反对惩戒性赔偿）就是这样说的，而且他是这个问题上公认的专家。每个律师和每个法官都有这种看法……

很难使人相信德夫林勋爵想在关于诽谤的案件中限制惩戒性赔偿的范围，以便把恶意的或不负责任的诽谤也包括进去。至少是在当宣传机器比过去任何时候的势力都强大的时候他才想这样做的，而且这个动机绝对不会仅仅由于希望赚钱而产生，因为在别处的审判说明他有意识地需要（对）不负责任、恶意地或强迫地行使权力行为进行（强制）处罚。我希望能提出这样做的理由。”

三、加重赔偿

威尔伯福斯勋爵也注意到了德夫林勋爵允许陪审团因诽谤言论的发表而受到的感情上的伤害而判给加重的赔偿。德

---

〔1〕 (1971年)2 QB 354 at 387 – 388。

夫林勋爵解释说许多案子(法官谈到过惩戒性的赔偿)实际上是加重赔偿的案子。威尔伯福斯对这个解释没有多加考虑。关于这个问题他说:

“……这种做法对高等法官来说似属于高度的思想混乱或不准确的表达……”

我要说的是关于“加重赔偿”是一种没有什么限制的词语,当中包含了相当多的惩戒的因素。原告的内心受到了被告的可耻行为的伤害。我们通过给予损害赔偿补偿他感情上的损害,同时也惩戒了被告的无耻行为。现在的法官(为了站在上议院的立场)告诉陪审团可以判给加重赔偿,但不得判给惩戒性赔偿,而且只判给包括各种赔偿的一笔总金额。实际上,其中包括了加重赔偿的金额就同过去包括了惩戒性赔偿的金额一样。那么为什么人们要对此大惊小怪呢?让我来讲讲最近发生的一个案子。[1] 此案对于我提出的某些论点是个很好的说明。

四、自由党的富裕捐助人

因为杰里米·索普先生是国会自由党领袖,这个问题就发生了。一个名叫诺曼·斯科特的人声称他同索普先生有同性恋关系。后来斯科特先生带着他的狗在埃克斯姆散步,一个名叫安德鲁·牛顿的航空公司飞机驾驶员走近他,用枪打死了那只狗。他说有人给他五千英镑的钱让他打死斯科特先生,而他

〔1〕“海沃德诉汤普森案”(1981年)3 WLR 470。

却打死了他的狗。《星期日电讯报》在头版位置用这样的标题刊登了这则消息：

斯科特事件中的另外两个人

——负责采访犯罪的记者克里斯托弗·豪斯

警察局获悉，同诺曼·斯科特事件有关的另两个人的姓名，一个是自由党的富裕捐助人，另一个是海峡群岛的实业家。

警察局得知，这两个人为一个自由党的主要拥护者共同筹集了五千英镑的补偿费，安德鲁·牛顿先生声称这数目同他获得的作为谋杀斯科特先生的报酬五千英镑相等。

现在有一个自由党的富裕捐助人，这个人就是杰克·海沃德先生，他是一个健壮的人，具有无可指摘的人品。海沃德先生说，那篇文章指控他是谋杀诺曼·斯科特先生的一分子。他提起诉讼要求损害赔偿。记者豪斯先生提出证据说，写那篇文章的时候，他不认识杰克·海沃德先生，也不了解关于他的任何事情。他是从告密者那里获悉的消息。他没有提到他的姓名。记者从来不这样做。陪审团判定这是对海沃德先生的诽谤。他们判给他五万英镑的损害赔偿。结果被告不服，提起了上诉。

五、记者的意图

我在审判的过程中强调，按照我的观点，记者的意图是重要的因素。在一定程度上我试图尽量放弃“哈尔顿诉琼斯案”中的原则，而运用我在上文已论述过的，我认为是正确的法律原则。

“在关于诽谤的法律中,有一件事情是实质性的。那就是所说的话是对原告或有关原告的中伤,并且是虚构的公开发表过的。这就是说被告是有意针对原告的。如果被告有意提到原告,则被告即使没提到原告的姓名也逃脱不了责任。他可以利用星号或不宣布人名的省略号。他可以用带有暗示意思的字首或词来表示某个名字。他也可以用其他任何策略,但只要他指的是被告,他就要负法律责任,因为他是有意攻击他所要攻击的人。”

六、赔偿的金额总数

“只要新闻记者对他们的消息来源坚持保密(现在他们根据《1981年蔑视法庭罪法》的第11节获得了这样做的法定权利),我认为他们就应该在这问题上作出两方面的考虑。当他们拒绝泄露消息来源时,他们不能期望陪审团相信他们的告密人是可靠的,是应该信赖的。当他们不愿意泄露他们是如何获得消息时,他们不能期望陪审团相信消息不是由他们恳求或付出代价或给以报酬而获得的。他们也不能希望,如果他们“丢失”了笔记本,陪审团会对他们表示同情,因而相信他们不能向法庭披露这件事。赔偿金的评定、金钱上的估算,在诽谤诉讼中是陪审团分内的事情。如果他们对任何被告的行为不满(无论他是记者,还是编辑或经营者),他们仍然有权不加区别地确定他们认为适于加重赔偿的总金额——只要他们不致误入惩戒性赔偿的禁区。”

七、抛开专门性

我是这样对待专门性的：

“当贝特森先生（为被告）进行辩护时，我不禁感到：我们关于诽谤的法律变得如此专门，如此复杂，这是多么不幸啊！他们指出法官错误地按这个论点或那个论点进行裁决，错误地指示陪审团根据这个论点或那个论点；或者并没有指示陪审团根据这样的差别或那样的差别；而且应该按照其中的一种根据或另一种根据重新进行一次审判。

我认为在关于诽谤的诉讼中，上诉法院不应该去注意和猜测法官的错误指示（无论关于法律方面或事实方面），除非明显地导致了实质性的误判。”

第十章　由陪审团审判还是由法官审判？

一、劳顿勋爵讲了他的支持意见

我在本书叙述“陪审团审判”的那一篇中说过，有些案件（有时是更为重要的案件）“很不宜于由随意选择出来的陪审团审判”。我还进一步说过，如果这是可行的，“我就很希望恢复对商业欺骗或类似案件审判的特殊审判员制度”。

这些意见应用于诽谤案件有其特殊的效果。对于这一点我要补充说说劳顿勋爵在关于诽谤问题致福尔克斯委员会的备忘录中所提出的关于诽谤问题的尖锐意见：

“一旦争论变得复杂化而且法官的审判活动需要引证事实进行推断时，我就感到某些陪审团开始出现混乱了，并且他们不是靠‘预感’工作（往往陪审团中的万事通们常常有这种预感），就是认为法官需要他们做什么他们就做什么。如果法官作出一个丝毫不表露自己对本案态度的不偏不倚的总结，他们就很可能猜错了法官的意图。最近一桩黑手党的案子[1]就从一个方面说明了陪审团对诽谤案所面临的困难。在该案中的一个重要争论（但只是许多争论之一）是：为什么原告（国营公司），要为巴特林斯假期旅游中心投标呢？引用了许多关于影响投标的商业和财政上的动机的证据，陪审团审查了来自原告的经理、会计师、经纪人、商业银行家的证据，对所有这些人都经过了很长时间的询问。陪审员是些什么人呢？都是伦敦东南近郊区的手工业工人。”[2]

二、编辑亲自出马

我认为正确的答案是由福尔克斯委员会所提出的那个答案。无论对哪一方，都不应再拥有要求陪审团审判的权利，而应该由法官来决定。法官在审判前应该研究一下是否由陪审团进行审判，而当事双方都无须得到允许即有权向上诉法院提起上诉。我相信，你们会发现有些案件还都由陪审团审判。法官将遵守在“罗瑟米尔诉泰晤士报业案”[3]中所确立的原则。

---

[1] “联合娱乐有限公司诉联合报业有限公司案”（1970 年）2 QB 450（未结案的报告）。

[2] （1975 年）Cmnd 5909, para 464。

[3] （1973 年）1 WLR 448。

在这个案件中,伯纳德·莱文先生在《泰晤士报》上批评了罗瑟米尔勋爵和他的同事。《泰晤士报》想由陪审团审判,而罗瑟米尔勋爵想由法官单独审判。编辑里斯—莫格先生亲自出马和我们辩论。我说:

"报纸就公共利益问题作公正的评论是它的基本自由之一。只要他们把事实搞得准确,他们就有权利发表。《泰晤士报》的编辑把这一案件看成是对这种自由的挑战。他要求对这种挑战应该由陪审团审判。他亲自出了庭。他提醒我们,无论在民事诉讼或刑事诉讼程序中,我们的宪法规定了可以对诽谤罪嫌疑犯提出起诉权利。每个被告都有由陪审团来裁决有罪或无罪的宪法权利。这项权利极为重要,特别是当被告冒险批评政府或国家掌权人物或具有权威的人的时候尤为重要……

回顾一下我们的历史,我认为,如果报社在报上就广泛的公共利益问题批评了某个伟人和有权势的人并被告以诽谤罪,如果报纸提出要求由陪审团审判,即使这会拖延对文件或记录的审查,那么也应该由陪审团来裁决是否有罪。"

但是问题就在这里,虽然福尔克斯委员会建议法官应该有裁决的自由,但是国会没有接受这个建议。

第十一章　法律援助

关于诽谤罪的案件是不给予法律援助的唯一案件。对这种案件有很多理由拒绝给予经济援助。现举一诽谤罪案为例，有一天某人受到了来自花园篱笆另一边的诋毁，说他偷了苹果。他提出了合理的诉因，但这并不是一个有法律援助的案子，国家没有钱用在这种琐碎的官司上。再举一诽谤案为例，在这一案件中唯一公开的材料是打字员根据口授打印出的文字材料，原告提出了合理的诉因，但是引起了犯罪意图等问题——原告搜集了他所能搜集到的所有证据来证明被告是蓄意的。这也不是一个给予法律援助的案件。

但是有些案件似乎很适于给予法律援助。我想看到法律援助应用于原告有正当诉因的案件以及地方委员会认为适于由国家支付诉讼费的案件。如果地方委员会对这样一个案件有批准给予法律援助的权力,那还是值得欢迎的。但是不适合援助的案子应该严格拒绝给予援助。如果真能这样做,我倒同意福尔克斯委员会关于法律援助应该扩大范围,从而把诽谤案件也包括进去的建议。[1]

[1] (1975 年)Cmnd 5909,para 581。

结　论

法官和案例编纂者都对国家关于诽谤罪的法律感到遗憾。在"斯利姆诉每日电讯报有限公司案"中,萨尔蒙勋爵说:

"即使在1964年以前,无数尝试都证明使关于诽谤罪的法律合理化是一件令人生畏的工作。"[1]

他又说,上议院在1964年没有批准对那两个案件("刘易斯诉每日电讯报有限公司案"[2]和"鲁克斯诉巴纳德案"[3])的判决,使得这项工作变得稍微顺利了。迪普洛克勋爵说,关于诽谤罪的法律"已经超过法院所能补救的范围"。

---

〔1〕 (1968年)2 QB 157 at 179。

〔2〕 (1964年)AC 234。

〔3〕 (1964年)AC 1129。

一、抛开"阿蒂默斯·琼斯案"

上议院在1910年"赫尔顿诉琼斯案"[1]中认为作者或出版者的意图是无关重要的，我冒昧地认为，上议院当时的作法是把法律引向了歧途[在这一点上，我与弗莱彻·莫尔顿勋爵(Lord Fletcher Moulton)的观点相反]。他们认为作者或出版者的意思是无关紧要的，重要的是读者会怎样认为。根据"赫尔顿诉琼斯案"，即使只看少数读者，根据某个奇怪的想法把某些言论理解为是对原告的诽谤，那么原告即可取得作者或出版者的赔偿，不管作者或出版者多么清白无罪，从未怀有诋毁别人名誉的意图。

这与正确的原则是完全抵触的，特别是当你记得诽谤过去一直是而现在依然是犯罪行为时尤其如此。犯罪意识或犯罪意图是构成各种犯罪的基本要求，除非发现了其他理由，否则犯罪意图是不可忽视的。这是大批权威者已经确定了的原则(见"斯威特诉帕斯利案"[2])。告发犯罪的起诉，在诉讼中的申述，一直声称某人"错误地怀有恶意地发表了关于起诉人或原告的言论"。当被告对原告一无所知时，怎么能说发表的消息是牵涉原告的呢？当被告是清白的、没有诋毁任何人名誉的意图时，怎么能说他"错误地怀有恶意地"犯了罪呢？

我们在所有关于派生意思的案件中都作出了不合理的决

---

〔1〕 (1910年)AC 20。——译注

〔2〕 (1970年)AC 132 at 149。

定,如“卡萨迪案”、“摩根诉奥德汉姆出版社案”以及所有“真”、“假”影射案如“刘易斯诉每日电讯报案”等。这都是“赫尔顿诉琼斯案”所造成的直接后果。

我希望看到上议院抛弃“赫尔顿诉琼斯案”,从头开始,建立新的法律原则。

人们会在威廉·霍尔兹沃斯教授于1914年1月在《法律季评》上发表的文章中发现他有力地支持这个观点。他把这称作是“关于诽谤罪法律的意外事件的一章”。从那时起,我们已不仅仅有了这一章,而且有了一本书了。错案有如公路上的破汽车,堆积如山。可是很遗憾,1975年福尔克斯委员会没有建议取消“赫尔顿诉琼斯案”的原则。像几年前波特委员会搁置此案一样,他们把它原封不动地搁置在一边了。

二、“关于公共利益问题的公正新闻”

根据原则,最重要的事是报纸和新闻媒介必须拥有自由,只要这种自由是为公共利益服务(我再加上一句:是为谋求公共利益的)就不应受到过分的限制。如果他们有意诋毁一个人的名誉(没有正当理由或没有作出解释),那么他们就要负赔偿损失的责任。但是如果他们完全没有罪,就应该让他们自由行事。

我再根据原则补充这样一句:如果社会上出现了错误的事情,那么就应该把这些错误的事情公布于众并使其得到改正,应该说这对群众是有利的。根据这一点,报纸和新闻媒介应该受到特权的保护。只要他们言行公正而且发表的消息是公众有权知道或应该知道的，报纸和新闻媒介在没有恶意的情况下就不应负有责任。这就是为什么我要看到这种情况：不仅对公正的评论给予限定的特权，而且对公正的消息也应按照皮尔逊法官在“韦布诉泰晤士报出版公司案”[1]中所建议的那样授予这种特权。比如，关于发生某个犯罪案件而警察正在搜索罪犯的消息，他们提出他们想要“会见”的人或者“帮助警察进行调查的人”的名单等。尽管某些消息后来被证实是错误的，尽管最后事实表明新闻媒介中的有些话不够真实，而且可能毁坏了某人的名誉，但是如果一经发现错误便立即纠正，那么消息的传播就不应受到阻碍。

三、抛弃“鲁克斯诉巴纳德案”

但如果报纸或新闻媒介滥用他们的权力——通过贿赂和腐化行为来攫取情报，或歪曲他们掌握的情报，并做了污蔑性的报道，那么无论他们的这种行为的效果如何，他们严重滥用权力的行为都是应该受到惩罚的。过去这种罪行总是在刑事法庭按诉讼程序受到惩罚。而今天这种诉讼程序已被废止，我认为对这种罪行可以而且也应该判以惩戒性赔偿以示惩罚。我们的法律制度的构成就是为了防止权力的拥有者滥用他们的强大权力，无论是政府的权力、公务员的权力，还是今天的报纸或新闻媒介的权力。报纸和新闻媒介的权力确实强大，比政府公务员的权力还要强大。这就是为什么我认为上议院在“鲁

[1] (1960 年)2 QB 535 at 565。

克斯诉巴纳德案”中犯了错误。如果他们固守旧的法律,即首席高等法官普拉特在“约翰·威尔克斯案”中所陈述的法律,那么我们在“布鲁姆诉卡斯尔案”中就不会遇到那些麻烦。陪审团裁决给原告4万英镑的赔偿和诉讼费,想以此了结此案。但是案子上诉到了上议院,当时威尔伯福斯在上议院的做法是完全错误的,而且说布鲁姆上校(当时是上校)必须负担他本人在上诉法院和上议院的诉讼费。我一直认为这样对待一位勇敢的上校是极不公平的。这样做意味着间接夺去了陪审团裁决给他的2500英镑惩戒性赔偿的大部分。我感到上议院的大多数人可能都认为他不应该得到这笔赔偿金。

四、另一份报告被搁置

这些建议有希望产生效果吗?恐怕没有,关于诽谤问题的福尔克斯委员会于1975年提出了许多有价值的建议,但是都没有实行。如果他们的报告被搁置起来,任命该委员会又有何用处呢?如果他们的命运就是如此,那么你将来还能发现谁愿意担任委员的职务吗?因此如果情况不变,关于诽谤罪的法律将来还会在悲惨的境况中苟延很长一个时期。靠法院是难以挽救的,国会害怕涉及此事,而我却贸然介入,正如波普在他的《批评文集》中所说的,“傻瓜撞进了谁都不敢去的地方”。

五、概要

总括来说，我可提出这样几点建议：

(1)关于诽谤的责任的确定应该以出版者的意图为依据(根据原有的一般意思而不是根据其派生的意思)；

(2)“真的”与“假的”影射之间的区别应该取消；

(3)有关“公共利益的正确消息”应该受到保护；

(4)在诽谤罪的诉讼中应该允许判以惩戒性的赔偿；

(5)一切专门性都应该废除；

(6)由陪审团审判时应该自由裁决；

(7)法律援助制度应该适用于这类案件。

第六篇

隐私与秘密

第一章　两种人权陷入矛盾

我们在这里要讨论的是两种基本人权的矛盾：私生活的权利和出版自由的权利。这两种权利都已包括在《欧洲人权公约》之内了。英国已经签署了该公约，只是它还未成为我国法律的一部分。

人权的第一项权利就是私生活的权利：

第八条

1. 人人对自己的私生活和家庭生活、住宅以及通信，享有权利。

2. 公共权力不得干预行使上述权利，除非按照法律，为维护民主社会的国家安全，公共治安或经济繁荣，为防止秩序混乱和犯罪，为维护健康或道德风尚或为了保护他人的权利和自由所必需。

人权的另一项权利是出版自由:

第十条

1. 人人享有自由发表意见的权利。这一权利包括坚持意见、不受公共权力干扰和国境的限制地接受和传播信息和思想的自由。此条不妨碍国家要求广播、电视和电影业向国家登记注册。

2. 自由与义务和责任是不可分割的。因此为了国家安全、领土完整或公众治安,防止社会混乱或犯罪,保障人民健康或道德风尚,保护其他人的名誉或权利,防止对承诺保密的消息的泄露或为维持法院的威信和公正,上述自由的行使须按照法律规定及民主社会的需要,须服从程序、规定或刑罚的约束。

你们会注意到上述每一项人权都是有很多例外的。各项人权之间甚至可能相互矛盾,如维护保密权利,就限制了言论自由。如何协调这两种人权?这是我在本篇中想讨论的问题。

第二章　我国的判例法

我们英国没有这方面的成文法。但这个问题已包括在我国的法律典籍中了，我可以讲一些主要的判例来详尽地说明这个问题。

一、王室的蚀刻版画

王室的蚀刻版画案，即“阿尔伯特亲王诉斯特兰奇案”，[1]是关于私生活和泄密的法律的基础，我于1961年在上议院发言中曾提到过这个问题而且也曾讲过其中的某个部分。我的发言收在《家庭故事》中，

〔1〕 (1849年)1 Hall & Twells 1。

但是它和我们现在所讨论的问题极为有关。如果我在这里讲得过于啰唆，请读者原谅。

1849 年，人们还不拍生活照，维多利亚女王和她的丈夫阿尔伯特亲王画素描。他们给孩子和密友画像。他们对这些画很得意，通过私人印刷所把这些画印了出来，印了 63 幅素描画。他们把这些画放在温莎的内室住宅里。他们雇了一名叫布朗印刷匠来印这些画，他还雇了一个人叫米德尔顿，米德尔顿偷走了一些画，卖给了一个叫贾奇的人。然后贾奇把画交给一个叫斯特兰奇的出版商，斯特兰奇复制了这些画，并排了一个目录，目录的标题是：

维多利亚女王和阿尔伯特蚀刻版画目录说明

（经允许）赠送每位购买此目录者一份按原版翻印的女王陛下或王夫亲笔素描画的复制品。定价：六便士。

斯特兰奇说他仅印了 51 本就把版毁掉了。他一本也没有卖出去，或者说他根本就没卖。因为他听说女王和亲王不同意。他服从了关于这些复制品的禁制令。然而他却想出版这本目录。亲王要求发布禁制令，禁止出版那本目录。斯特兰奇提出反驳。唯一的问题就是关于出版那本目录的权利问题。

大法官科登汉姆勋爵（Lord Cottenham）发布了这一禁制令。他说那目录的资料来源（目录是根据这些资料编纂的），肯定是由于布朗或他雇用的某人违反契约或泄露而得来的，所以必须发出禁制令，阻止这些秘密材料的出版。

二、医生的日记

在上述案件中，大法官引用了“怀亚特诉威尔逊案”。[1]该案是1820年当乔治三世刚去世时提交法庭的。埃尔顿勋爵(Lord Eldon)说：

“如果已故国王的某位医生保留了一本记载着他所听到或见到的关于国王私生活的日记，那么在国王逝去后，本庭将不允许他印刷或出版他的日记。”

这个意见极为重要。这是我所知道的关于区别私生活权利和保密权利的第一个例子。国王并没有向这位医生提供任何秘密。但是这位医生出版日记就会侵犯国王私生活的权利。你们还记得，乔治三世是丢了脑袋的。假设这位医生在他的日记里写了这样的内容：“国王就像寓言中的皇帝那样一丝不挂地走进花园”，并想把它发表。我相信埃尔顿勋爵是会禁止出版商出版这本日记的。如果拿现在的例子来说，假设一个摄影师用长镜头拍下了一位知名人物在花园里和一个不是他妻子的女人亲昵的照片，肯定会有人发布制止出版的禁制令，就我所知，禁制令的唯一理由就是侵犯了私生活。

1982年2月出现了一起案子。这个案子是几家报纸刊登了威尔士王妃在假日里身穿三点式游泳衣的照片，而且当时人人都知道她怀孕了。这是对私生活的露骨侵犯。后来报社向

[1] (1820年)1 Hall & Twells 25。

王妃道了歉,但发表照片确实是违法的。

三、公爵和公爵夫人的私房话

现在我们不谈王室的事了,谈谈公爵和公爵夫人的事吧。在这个案子中,阿吉尔公爵夫人玛格丽特控告阿吉尔公爵伊恩·道格拉斯和《人民周刊》("阿吉尔公爵夫人诉阿吉尔公爵案"[1])。公爵和公爵夫人是在1951年结的婚,1963年离了婚。和一般夫妻一样,他们在婚后的几年里彼此自由地讨论他们个人的事情。他们讨论"我们的心意,我们的态度,我们的希望、抱负和嗜好,我们过去的生活和以前的婚姻"等。后来公爵同《人民周刊》商定,根据他所提供的资料,他们在《人民周刊》上发表文章。公爵把公爵夫人讲给他的各种各样的事情告诉了《人民周刊》,他还向《人民周刊》讲了公爵夫人私生活的一些秘密。《人民周刊》建议把这些新闻刊登出来。

公爵夫人提出发布一项禁制令,制止公爵和《人民周刊》发表她的隐私。法官昂戈德·托马斯(Ungoed-Thomas)先生批准了,不仅向公爵而且也向《人民周刊》发出了禁制令。判决的理由是公爵在《人民周刊》的蓄意帮助和唆使下泄露隐私。

但是我在案子的这个阶段提到的原因是这样的:假定丈夫没有泄露任何隐私,假定丈夫和妻子(或其他任何一对夫妇)在装有窃听器的旅馆房间里,他们的私房话全都录在磁带上,并将由《人民周刊》发表,那么窃听者(如果我可以用这个名词)

---

〔1〕 (1967年)1 Ch 302。

恐怕不会泄密，因为没有人让他保密，但他确实犯有侵犯隐私权罪，旅馆可控告他违法安装窃听器，可这对夫妇只能控告他侵犯隐私权。

我建议凡无理侵扰原告的隐居或独居生活或私人事务的都应该被视为对隐私权的侵权行为。在电话中窃听别人的私人谈话或安装窃听器，这对于任何人——不管是警察还是别的什么人——都是侵权。如果这类行为是出于维护国家安全或防止犯罪，那么则是正当的，是有正当理由的。

四、高尔夫球手的一块巧克力糖

在我年轻时，西里尔·托里是英国业余高尔夫球冠军，巧克力制造商弗赖伊未经托利先生的许可就在报纸上登了广告，广告是一幅漫画，画着托利先生正在打一个有力的球，衣袋里插着一盒显眼的黏性巧克力糖的漫画。漫画下面写着：

糖对托利说："啊，先生！
好球，先生，就看这个球啦，先生！
看啊，它飞奔着。
像弗赖伊家的马库，
备有现货，物美价廉，先生！"

在"托利诉 J. S. 弗利父子公司案"[1]中，一些法官认为这个广告是对托利先生的诽谤，因为它暗示托利先生接受了广告

〔1〕 (1930 年)1 KB 467，(1931 年)AC 333。

费，这有失业余球手的身份。但是其中两个法官却认为这不是对他的诽谤。现在假设这两个法官的意见是正确的，并假设确实不是诽谤，那么这是不是对他私生活权利的侵犯呢？然而高等法官格里尔认为不是。他说：

"我毫不犹豫地说，我认为被告没有首先征得托利先生的同意就刊登这个引起争议的广告是不正当的行为，而且这种做法是犯罪行为。对这种行为应该给予法律援助。但倘若关于人的照片、漫画或姓名的广告由于某种条件尚不构成诽谤法所涉及的诽谤行为，便不应以起诉的方式求得解决。"[1]

人们认为这位法官的上述意见是对英国法律中的隐私权的否定。确实，按照高等法官格里尔的话来说，"应该给予法律援助"。我建议给予法律援助。如果被告为了达到作广告的目的，从而使公众对原告产生某种错误的印象，那就是对私生活权利的侵犯。

〔1〕 (1930年)1 KB 467 at 478。

第三章 泄 密

一、那是可提出控告的

自“阿尔伯特亲王诉斯特兰奇案”以来，法院已经制止了泄密行为。法院将制止秘密新闻的接受者通过向他人传播而违犯自己保密的承诺，而且法院也制止任何人有目的地寻找，利用泄露出来的秘密。我试图在“西格诉科皮戴克斯案”中对这个问题作出了全面总结。我说：

“关于这个问题的法律的基础并不是任何暗示的合同，而是广泛而公正的原则，即接受秘密的人不得从中谋取不正当的利益。在未经允许的情况下，一个人不得利用他人告诉他的秘密去损害他人的利益。"[1]

因为这种行为属于衡平法[2]法院处理，我看没有理由说明违反保密承诺是犯罪行为。它和毁约行为是一样的，而毁约一向被认为是一种犯罪。它不应只通过一项禁制令制止，而应该提出起诉，要求赔偿。

二、需要考虑公共利益

法院制止违反保密承诺（或为此给予赔偿）的权力要服从一种重要的限制。如果这种泄密行为是出于公共利益，那么它就是合理的，是可以被允许的。一种公共利益要求保密；另一种公共利益要求披露某些消息，法院必须不断平衡这两种相互冲突的利益。这两种公共利益的冲突在调查性的报刊文章方面表现得尤为激烈。关于这个问题以后还要谈。

但是另一方面我希望提出这个概括性的建议：这是一个平衡互相矛盾的两种公共利益的问题。我在一个重要案件即"D诉全国防止虐待儿童协会案"[3]中提出了这项建议。在后面我要谈到这个问题。当时上议院并未接受这项建议。但是我

---

[1] (1967年)1 WLR 923 at 931。

[2] 衡平法（Equity），英格兰法律的一个组成部分。它的基本原则是公平合理（equity），衡平法即由此得名。它起源于中世纪，最初由大法官，后由衡平法法院实施，以对普通法法院审理的案件根据公平合理的原则进行补偿。它的另一原则是根据良心行事，不允许受不法行为侵害而得不到补偿等。19世纪70年代英国司法改革后，衡平法作为独立的法律原则不复存在，但其本身的公平合理的原则仍对英国及英美法系国家的法律产生着较大影响。——译注

[3] (1978年)AC 171。

相信它给未来指出了方向，因此，我想在这里作进一步的说明。

三、关于特权的讨论

这个问题的困难是把它同关于“特权”的讨论混在一起了。我们说有王室特权、法定职业的特权、公共利益的特权以及各种各样的特权。这里要讨论的是律师们在特殊意义上谈到的“特权”，他们把它作为对某些事物的保密权，目的是使你对法院或你的对手保密，使他们对某事一无所知。

在这里，我不准备讨论特权问题。我要说明重要案件是如何适应我的那种关于矛盾着的两种公共利益的论点的，首先我要告诉你们，在一些案件中保密优于泄密，而且法院已经不允许泄露秘密。然后我再讲一些法院允许泄密的案件。因为把这些秘密泄露出去对公共利益更有好处。这些都是近几年发生的重要案件。

第四章　保密性受到普遍重视

一、赌博俱乐部想获得许可证

领导现代潮流的案件就是“王国政府诉莱维斯案”。[1] 以前我们曾讨论过君主特权问题。现在上议院谈到了公共利益问题。这使公共利益成了决定性的因素。

1967年在英国，赌博俱乐部非常赚钱。他们找到了一个躲避《禁止赌博法》的方法。法院也默许了这些方法。它们的前途很有希望，所以新的俱乐部相继出现。这造成了各种有害的影响。因此国会进行了干预。它说：“够了，赌博俱乐部与法律之间的持续斗争实在令人厌烦了，因为俱乐

〔1〕（1763年）AC 338。

部总是技高一筹。我们要全面实行一个新的方法。”1968年国会制定了《禁止赌博法》。该法令规定除了得到特许的赌场外，任何人不得经营赌博活动；而且规定任何人在申请许可证前必须有人为他担保。

索塞克斯的一家公司曾向娱乐管理局申请执照准备开设五个赌博俱乐部。管理局向警察了解了这家公司及其经理亨利·罗杰斯先生的情况。警察给管理局写了一封信，说了这个经理几句坏话。不知怎么搞的，经理得到了那封信的复印件，他说信中说的情况是错误的，是对他的诽谤。他以诽谤罪提出刑事诉讼。正如以前我所指出的，这种情况是非常少见的。在诉讼中他必须证明他是怎样得到这封信的。他要求为了做到公正，应该出示那封信，以便证明他的起诉成立。但是上议院认为为了维护公共利益那封信应该保密，不应在刑事诉讼中泄露出来。瑞德勋爵说：

“权衡起来，公共利益要求这类文件不应泄露，而且公共利益不应受到用不正当的手段得到并发表这类文件副本的影响。”

我感到常常奇怪，为什么罗杰斯先生对诽谤提起刑事诉讼而不提起民事诉讼呢？我认为这是因为在民事诉讼中警察可以申辩他们行为的正当性，而在关于诽谤的刑事诉讼中就不能这样。

二、婴儿是否遭到毒打

下一个强调公共利益的案子就是我曾经提到的“D诉全国

防止虐待儿童协会案”。[1] 一位母亲有个仅有14个月的女婴。她把她放在婴儿床里睡觉,然后下楼去等候丈夫下班回家。这时有人敲门。她开了门,进来一个男人,递给他一张名片,证明他是全国防止虐待儿童协会的代表,她以为他是为社会慈善的目的来的。她把他请了进来。他询问她婴儿的情况怎么样。她说:“很好”。他说“有人说你经常毒打你的孩子。”她说:“你一定疯了。”她很恼火。她上楼叫醒了孩子,并把他抱给这位巡视员看。这个婴儿看起来很好。这位母亲十分恼火,她给医生打了个电话。医生来了并检查了孩子。医生说这是个很健康的孩子。这位巡视员当时给这位母亲和医生留下了这样一种印象,即虽然无法证明,但他认为别人的说法是对的。这时她的丈夫回来了,一听也很生气,他要巡视员至少应告诉他们提供情况的人的姓名,但是这位巡视员拒绝了。

孩子的父母对全国防止虐待儿童协会提出起诉,要求给予赔偿,因为那个巡视员的话使那个母亲的精神受到了刺激。他们还要求告诉他们提供假情况的人的姓名。

全国防止虐待儿童协会告诉法院,他们一般对提供情况的人保证,他们对任何消息来源都将保密。他们发过一张说明书,其中有这样的规定:

“您知道哪个儿童可能由于灾难、无知、疏忽或被虐待而受到痛苦吗?如果您知道,就请您把这个儿童的住址告诉离您最近的全国防止虐待儿童协会的巡视员。至于您的姓名及您为孩子的利益而提供的情况将予以保密。您这种及时的行动可

---

[1] (1978年)AC 171。

以防止儿童受到苦难。”

在进行判决时，我提出这是一个需要权衡的问题。我说：

“从问题的一个方面来说，我提出说出提供情况者的姓名和住址是符合公共利益的。一个重要的理由是：它可以帮助母亲提出起诉，以得到赔偿。这可以使她把提供情况者当成被告，并使她可以了解到提供情况者的情况……

从问题的另一个方面来说，我看不出说出姓名和住址是符合公共利益的。理由如下：

第一，该协会应该能够继续其慈善工作。如果被迫说出姓名，它的情况来源就会枯竭。第二，秘密应当得到尊重。法律不得强迫该协会毁掉人们对自己的信任。第三，如果提供情况者成为母亲怨恨的对象或当不能证明母亲做了错事，她做的全是好事的时候，提供情况者就会被指控为犯有诽谤或中伤罪。如果这样，就会出现对提供情况者不公正的现象。

把这些考虑权衡一下，我认为天平会倾向不说出提供情况者姓名和地址的一边。我和法官的意见是完全一致的，法官是这样说的：

‘当一个人考虑到被告是在尽国会规定的义务，而且是把儿童不该受到忽视和虐待这种重要的公共利益放在心上时，我认为毫无疑义，保护被告情况来源这个公共利益要比（母亲）应该得到情况来源，以取得合法赔偿这个公共利益重要得多。’”

我在上诉法院属于少数派。上议院支持我的总结（全国防止虐待儿童协会不应该说出提供情况者的姓名），但他们提出的理由不如我充分。

三、落选的候选人

在那个案件以后，又发生了两起案件，它们提出了有关现代立法的一个重要论点。它们是“科学研究委员会诉纳塞案”[1]和“雷兰汽车有限公司诉维亚斯案”。[2]

一位受雇于科学研究委员会的妇女控告说，她在晋级问题上受到了歧视。她没有被选上面试，她的两个男同事被选上了，而且其中一个被任命了。她控告说，由于她的性别，她受到了歧视。她不仅想看看关于自己的秘密调查报告，而且还想看看她那两位同事的。

同样，一位受雇于雷兰汽车有限公司的亚洲血统的化验员要求调职。他和三个白人候选人都参加了面试，但他落选了。两个白人都获准调职。他指控说，由于他的肤色，他受到了歧视。他不仅想看看关于自己的秘密调查报告，而且也想看看那两个白人的。

这两个案子的影响都是很大的。它们适用于大学入学考试，也适用于学位考试等。每个提出受到不公平待遇的人都有权利去了解他的对手的分数或关于他们的秘密调查报告吗？这又是两种利益相互冲突的问题，也就是如何权衡的问题。在上诉法院我是这样回答这个问题的：

“在如何权衡的问题上……秘密调查报告不应被泄露。这

---

〔1〕 (1979年)1 QB 144。

〔2〕 (1980年)AC 1028。

对公共利益是十分重要的。把报告泄露出去不仅是对报告起草人的信用是一种粗暴的破坏,而且一旦报告的内容被泄露,就会导致严重的混乱和不安。此外,从长远来看,如果法院命令公布报告(如前两个案子一样),可能就会产生这样的结果,即将来报告起草人将只会口述报告,或以毫无倾向、不偏不倚的态度把它写出来,从而使这些报告起不到应有的作用。这些报告的秘密对于公共利益是至关重要的。我认为法院不应任意发布命令或在一般情况下把秘密调查报告泄露出去。法院也不应把申请就业者的一切有关证明材料或大学入学者的成绩单或类似的资料泄露出去。法院在十分必要时可发布命令,公布关于某个人的某份文件,因为这样做对公平审判是极为重要的,而且其重要性远远超过对这种文件的保密。

但这种情况应属不常有的例外。”

接着我谈到了如何权衡的原则,它当然应由院长进行权衡:

“劳资关系法庭不应命令或允许公布秘密收到的报告或证明文件,除极个别的情况外,如审阅某一份文件后,院长认为公布此份文件对审判有利,那么即可放弃保密性,而且只有在他认为文件起草人应予以保护的情况下才能这样做。例如他可以请出庭律师和诉状律师翻阅文件,但他们必须保证不进一步扩散文件内容。”

使我高兴的是,上议院终于同意了我在上议院提出的意见,他们只是对我所说的“个别情况,提出了不同看法。他们主张这个问题应由院长决定。那样也好,就由院长来决定吧。”这个问题在下一个案件中将得到进一步的明确,在此案中,法院可以参考某些有争议的文件资料,以便作出权衡。[1]

四、缅甸石油公司不太景气

在这一案件中,我们再次讨论了不公开证据问题。我们决定,是否公开证据取决于对各种相互冲突的公共利益的权衡。这个问题标志着证据保密原则的终止。“缅甸石油有限公司诉英格兰银行案”[2]是这方面的一个重要案件。

1975年缅甸石油公司不太景气,并且情况日趋严重。为了免遭破产,它被迫出卖它在英国石油公司中的股份,以每股2.30英镑的价格卖给了英格兰银行8000万股。这是历史上最低的价格。不久市场上很快就恢复了正常的价格,而且数月之内就飞涨了三倍,由原来的每股2.30英镑涨到6.85英镑。缅甸石油公司的股东说这笔交易是很不公平的,而且说政府是施加了过大压力的。缅甸石油公司想看看来往于政府和英格兰银行之间的秘密文件。财政大臣写了一份宣誓书,要求对这些秘密文件行使证据保密原则。我不同意这种做法,我认为这是如何权衡相互冲突的利益的问题。我说:

“通过对相互冲突的利益的权衡,我认为在这场官司中,向对方公布(文件)对公共利益最为有益,但必须防止他们把文件超出需要地进一步扩散。

为了维护公共利益,我们可以抽查文件……我们必须对相

---

〔1〕 (1979年)1 QB 144 at 173。

〔2〕 (1979年)1 WLR 473,(1980年)AC 1090。

互冲突的利益进行权衡。一方面,公共利益要求慎重处理政府的机密;另一方面,公共利益要求确保在各方之间作出公正的裁决。这两个方面比较起来,我认为毫无疑义,对各方的公平裁决应放在优先地位。如果有些情况不宜公开,则法院可利用某些方法来保证这些情况被直接当事人所知而不外传,我们常用这种方法去处理有关商业秘密的案件。"〔1〕

五、法官可以自己翻阅秘密文件吗?

然而我的同事们并不同意这种看法,他们的观点得到了上议院的支持。可是重要的是上议院是通过权衡相互冲突的利益来进行裁决的,他们自己翻阅秘密文件以便判断公共利益在哪一方。埃德蒙-戴维斯勋爵(Lord Edmund - Davies)说,

"一位法官可以很清楚地认识到如果他不亲自翻阅有争议的文件,他就不能很好地进行权衡。他可以自己翻阅文件吗?……

……法官自己翻阅文件似乎是正当的,而且如果法官翻阅文件后有所发现因而作出公正的结论,那么便证明这是非常必要的……"〔2〕

斯卡曼勋爵对于政府文件是否必须保密说了些很有见地的话。他也认为进行权衡是必要的。他说:

---

〔1〕 (1979年)1 WLR 473 at 489。
〔2〕 (1980年)AC 1090 at 1129。

“政府制定政策需要保密的理由有二:第一是向内阁提供的意见要公正,第二是泄露秘密会引起或激起小题大作的、吹毛求疵的舆论批评或政治批评。里德勋爵在“科威诉里默案”[1]中认为第二个理由最为重要。

我认为在进行权衡时两个理由都是重要因素,这是合乎逻辑的,因为在国家机关(即政府行政部门)发挥正当职能方面的公共利益与司法管理方面的公共利益是互相冲突的。有时国家机关职能方面的理由成为决定性因素。但是如果必须对文件保密,那么这种理由绝不应妨碍法院重视对司法管理所造成的损害。对司法可能造成的损害也必须估计到并予以足够重视。其重视程度要随着寻求泄密的诉讼的性质的不同、与文件相关联的差异以及与在诉讼中文件有可能起的作用的不同而变化。在权衡时,如法院认为必要,一般是可以对文件进行仔细检查的。”

结果上议院以四票对一票的多数同意对文件进行检查。他们权衡了利弊。他们认为这些文件对本案没有重大意义,没有必要公布于众。这些文件对公平处理此案件并没有什么重要价值。

这个决定说明了一个普遍性的原则:在任何一个案件中,关键问题是如何权衡各种相互冲突的公共利益。

---

[1] (1968 年)AC 910 at 952。

六、可以废弃特权吗?

我不能由于证据保密原则的残余依然存在,就不批评把缅甸石油公司案弃置不理的这种做法。据说这条原则是不能废弃的。原因是如果王国政府想在诉讼中获得文件以便能够胜诉,他们便将证据保密原则废弃不用,而当文件对对手有利时,他们便将这条原则拿了出来,这种情况看来是不公平的。如把证据保密原则视为政府的一种权力,则这种论点应该说是正当的。但当特权为对互相冲突的利益的权衡所取代时,特权就毫无应用的意义了。我坚持我在上诉法院的说法:

“人们常说证据保密原则或公共利益特权是不能废弃的,即使政府打算利用文件也是不可能的。我认为这是错误的。对一个目击者来说明显的是,除非一位内阁大臣或他的部到法院来要求得到这种特权,否则法院当然允许可以用文件作证。法院没有坚持公共利益特权的理由,除非内阁大臣来通知法院这样做,而且即使他来到法院,但如果不能说出令人信服的理由,法院也还是不允许给予这种特权。由于有意无意地不去要求得到特权,我认为,王国政府可以有效地将特权废弃……

……如果政府真想使正义和真理得到伸张,他们就应该放弃所有在商业事项中的证据保密原则,除非重大的国家政策和安全问题要求坚持这种原则。”〔1〕

〔1〕 (1979年)1WLR 4B of 487—488。

七、“野外钓鱼”

最后我想请大家注意上诉法院的两个判决，即对“加斯金诉利物浦市议会案”[1]和“尼尔森诉拉夫尼案”[2]的判决。这两个案件都说明了律师所谓的“野外钓鱼”的意思。这就是原告想看对方的所有文件资料以判断他的起诉是否成立。

在“加斯金诉利物浦市议会案”中，一个21岁的人想控告市议会。当他出生仅六个月的时候他的母亲就去世了，他被送去由市议会抚养。市议会给他找个人家作他的养父母，以后又被先后送入几所育婴院。他先后被送进几所国立少年犯罪教养院，也曾被送进少年感化院。后来他因犯刑事罪被拘捕，并坐了六个月的牢。

于是他就把矛头指向了利物浦市议会，说那全是他们的过错。他得到了法律援助。他的诉状律师想看看他的全部档案，包括所有关于他的秘密调查报告。律师们这样做的目的是帮助他获得损害赔偿。以下是我关于此事的发言：

“如同所有这类案件一样，问题是要权衡各种公共利益，法官是按照在他的权力范围内所作的试验进行权衡的。法官在审判结束时说：‘我毫无疑问地认为，为了使照管孩子的职责能得到很好的履行，对有关文件保密是非常必要的。依我看，个人利益固然重要，但必须服从这一点。我坚信拒绝发表文件对

---

〔1〕 (1980年)1 WLR 1549。

〔2〕 (1981年)1WLR 537。

公共利益是有好处的，于是我就这样做了。'"

在第二个案件即"尼尔森诉拉夫尼案"中，一个人离家去度周末。他走后，警察报告了法官并取得了搜查毒品的搜查证。毫无疑问，警察有充分根据怀疑毒品就在他的院内。他们进行了搜查，但一无所获。他们发现了可疑的迹象，但没有证据对这位商人提出诉讼。

尼尔森回来后发现有人进了他的家。他得到了法律援助，控告警察非法侵入私宅，要求赔偿损失。同时警察自己进行了一次调查。诉讼委员会裁决警察没有错误。于是尼尔森的律师要求查看警察致诉讼委员会的全部秘密调查报告。上诉法院拒绝了这一要求。我曾这样说：

"现代的发展表明，关于发表秘密文件问题，法院可以考虑有关的相互冲突的公共利益问题。法院在对双方的利益做了公正的权衡之后做出了裁决。一方坚持认为，为了做到公平审判，文件应予披露，另一方则坚持认为，为了公共利益，不应予以披露。"

于是我继续说到我是如何权衡的：

"一方面是一个人控告警察，要求赔偿损失，他获得了法律援助并要求查阅警察掌握的全部秘密调查报告。特别是他的律师支持他查阅警察的报告，以便发现问题。另一方面是警察，从表面上看，尽管这个人对警察提出起诉，但警察的行动是完全正当的。"

据此我作了如下的结论：

"如果这个人的控告完全有理由，那就得自己来证明控告是有理由的,也就是说自己找出证据为自己作证。不能允许他查阅文件,不能让他了解到他从其他方面得不到的情况。”

在这里我要再谈一谈前面提到的法律援助问题。毫无疑问,如果相信原告的陈述,那么这两个案件就是合理的诉讼。但是如果我们提出这样做是否妥当的问题:那么这个案件适宜给予法律援助吗?我认为这两个案件都不适宜。

第五章　废止保密

到目前为止，在所讲的案件中，都不允许原告查阅秘密文件。在每一个案件中，判决都取决于对各种公共利益的权衡。关于保密的公共利益必须与公平审判的公共利益相比较。在有些案件中谈到了“特权”问题，但这无助于人们进行权衡，反而会带来混乱。

现在我要讲这样一些案件，在这些案件中法院命令披露秘密情报或文件。你会发现这又是在权衡保密符合公共利益还是不保密符合公共利益。

一、“这是继承产业的。来吧，我们把他杀了”

你会清楚地记得《圣经》中的一个寓言：

“不料，园户看见他儿子，就彼此说，这

是继承产业的。来吧,我们把他杀了,占他的产业。”[1]

这个寓言同1743年的一个案子非常相似。它就是“安尼斯利诉厄尔·安格尔西案”。[2] 在爱尔兰有弟兄二人,哥哥叫厄尔·安利斯,拥有家庭的财产。他死后他的弟弟继承了这笔财产,但是他哥哥留下一个儿子,这个儿子提出要求作为继承人并要求得到这笔财产。于是他提出起诉,为得到这笔财产控告了他的叔父。后来,在官司未了结时,那个儿子出乎意料地在一次偶然的射击事故中打死了一个人,于是他的叔父去找律师说:

“我想请你提出起诉,追诉他犯了谋杀罪。我要花费十万英镑使他受到绞刑,这样财产就归我了。”

律师并没有追诉那个小伙子,那个小伙子也没有被判死刑,诉讼继续在进行。问题是,可否把那个叔父对律师的谈话提出来作为证据。当然这完全是在秘密情况下谈的话,而且一般会通过人们所熟悉的法律专家拥有的特权来防止泄露。但是法庭认为必须把它作为证据提出来,用以证明叔父知道那个小伙子是合法的继承人。最后那个小伙子胜诉了。正如在最近的一个案件中所说的:

“揭露罪行没有任何秘密。”

在这种情况下,揭露罪行这一公共利益就超过保密的公共利益。

---

[1] 《新约·马太福音》第21章第38节。

[2] (1743年)LR 5 QB 317(注释)。

二、洗染店的惊人价格

在现代经常有类似案件发生。其中也涉及审查报纸杂志的案件。“家庭服务有限公司诉普特利尔案”[1]就是一例。

一家洗染店有个推销经理，他不同意洗染店惯用的营业方法，因此他脱离了该店并把公司档案中的许多文件带走了。他把这些文件交给了《每日邮报》记者，该报经过研究后以显著标题在该报头版登出：

洗染店的惊人价格

《每日邮报》发现在一些洗染店之间有种默契。它们通过这种默契维持一定价格从而获得大量额外利润。

翌日再次登出如下报道：

贸易委员会现在开始新的工作

贸易委员会于昨天开始调查由主要出租亚麻布的洗染店操纵秘密的“公司间的默契”。

洗染店对推销经理和《每日邮报》提出控告，要求赔偿由于泄密所受到的损失并交还带走的秘密文件。结果洗染店败诉。

上诉法院认为应该废止保密，这是因为洗染店的行为的性质决定了为了公共利益，应该公布秘密文件。

因此在这里，我们再一次看到对相互冲突的公共利益应该进行权衡。

---

[1] (1968年)1 QB 396。

三、新闻记者有无特权?

在这个题目下谈两个主要案例,即“检察总长诉马尔霍兰案”和“检察总长诉福斯特案”。[1] 这又是关于新闻调查的案件。我在《法律的正当程序》一书中曾详细讲过这两个案子,当时我讲了两个记者是如何因拒绝回答拉德克利夫勋爵(Lord Radcliffe)提出的问题而被投入监狱的。现在我冒昧地重述一下这个原则:

“我们说无论提出的问题多么中肯,也无论多么应该回答人家提出的问题,但是一个记者总应该有法律所赋予他的拒绝提供消息来源的特权。记者提出的辩护理由是,他是在追求真理。他说为了公共利益,他应该采访秘密新闻并自由地向全世界发表,因为他这样做可以使公众了解他们应该了解的事。他可以揭露犯罪和失职行为,否则这些行为发展下去就会变得不可救药。他说若不对消息来源保密,他就得不到任何消息。众所周知,如果暴露泄密者的身份,则泄密者就会对他缄口无言。因此他要求授予他在不负任何责任的情况下发表他所有的新闻的权利,即使在法院或法官命令他交代消息的来源时,他也拥有这种权利。我认为记者把问题看得太严重了。就我所知,唯一拥有不向法院泄露消息来源的特权的职业是律师。实际上律师是没有这种特权的,而诉讼委托人有。就拿牧师、银行

[1] (1963年)2 QB 477。

家和医师来说，当法官命令他们回答问题时，他们都无权拒绝回答。我们不要误解，法官是尊重每个正直的职业者所获取的秘密的，只有当它和本案有关，并且有必要在审案中调查时，法官才会提出这些问题并要求回答。法官是受社会委托来权衡这些相互冲突的利益的。一方面重视专门职业的保密利益；另一方面重视在公平审判方面或在法庭（就如目前这个法庭）对这些重要的申述所作的正当调查方面的社会利益。如果法官认定记者必须回答问题，那么他就没有特权拒绝回答。"

上议院在我即将讲述的"格拉纳达案"中承认这是个正确的原则。

四、记者入了狱

在"马尔霍兰案"中，再次使用了权衡原则。公共利益存在于何处呢？对记者的消息来源保密呢，还是让他泄露呢？

马尔霍兰没有暴露他的泄密者的姓名。他被判六个月的监禁，并服满了这个刑期。这件事提出了一个极为重要的问题：当他强烈感到他宁可坐牢也不能泄露泄密者的姓名时，能命令记者交代消息的来源吗？这很像那第十二个陪审员的案子（我曾讲过关于他的情况）。在那个案子中也有这样的话："我宁可坐牢也不能昧着良心裁决。"法院对"马尔霍兰案"的判决方法难道不令人怀疑吗？若不命令记者提供消息的来源，又不使他坐牢，是否有损于公共利益呢？

五、秘密报告应该披露

现在我要多讲一些关于“律师特权”的问题。正像我在“安利斯案”中所表明的，如果公共利益非常需要，这种特权也是可能遭到废弃的。上议院在“瓦夫诉英国铁路委员会案”[1]中就是这样主张的。

一个火车司机在两辆机车相撞事故中丧了命。事故发生后立即进行了调查。调查后提出了一份报告，标题是：

供铁路委员会事务律师参考

当预料英国铁路局要起诉或应诉时，每个人都可用这份材料表报告发生的事件。程序是由撰写报告的人向他的部门领导提供材料，领导再将材料交给律师以便使他能够提供关于案件的指导。

该铁路委员会提出意见说，这个标题使他们有资格要求得到律师特权，以使他们自己持有调查报告，而不让亡者遗孀的律师利用它。上诉法院多数人支持该项特权的要求，但是我不同意这个意见。我认为该报告应该披露。上议院支持了我的这个意见。我的意见没有写成报告呈交上去，但副本保存在法院的图书馆。这同我们现在讨论的问题很有关系，因此我冒昧地把其中的部分内容引述如下：

“我相信把法律的目的视为公正地处理问题是完全合理

〔1〕（1980年）AC 521。

的。为实现公正，这个报告当然应该提到法庭上来，法庭必须这样裁决这场争执：事故发生的原因是什么？为了准备进行审判，应该把报告的内容告诉寡妇的法律顾问，而且在审判中报告应该成为双方的证据。这就可以看出把报告公布出来是多么有意义的。由两位高级铁路官员主持调查，这两个人都是对铁路业务有经验的专家。这次调查是在事故发生后两天进行的，当时证人对发生的每件事还记忆犹新，每个证人都清楚地回答了所提出的问题。对问题和回答都做了记录。每个证人都对他的陈述经过确认后签了字。这样取得的陈述是最好的证据，这种证据对于确定事实是再好不过的了。每个明智的法官审理案件时对这种证据都应有足够的重视。

然而说来很奇怪，直到最近几年以前这种最好的证据还是遭到拒绝承认。有一个法律惯例阻止把这种陈述作为证据，即禁止以传说为证据。”

我又接着说关于传说的法律惯例已被《1968 年民事证据法》所废止：

“该法第四条规定，在调查中证人作的陈述在以后的审案中可被自由地用作证据。因此由于不给律师以特权，铁路局本身即可引用调查证人的陈述作为证据。

这意味着今天我们面对着一种奇怪的，不公正的现象。虽然铁路局在审判中可随意利用这些陈述，但是他们在为自己辩护时，只要认为对诉讼有害或对自己不利就放弃利用陈述。他们可以拒绝向那位寡妇及其法律顾问提供所取得的陈述。我认为这是极不公正的。如果这种不公正的做法能继续下去，那只能是与‘律师特权’有关。对这种特权正如对传说作为证据的惯例一样需要重新加以考虑。既然关于以传说作为证据的惯例已经废止,那么特权惯例确实也需要重新考虑。”

对于律师特权我们作了重新考虑。对这个问题我曾这样说过:

“这是一个无助于伸张正义的规定。它有助于诉讼——这完全是另一回事。确切地说,它只能有助于诉讼中的**一方**,而极不公平地压制了另一方。”

当时我谈到了我们应该采用的原则:

“只有这些材料‘完全地或主要地’是为了诉讼的情况下,我们才能准许某方面对材料拥有特权。我们不能在这个基础上再进一步了。

如果从实质上说资料有双重目的,即一是查出事故的原因,二是向律师提供情况,那么这种资料必须公开,因为它不是‘完全的或主要的’为了诉讼。在这个基础上,所有报告和对事故的调查(都要在事故发生后的短期内进行),在审判中一经发现就应予以公布,以便作为证据。”

上议院同意了这个原则,但是把我提出的“完全的或主要的”这个词换成了“有支配力的”一词。

我要继续讲讲关于保密的最新案件,特别是关于报纸杂志的调查报告的案件。

第六章　关于“鼹鼠”的一切

一、格拉纳达案件

这是现代最有争议的一个案件。它就是“英国钢铁公司诉格拉纳达电视有限公司案”。[1] 关于这个案件的法律报告有 80 页之多。

英国钢铁公司的某人以某种方式接触到了一大批秘密文件，其中不少都标有“机密”字样。英国钢铁公司的这个雇员因在地下秘密工作而被称作是“鼹鼠”，但没有人知道他到底在做什么。有一次这只“鼹鼠”到地面上来了，把一些文件交给了一个不知姓名的格拉纳达电视有限公司雇用的

〔1〕 (1980 年)3 WLR 774。

记者(因没有交代他的姓名,因此我称他为不知姓名的记者)。这个不知姓名的记者告诉"鼹鼠"说:"我非常感激你为我提供的这些文件,我向你保证,我绝不会把你的姓名以及你给我的那些东西告诉任何人。"

当那个不知姓名的记者仔细翻阅那些文件时,他认为那些文件中包括一些爆炸性的材料,可以用来揭露英国钢铁公司。他把这些文件交给了格拉纳达电视有限公司经理,并对他说:"瞧,我拿的是什么,我不想告诉你这是怎么得到的。这些都是英国钢铁公司的绝密文件。"

格拉纳达电视有限公司经理让他的专家们对这些文件进行彻底研究。他们向他提出了研究报告。他们断定有许多地方同公众利益有很大关系,应当揭露出来。经理认为可以编排一个节目对英国钢铁公司进行批评,而且若能请到英国钢铁公司经理查尔斯·维利尔斯先生参加将是件好事。结果查尔斯先生应邀参加了,节目公开播出了。

英国钢铁公司觉得这个节目对他们是很不公平的。他们提出起诉,控告格拉纳达电视有限公司。我必须省略某些细节,只谈些要点。最后英国钢铁公司想让他们披露把秘密文件经记者转交给格拉纳达电视有限公司的那个"鼹鼠"的真实姓名的命令。各级法院都命令格拉纳达提供"鼹鼠"的姓名。唯一不同的意见是来自上议院的萨蒙勋爵(Lord Salmon)。

然而在提出的理由中有个重要的区别。我在审理此案时谈过一些原则,根据这些原则,报纸有权发表研究报告,而拒绝提供泄密者的姓名,人们向萨蒙勋爵介绍了这些原则,他说:

"据我看,如果我同意丹宁勋爵在本案中所提出的原则(我同意这些原则,他引用了许多权威人士的话来证实这些原则是正确的),那么根据这些原则来驳回这个上诉就会是错误的。”

现在我把这些原则重述如下,希望有朝一日能被当成正确的原则确认下来。

二、基本原则

“经过对一些案件的研究,我认为法院正在执行这些原则。公众有了解并利用新闻的权利。报纸就是为公众搜集并发表新闻的机构。为维护这种了解和利用的权利,报纸一般不应泄露他们的消息来源。既不能在审判前要求报纸提供有关材料,也不能以提出反讯问或传讯等手段强迫报纸泄露消息来源。这是因为如果他们这样做,他们的消息来源就会枯竭,错误行为和犯罪行为就不能被揭发,诈骗之徒就不会受到揭露,不公平现象就得不到纠正。弄权的恶行(无论在公司或政府各部门)就无从得知。揭露性的新闻本身就是与新闻自由相关的一个产物。在美国对水门事件的揭露和在英国对波尔森的揭露都是著名的揭露,都不应该受到法律的干预和限制。报社采访到的许多新闻都是由知情人提供的。他把秘密告诉报社就是违反了保密规定。但这并不是必须披露他的姓名的理由。不然的话,许多应该公开的情况和文件就永远不会为人所知了。他们可能侵犯了版权。但是如果强迫记者说出消息来源就意味着泄露提供消息者的姓名,那就不应该强迫他们这样做。”

三、切实可行的补救办法

然后我继续谈及对原告的切实可行的补救办法。

“在所有这类案件中，原告都可以得到对于报社给他带来的损失的法律补偿，有时可得到法院的禁止令，这就足够了。可能是由于诽谤的缘故，可能是由于侵犯了版权，也可能是由于侵犯了隐私权，法院会随时颁发法令禁止侵犯隐私权的刊物出版。斯特兰奇先生发行维多利亚女王为私人娱乐所作的图画一案（见“阿尔伯特亲王诉斯特兰奇案”[1]）就清楚地表明了这一点。原告可在不知道泄密者姓名的情况下控告报社。我知道在一些案件中原告想得到向报社提供秘密资料者的姓名（目的是证明犯罪意图）的愿望可能是合理的，有益的（从有利于公正的角度说），但是原告的这一愿望是与公众的利益也就是不得强迫报社泄露他们的消息来源这一原则是相抵触的。”

当时我想起了“马尔霍兰案”，我又继续说：

“尽管如此，这项原则也并不是绝对的，记者自己没有要求拒绝披露泄露者姓名的特权。目前这个案子可能是个例外，在这个案子中法庭根据对各种利益的权衡，应该披露泄密者的姓名……我们有判断那些案件是种例外的案件的标准吗？”

我现在还坚持上段话中的每一点意见。

---

〔1〕（1849年）1 Han & Twells 1。

四、周末以后

可能使你们感兴趣的是，为做好审判的准备工作我首先打算作出不利于英国钢铁公司而有利于格拉纳达电视有限公司的判决。我认为英国钢铁公司应该在他们的机构内部进行调查，查出谁是受雇于他们公司并在地下工作的“鼹鼠”。这种调查是英国钢铁公司自己的责任。在我的草稿里，我曾写过一节关于拒绝命令格拉纳达电视有限公司披露姓名的文章。但是周末时（实际上是在公休日，即 1980 年 5 月 5 日）我做出了这样的决定，我觉得格拉纳达电视有限公司处理问题时不够慎重。因此我又第二次起草要格拉纳达电视有限公司揭露“鼹鼠”姓名的判决。[1]

五、威尔伯福斯勋爵进行了权衡

上议院确认了上诉法院的判决。威尔伯福斯勋爵作了权衡，结果他提出了不利于格拉纳达电视有限公司的裁决。他说：

“最后，我来谈一点批评性的意见。公平的补救办法是由法院决定的。如我过去所说，虽然报刊和记者没有豁免权，但

〔1〕 此判决发表在《法律报告》中。

是实际上,却存在保护消息来源这种公共利益的成分。……法院不应破坏善意的保密制度,除非出于公平审判的需要。……实际上,存在自由传播消息的公共利益,这种利益的分量随着条件的不同而变化。在某些案件中其分量很小;在某些案件中则可能很大。法院必须考虑到这种情况。……我认为格拉纳达电视广播公司代表着一定的公共利益,因为人民关心钢铁工人罢工的消息,英国钢铁公司对罢工的态度以及政府可能对罢工处理的态度……法院又回到了丹宁勋爵在'检察总长诉马尔霍兰案'和'检察总长诉福斯特案'〔1〕中所提出的公式中去了,即必须讲出自己的意见:格拉纳达电视有限公司所提出的值得重视的理由是否能否定公共利益的理由。我得出的结论是公平审判这种公共利益不能被否定。"

六、格拉纳达会服从法院的命令吗?

上议院发出命令后,许多人都想看看格拉纳达电视有限公司会作出什么反映。格拉纳达肯暴露"鼹鼠"的姓名吗?他们肯服从法院的命令吗?实际上,格拉纳达电视有限公司的经理和高级职员并不知道"鼹鼠"的真实姓名。知道姓名的唯一的人就是格拉纳达公司的一个低级职员,即那个不知姓名的记者(格拉纳达对他的姓名保密),英国钢铁公司的秘密文件就是交给他手里的。他拒绝说出"鼹鼠"的姓名,他曾保证过不说出那个人的姓名。

---

〔1〕(1963年)2 QB 477。

假设在这种情况下，格拉纳达电视有限公司根据一定的理由拒绝提供"鼹鼠"的姓名。那么，是否就犯了蔑视法庭罪呢？我并不这样认为。格拉纳达电视有限公司的秘书在他的陈述书中说："在经理或官员中没有人知道提供秘密材料者的姓名，我曾问过这位记者，他拒绝告诉提供材料者的姓名。"从他所作的这个陈述来看，格拉纳达电视有限公司根本就没有犯蔑视法庭罪。只有在格拉纳达电视有限公司的经理和高级职员不服从法庭命令的情况下，公司才犯有属刑事犯罪的蔑视法庭罪。如果公司的低级职员不服从命令就不能说公司犯蔑视法庭罪（见"泰斯克超市有限公司诉纳特拉斯案"[1]）。后来英国钢铁公司经过他们自己的努力，终于在他们的职工中发现了这个"鼹鼠"。他并不是公司的经理或高级职员，而是一个身份低微的雇员，他的工作是销毁文件。他没有销毁钢铁公司的这些秘密文件，而是将他们交给了受雇于格拉纳达电视有限公司的那个不知姓名的记者。法院向格拉纳达电视有限公司发布的命令并不是发给不知姓名的记者的。他不是诉讼当事人，他拒绝向他的上级交代"鼹鼠"的姓名，并不构成蔑视法庭罪。

这些新情况（在法庭辩论中并没有向法庭提出）引起了人们的进一步思考。向格拉纳达电视有限公司发布他们无法履行的命令，这种做法对吗？在法庭上发布这种命令时是否应该考虑它是否能够生效的问题？

如果一个国家的议会制定的法律不能实施，法院发布的命令无法生效，那么这个国家的法律制度便会丧失威信。就拿美国禁酒法来说吧，它一直没有生效，因此不得不废止。如果法

〔1〕（1972年）AC 153。

院命令报社或电视广播公司交待秘密资料的提供者的姓名，其结果是失败的，那么这个命令不可能是有效的，因为电视广播公司不对它的记者是否执行法庭的命令负责。因此，如果法院注意权衡各种利弊，就会认为下达这种命令不一定符合公共利益。

七、我再次认为

经过重新考虑，我认为在关于暴露性的新闻案件中，除在最为特殊的情况外，不应该命令报社或电视广播公司泄露消息来源。这是因为：第一，这种做法妨碍传播消息这种公共利益；第二，这种命令往往是虚张声势，艾迪生在《旁观者周刊》中把它描述为“空洞的声音，没有坚实的橡木发出的共鸣”。

现在我们来看看《1981 年蔑视法庭法》的第 10 条，它规定：

“法院不得命令一个人泄密，而任何人也不因拒绝泄露由他负责发表的新闻的来源而犯蔑视法庭罪，除非是法院确实认为为了公平审判的利益或国家安全的利益或为防止骚乱或犯罪而泄露秘密是必要的。”

这些话——“为了公平审判的利益”——实际上是重述了我在“检察总长诉马尔霍兰案”和“检察总长诉福斯特案”[1]中的意见。我的这个意见是经上议院在“英国钢铁公司诉格拉

[1] (1963 年)2 QB 477 at 489 ~490。

纳达电视有限公司案”[1]中认可的。所以这条规定好像偏离了过去的法律。我至今对此仍然是这么看的。

八、私人侦探

由于我仔细研究了证据，所以我们作出了受到人们欢迎的判决。[2] 一名记者得到了一个俱乐部中的一条内部新闻。他把这一新闻透露给了《窥眼》杂志。这个侦探在一篇很有价值的侦探新闻中揭露了该俱乐部的犯罪行为。结果该俱乐部被吊销了执照。一名警察被起诉。法官命令这个记者说出这一消息的来源。他拒绝提供，因此检察总长把这个记者拘押了起来。但高等法院分庭把他无罪释放，因为没有必要弄清消息的来源。这是根据上述的新法令第十条作出的判决。但是按照普通法也会作出同样的判决。据我的预料，将来不太会发生命令记者供述消息来源的事情了。

---

〔1〕 (1980年)3 WLR 774 at 827。

〔2〕 “检察总长诉兰丁案”(1982年)，见1982年2月20日《泰晤士报》。

第七章 “普利莫道斯事件”

一、畸形的婴儿

最近上诉法院遇到一个案件，即“斯克灵化学有限公司诉福尔克曼有限公司案”。[1] 上诉法院没有把此案提交给上议院，也没有提出什么要求。整个案子是关于一种叫作普利莫道斯的药品问题的。此案同“瑟利德米案”[2]有些相似。普利莫道斯是用于孕妇的一种药品，但是它的后果会使婴儿畸形。推销商说，这种药可以告诉一名妇女是否已经怀孕。但是许多妇

---

〔1〕 (1981年)2WLR 848。

〔2〕 瑟利德米(Thaldomide)是1961年发明的镇静安眠药品，在欧洲曾广泛使用。后发现孕妇早期服用此药会引起胎儿先天四肢畸型。——译注

女认为它实际上是一种堕胎药,能使胎儿停止发育并使孕妇重新来潮。整个世界有无数名妇女买了这种药。后来一些研究人员发现这种药对胎儿有害,证据非常确凿,因此伦敦医药安全委员会就此事发出了“紧急通告”。于是制造商在规定时间内从市场上收回了这种药。

报纸和其他新闻媒介对这个问题作了详细报道。报纸登出的标题是:“医药公司忽视畸形危险达十年之久”,等等。

制造商为了减轻这种大肆宣传的影响决定反击。他们请一家公司为他们培训管理人员,他们举办了讲座,讲座的内容不得泄露。

二、拍电视片

参加讲座的一个人是戴维·埃尔斯坦。他想出了一个主意:拍一部关于这种药品的电视片,他让泰晤士电视公司来做这件事。他让一个年轻漂亮的女郎在科学期刊和报纸上做很多调查。按律师的说法,这些做法都是许可的。任何人如不怕麻烦都可以这样做。通过调查服过这种药的妇女和研究这种药效的教授,泰晤士电视公司把这些新鲜材料拍成了电视片“普利莫道斯事件”。他们做得十分坦率,他们通知药品制造商,他们将播放这部电视片。

泰晤士公司把这部电视片先给药品制造商放映了一遍,他们认为这部电视片对他们是个危害,因此他们向法院提出起诉。他们要求禁止放映这部电视片,理由是泄露了秘密。上诉法院的每位法官都权衡了利弊,多数人认为埃尔斯坦先生令人不能容忍地违反了对外部保守讲座的秘密的义务。法院发布了制造商所要求的禁制令。但是我却有不同看法。

三、出版自由

在审判过程中，我试着一般性地论述了出版自由。我曾说：

“在我们这个社会中出版自由有其根本的重要性。它不仅包括用以传播公共利益或关于公共利益的消息的新闻出版权，而且也包括公众接受消息的权利。这种权利不受以泄露秘密为理由的限制，除非由于有‘迫切的社会需要’不得不加以限制。为了说明限制是正常的，就必须有一种充分要求保密的社会需要，其迫切程度必须超过出版自由方面的公共利益。除根据道德原因或社会原因需保守秘密外，不得允许以禁制令禁止出版自由。应下禁制令的例子有‘阿吉尔公爵夫人诉阿吉尔男公爵案’，[1]或者是考虑到工业原因而下禁制令的‘格拉纳达案’，[2]此外，还有需要保密的**私人**利益的重要性超过了让**公众**了解某一事件的公共利益的案件。

在《关于隐私问题委员会的报告》中叙述了下面一个简单的问题：

‘设想一个报社掌握了关于一家公司要解雇约一万职员的消息，它知道这是秘密消息而且是通过报社的告密者偷偷得到

---

〔1〕 (1967年)1 Ch 302。

〔2〕 (1980年)3 WLR 774。

的。报社同公司进行了联系。公司既不承认也不否认这个消息,但立即提出起诉,申请制止发表这项消息的禁制令。报社可能要进行辩护,但是它并未断定那项消息的确实性。'[1]

我希望法院拒绝对这个案件发布禁制令[2]因为公众了解消息的公共利益超过了公司保密的公共利益。因此在最近的案件中,服用普利莫道斯药品及其效果的**公共**利益远远超过了制药商的**私人**利益。特别是电视片中所有的消息都属于公共利益的问题,而且在报纸和电视上已有相当多的报道,在任何情况下发表消息都不会影响对审理中的案件进行公平的审判,也不能影响普利莫道斯的销售,因为它早已被从市场上收回了,所以播放电视片是无可非议的。

又回到了这个问题。更重要的是这样一种限制,即只有出现严重不法行为的严重危险时,才能以禁制令对出版自由强加干涉。

我一直坚持出版自由,包括电视广播在内,当然滥用自己权力者除外……我看在此案中还没有滥用的现象,即使有滥用的情况发生,也不足以发布禁制令去禁止。我认为法官应该拒绝 1980 年 8 月 27 日提出的禁制令申请。因此我允许提起上诉。”

毫无疑问,我是有些自以为是,但我仍然认为我的意见是对的。我希望以后其他人也会这样认为。这就是我写这本书的原因之一。

---

〔1〕 (1972 年) Cmnd 5012,第 298 页。

〔2〕 在一件类似的案子中,上诉法院的确拒绝发布禁制令。这个案件是“太阳印刷公司诉威斯敏斯特出版有限公司案”(1982 年 2 月)(但未提出报告)。

四、有人蔑视法庭吗?

然而关于“普利莫道斯案”,也有它的另一个方面,对此我们取得了一致的意见,有人提了这样一个意见,即播出电视片是对法庭的蔑视。所有法官都反驳了这个意见。

就一个方面来说,“普利莫道斯案”的影响比“瑟利德米案”更加强烈。“瑟利德米案”中,父母控告制药商的诉讼是呈休止状态的,然而在“普利莫道斯案”中,由父母提起的诉讼是活跃的而且是非常活跃的。

在“瑟利德米案”中,所发生的问题是禁制令已经发出,而且已经送达;当事人已经出庭,但是在诉讼中却没做别的什么事。就法院来说,266 件诉讼已经在酣睡,而且已睡了三四年之久,没有人唤醒它们,因此诉讼已呈休止状态。当《星期日泰晤士报》于 1972 年 12 月开始发表关于畸形婴儿的文章和审理上诉案件时它们还处在休止状态中。

这是上诉法院认为上述文章不是对法庭蔑视的理由之一,文章涉及的是最重要的公共利益问题,而且报社确实认为文章中的评论是真实的。他们对未决诉讼未抱任何成见,这是因为诉讼处于休止状态,并已休止几年了。

五、法官不会受到影响

在“普利莫道斯案”中五对父母提出起诉,并都被予以受理,审判日期也已经确定。“普利莫道斯事件”的电视片在审理期间(同时也是在等待审判期间)播放了。诉讼确实非常活跃。

虽然诉讼进行得很活跃,上议院仍认为播放电视片并不是对法庭的蔑视。值得注意的一种情况是诉讼由法官单独开庭审理的。他可能知道也可能不知道播放的情况,但是,即使了解也不致受到影响。如萨蒙勋爵在“检察总长诉英国广播公司案”[1]中所说的那样:

“我满意地看到没有法官在审判中受到新闻媒介的影响。如果某个法官受到新闻的影响,那说明他是不称职的。”

还有,证人们也不会受电视片的影响,高等法官肖在“普利道莫斯案”[2]中说:

“如果在被传的证人中,有些是电视片中的人物,没有理由认为他们的证据或准备提供的证据的内容会受到任何影响或损害。任何案件中的证人都是可信任的,否则他们就称不上证人。根据我们的审判制度,证据是通过提问和相互提问得来的,提问可以使证人暴露其性格及品质。”

上诉法院法官坦普尔曼(Templeman)说:

“据我看电视片不会影响诉讼的结果,并且法院不应急于受理,在这种情况下进行审案对于执行法律一定是不合适或有害的。”

---

〔1〕 (1980年)3 WLR 109 at 119。

〔2〕 (1981年)2 WLR 848 at 872。

六、1981年法令的影响

《1981年蔑视法庭罪法》一定受到调查各种案件的新闻记者的欢迎。该法令确认了上诉法院关于“瑟利德米案”的审理，它限定了对诉讼呈活跃状态的案件的责任，所谓活跃状态是指案件提交到高等法院之后的那段时间。该法令也确认了上诉法院对“普利莫道斯案”的判决，即仅在下列情况发生时才可判蔑视法庭罪。

“对正在审理的案件的执法造成严重威胁或造成偏见和妨碍。”

我想象不出在高等法院当一位法官独自审判民事案件时，会由于新闻媒介的宣传而受到妨碍或造成偏见。因此将来报社或电视广播公司不用担忧会犯蔑视法庭罪。他们可以自由讨论在审理中案件的论点或对论点随意做出评论。但不得有意干预审判；而且还必须避免泄密或妨碍私人生活。

第八章　关于文件的公开问题

一、哈曼小姐案件

现在我来谈谈最近的一个案件，即“内务部诉哈曼案”。[1] 为了了解此案，你们应该知道，如果一个人一旦卷入官司，法院就可命令他出示他拥有的与案件中的问题有关的文件，即使文件是极为保密的，也必须出示给对方和法院。当法院命令一方出示他的秘密文件时，根据惯例，这些文件不得用于其他目的。它们是出示给法院查阅的，以便根据案件的是非曲直做出判决。但是文件不能被另一方用于其他目的。

哈里特·哈曼小姐是个诉状律师。在

〔1〕 (1981 年)2 WLR 310。

这个案件中她是一个名叫迈克尔·威廉斯的罪犯的代理人。他因持枪抢劫银行罪被判14年徒刑，关押在一所特别“看守所”内。在关押期间，他提出他遭到了违反《权利法案》的残酷的和非同寻常的体罚。他对内政部提出起诉，要求得到损害赔偿。哈里特·哈曼小姐代表他进行诉讼，她为他的诉讼申请到了法律援助。

哈曼小姐同时也是一个叫做“全国争取公民自由权委员会”的组织的律师。说全国争取公民自由权委员会是个压力集团是不过分的。它的目的之一就是使在监狱中的犯人受到公正的待遇，而不是受到残酷的待遇。

哈曼小姐得到了一道命令，要求内务部发表文件。有关“看守所”的文件是保密的。内务部认为，这些文件可以用于由迈克尔·威廉斯提出的控告内政部的诉讼，但他们不愿意让全国争取公民自由权委员会这个压力集团使用这些文件，下面是双方的信件来往。

内务部致哈曼小姐：

“内政部希望把文件用于原告律师的职责范围内，不希望全国争取公民自由权委员会把文件用于本案之外的目的。”

哈曼小姐的复函：

“就全国争取公民自由权委员会而言，你们可以放心，作为一名律师，我很清楚，按惯例规定，在法庭上公开的文件，除用于正在进行中的诉讼外，不得用于其他任何目的。”

二、一篇特写

在审判中,文件被很恰当地用来为本案服务。把最重要的文件挑了出来,出示给法官,我想可能是在开庭时把这些文件读给法官听了。

此后,一名记者写一篇关于案件的特写。哈曼小姐把这些文件送给了那名记者,他为《卫报》写了一篇文章,文章对内务部及其所属的"看守所"提出了尖锐的批评。文章是用这样的标题刊登出来的:

内政部官员是如何管理看守所的

根据法庭的一项命令,全国争取公民自由权委员会发表了一份文件,这份文件详细地揭露了白厅的一些重要文件,文件表明,政府各机构串通一气,千方百计地阻止消息的外传。

三、她是否犯有蔑视法庭罪?

内务部提出起诉,控告哈曼小姐犯了蔑视法庭罪。法官帕克先生认为她犯了蔑视法庭罪。上诉法院支持他的判决。我说:

"哈曼小姐的辩解很简单:这些文件是在开庭时由她为原告指定的律师公开宣读过的。既然文件在法庭中宣读了,那么就变成了公开的消息。如果速记员把宣读的内容记了下来,并复印出来,那么世界上谁都可以利用。因此,为什么她就不能利用放在自己办公室的这些文件呢?"

当时我读了我的基本论点:

"据说这个论点是霍尔斯伯里勋爵在'斯科特诉斯科特案'[1]中所谈到的原则。这个原则是'……每一个法庭对国王的每一位臣民都是公开的。'因此,据说在法庭上公开宣读过的每一份文件均可被女王陛下的每一位臣民在法庭内外随时利用;即使不能被每位臣民利用,至少记者是可以利用的。但是文件曾经是保密的,而在法庭上一宣读就失去了保密性。文件所有人应该保留他对文件的版权。而任何被损坏名誉的人应该保留控告诽谤罪的起诉权。但是秘密文件的持有者失去了对泄密者要求赔偿损失的权利。"

四、我的观点

然后我谈到了我的观点:

"我绝不能接受上述论点。每个人有私生活的权利是我们国家的基本人权之一,其中包括秘密文件应该得到尊重的权利。这项权利可能为了公平审判的目的而遭到废弃。法庭为了在起诉的案件中坚持公平原则,命令内务部向迈克尔·威廉斯泄露上千份这类文件,这就是为了公平审判而废弃保密原则的一个例子,这种废弃意味着有关文件可在公开的法庭上向进

〔1〕 (1913年)AC 417 at 420。

行审案的法官宣读。当然还意味着审判时出庭的所有人都能够听到向法官宣读的文件的内容，当然记者可以记下宣读的内容，而且可以根据自己的笔记就诉讼作出公正而准确的报道。此外再无其他意思了。它并不意味着那些秘密文件可用作其他目的或者不经所有者同意便可将文件内容到处传播。在这种情况下，以出版自由为借口是没有用处的。出版自由本身是受限制的。所谓出版自由并不是未经文件所有者的同意而自由发表秘密文件，除非文件能使公众获得的公共利益超过文件所有者保密的利益。我看不出获得这些高度秘密的文件会使公众获取多少公共利益。除此情况以外，对这些文件保密是符合公共利益的。不应该把它们扩散到外界。我认为在这个案件中，记者使用这些文件对我们社会的良好秩序极为有害。这些文件被用来对政府大臣和高级文官进行了不公正的攻击，因为正是这些大臣和文官认真负责地处理了这个扰乱社会秩序并因武装抢劫而服刑的可恶罪犯。我认为哈曼小姐应对不正当使用这些文件负一定的责任。不言而喻，她严重地违背了她对法庭及对财政部律师的保证。她的保证是，文件只应用于迈克尔·威廉斯控告内务部的诉讼。而实际上她把文件用来为她的组织——全国争取公民自由权委员会服务了。该组织把这些文件交给了一名记者。当该案还在审理过程中，这名记者就写了一篇文章，不公正地臆断诉讼的结果。令人遗憾的是，法庭发布了披露这些文件的命令。'法律的里程碑'不得不被重新挖出来，向后放一点。"

我还应该强调一点，即内务部或财政部在任何时间都没有对哈曼小姐的诚实和良好的信誉进行指责。

五、如何进行权衡

在这个案件中仍然有一个权衡利弊的问题。一方面是秘密文件除用于允许的目的外不得用于其他任何目的。另一方面应允许报界就法庭上涉及的公共利益问题发表文章,这对于保证出版自由是很重要的。上述情况中,上诉法院经过权衡后认为应该保密。上议院的裁决是倾向于哪一方面的呢?我们以很大的兴趣等待着它的裁决。如果倾向于哈曼小姐一方,那就证明她的辩护是正确的,而我们是错误的,如果情况是这样的话,我将首先向她赔礼道歉。

六、我们得到了支持

不过,因为我修改了证词,上议院以三票对二票的多数肯定了我们的判决。《泰晤士报》登了一条消息,标题用的是粗笨的黑体字,好像是悼文:**“蔑视法庭罪的裁决,使出版自由进入了黑暗时代……议员们抗议关于蔑视罪的裁决”**。[1] 该报又补充说人们将向欧洲人权委员会提出上诉。我要用莎士比亚的话来回答:“我觉得,那个女人在表白心迹的时候,说话过火了一些。”[2] 判决并未限制出版自由,而无非是限制了滥用出版自由的权利。

---

〔1〕《泰晤士报》,1982年2月12日。

〔2〕《哈姆莱特》第3幕第2场。

第九章　对侵害私生活或泄密的法律赔偿

一、判给损害赔偿

如果个人隐私或秘密受到威胁，或者这种侵害威胁实际已经发生，那么，将如何给予损害赔偿呢？就我所知还没有人讨论过这个问题。在目前，这不是一种犯罪，也不应该把它看成犯罪。刑事诉讼是不适合的，应该把侵害私生活和泄露秘密视为侵权行为（一种错误），在适当的案件中，应该让犯侵害罪的人以及故意利用这种犯罪的人承担损害赔偿。有时这种侵害可带来实际损失（如在工业间谍案中），有时会使感情受到伤害（如在诽谤案件中）。在这些案件中，受害人应该取得损害赔偿。尤其是在对私生活非常粗暴的侵害时，应判侵害者付惩戒性的赔偿金。在讨论诽谤罪时，我已提出过这个建议。

但是仍然存在禁制令的问题。无疑，如果受到了泄露秘密的威胁，法院应加以制止。但是出版界情况如何呢？如果出版界计划刊行秘密材料，而涉及的又是公众感兴趣的与他们利益相关的问题，那么应该发布禁制令吗？这里我要谈一个在美国人们经常讨论的题目，但是它在我们这里却很少引起注意。

二、预先的限制

布莱克斯东反对向出版界发布任何禁制令去阻止它们发表它们想要发表的东西。他完全知道出版界可能会作出错误事情（比如发表诽谤性的文章），可能写出对法院给被告的公平审判抱有成见的文章。但尽管如此，他仍然认为不应该事先发出禁制令。受不正当行为侵犯的个人所应采取的补救办法就是事后取得损害赔偿或者按法律规定的其他类似补救办法采取行动。

下面来看看布莱克斯东是如何以他那一贯的优雅风格叙述这一点的吧：

“出版自由对一个自由国家来说的确是很重要的。它包括不得事先禁止某些东西的出版，但不包括允许有犯罪内容的刊物继续发行。毫无疑问，每个自由人都有在公众面前按照自己的意愿表示意见的权利。禁止这项权利就等于抛弃了出版自由。但是如果一个人发表的意见是不妥当的、有害的或是违法的，他必须自行承担其鲁莽行为所造成的后果。"[1]

在上述引文中布莱克斯东谈的不免有些过分了。在一些特殊案件中，现在的解决办法是：如果发表的文章显然是不合法的，而且给予无辜的人以不公平的打击，那么禁制令是可以发布的。

在"瑟利德米案"中，欧洲人权法院说，为证明限制是正当的，就必须有"一种超过自由发表意见这一公共利益的社会需要"。[2]

在审理一个排外组织案件中斯卡曼勋爵对此作了很好的总结：

"……对出版的预先限制（虽然有时在一些重要案件中是需要的）是对言论自由的严重妨碍，只有在不如此就很可能出现极不公正的事情时，才能发布这种命令。按我理解，对'社会迫切需要'的检验指的就是这一点。"[3]

---

〔1〕《英国法释义》第4卷（1830年第17版），第151页。

〔2〕《星期日泰晤士报诉联合王国案》（1979年）2 EHRR 245 at 282。

〔3〕（1980年）3 WLR 109 at 138。

第十章　未　来

一、法律委员会起草了一项法案

法律委员会在1981年10月提交的一份报告中对这个问题做了全面论述。它是我所见到对判例法的最好阐述。它把基本问题列为:关于秘密和隐私的法律应该交给法院拟定,还是应该以写入成文法的形式颁布出来。

我的答案二者都不是。我认为它的精神只有通过一个一个的判例才能挖掘出来。这件事正在做,正像我在前面所指出的那样进行着。报告中有这样一段话:

“……四所律师学院的理事会和法庭都担心立法会把硬性成分贯穿到法律之中,他们希望让法庭自己去解释法律,使其能够适用于将来可能出现的各种情况”。

但是该报告能够而且也应该起到最为重要的作用。当一个新的问题出现后,每个法官都应参考这个报告。他应该把它作为他进行审理案件的基础。即使法官不把它看做具有约束力的条文,也应该把它视为很有参考价值的文件,然后以良知与公正作为尺度去审理手头的案子。他的判决会成为后人的判例,会把它写在《法律报告》之中。这样我们就会有一种适应性很强的法律(必要时法官还可以自行改变),而不致因解释法律而引起的费解和混乱。

二、密切注意《欧洲人权公约》

据我看,支配问题的普遍原则已由我在本篇一开始述及的《欧洲人权公约》的第八条至第十条充分地作了说明。关于这些问题我同意斯卡曼勋爵在排外组织案中所说的话:

“如果这个问题最终是一个法律政策问题,那么我们必须考虑到根据人权法院的解释我们国家应该遵守的《欧洲人权公约》所规定的国际义务。”

但是这些条款好像是一所空房子,没有任何陈设,没人可以居住。人们需要添置家具,需要有个厨房做饭,有把椅子休息,有张床睡觉。这些条款也需要这样,必须有法官对条款的解释,必须用实际判例加以说明,你还得知道在民主社会都有哪些事情是必要的,等等。这可通过判例加以说明。这些判决将作为其他人遵循的判例。

三、发现新的不法行为

在法官前进的道路上没有什么阻碍了。他们发现了一种如美国法院已经发现的新的侵权行为。英国法律应该承认隐私权。对这种权利的任何侵犯都可以作为要求损害赔偿的诉因,或在必要时作为发布禁制令的理由。法律也应该承认私人通信和秘密传播的权利。对这种权利的侵犯同样可作为要求损害赔偿的诉因。

这种权利不是绝对的,每一种都可能有例外情况。当公布材料的公共利益的重要性超过对材料保密的公共利益时,这些例外是可以允许存在的。这种案子对法院来说就有个权衡问题。每个案件一经判决都会对别人成为先例。只有这样,才能建立起判例法体系。这就是我在这一篇里一例一例地为你们讲述的原因——说明判例法是如何发展的。我希望判例法将来会继续发展下去。

调查性的文章是一个特殊的问题。我认为,当报纸或电视广播公司对一般公众关心的问题——应该让人们知道的问题——进行调查时,有关文章的发表或电视片的播出应该与公共利益紧密相关,不应该以其中的消息是通过某人的泄密而得到的为由,限制文章的发表或电视片的播放,也不得强迫报纸或电视广播公司披露消息的来源。

四、留给法官处理

我知道把这个问题留给法院处理是有困难的。这取决于事实能否讨论的问题，取决于委托人或律师是否会提出这个问题，取决于法官是否有智慧和勇气去发展法律，或取决于他们是否会简单地说："这不是我们的事，是国会的事。"

但是我的回答是这样的：即使国会真的通过一项法令，你们仍然会遇到许多同样的问题。我希望将来的法官能按照过去法官的习惯去做，也就是，他们应该根据时代的需要不断发展法律。他们应该具有勇敢精神，他们不应该只做胆小鬼，怯懦地说："这是国会的事，不是我们的事。"

第七篇

权 利 法 案

第一章　自《大宪章》以来

一、一个持久的要求

我们该不该有个权利法案，对于这个问题已经讨论得很久了。为了得到这一法案，韦德勋爵一次又一次——年复一年地在上议院提出一项议案。他建立了一个权利法案“俱乐部”，斯卡曼勋爵是该俱乐部的创始成员。1981 年他获得了巨大的胜利。议案在上议院的各个阶段都获得通过，但在下议院却未能获得通过。

这次人们提出权利法案的原因和以往是一样的。在普通人民中间有个感觉，即个人的权利和自由已经毫无限制地受到了侵犯，而且，就目前的情况而言，法律已不再能保护公民不受政府、工会以及其他全能机构的压迫。因此他们呼吁:“我们要有个权利法案。”

我照例要回顾一下。我们的历史告诉我们,我们的祖先是如何获得自由的。

二、1215年的《大宪章》

我不打算过多地论述1215年《大宪章》。我已在《家庭故事》中论述过了。约翰国王压迫人民,贵族起而反抗。伦敦市起到决定作用。国王同意了大宪章。他是言不由衷地同意的。两个月以后,一份罗马教皇的训谕宣布该宪章是无效的。但是约翰国王死后,年轻的国王亨利三世又重新颁布了该宪章。正是这次重新颁布使宪章第一次被详尽地列入了法律之中。我在这里只列出关于保护个人自由的条款:

第三十九条,任何自由人,如未经其同级贵族之依法裁判,或经国法判决,皆不得逮捕、监禁、没收财产、剥夺法律保护权、流放,或加以任何其他损害。

第四十条,不得向任何人出售、拒绝,或延搁其应享有的权利与公正裁判。

三、1628年的《权利请愿书》

国王查理一世只根据谕令而未经国会同意便强行征税。五名骑士拒绝缴纳,法官屈从了国王。他们认为如果一个人是根据谕令而被拘捕，就不应该由法院予以赦免（见“五名骑士案”[1]）。爱德华·科克爵士当时是国会的一名议员。和我们已经看到的一样，他由于因未按国王的要求行事，于1616年被免了职。1628年，当他70岁时，他在国会提出了《权利请愿书》。他说：

“国家有得肺病的苗头，但还不至于不可救药。对于这种疾病，我建议采取补救办法。凭我自己的头脑，我是想不出补救办法的，但是我觉得，议会法令是可以起到补救作用的。”

本杰明·拉迪尔德爵士（Sir Benjamin Rudyerd）曾十分生动地谈过这个问题：

“就我个人来说，我很愿意看到延续了很长时间的法律——《大宪章》，它好像已经老朽了，已经卧病不起了，因此我希望能看到它再次出外走走，返老还童，恢复青春。毫无疑问，这对全体人民将是个极大的鼓舞。”

《权利请愿书》体现了科克关于“合理程序”的概念。请愿书共有十一条，我现在摘引第十条的一句话如下：

“因此他们卑躬地恳求最英明的陛下，在未经国会法令批准的情况下，任何人不得赠送或接受任何礼物、借款、捐助、征收赋税或其他类似捐税……行为符合上述原则的自由公民不得被监禁或拘留……”

起初国王不同意《权利请愿书》的规定。他推诿搪塞，不置

[1] (1627年)3“国家审判案”1。

可否。经过许多次反复，他终于让步了。最后于1628年6月7日，国王亲赴国会表示同意，并宣读了请愿书。书记官用诺曼底法语大声宣读了批准书：“让正义得到伸张，使人们如愿以偿。”

当宣读批准书时，人们一遍又一遍地重复着，欢呼声响彻云霄。新闻立即传遍了街头。枢密院顾问官这样描写道：“人们用奇异的钟声和熊熊篝火来传播这令人兴奋的消息。”

四、1689年的《权利法案》

詹姆斯二世国王是个昏君。就是他偏袒罗马天主教徒，而且激烈地反对新教徒。就是他解除了法官的职务，派杰弗里斯法官主持血腥巡回法庭。就是他在七名主教向他呈递请愿书时发布命令，以煽动性诽谤罪对他们进行起诉。正是由于七名主教被无罪释放才迫使国王逃到国外。他在逃亡的路上将国玺扔进泰晤士河。

一个名叫约翰·萨默斯的年轻的出庭律师起草了一份《权利宣言》。虽然他是法律界的一名新进律师，但他却做了五分钟的简短发言，致使七名主教被宣布无罪。那次宣判后，人们立刻委托他起草《权利宣言》。这个宣言终于得到新国王威廉的同意。这个宣言后来发展成了1689年的《权利法案》。你们现在很难得到这个伟大文件的完整版本了。我想在这里摘引几个主要条款：

“上议院和下议院……

Ⅰ……(如他们的前人在同类情况中通常所做的那样)为了证明和断言他们过去的权利和自由是正当的,兹宣布:

(1)只根据国王的权威,未经国会认可而自行中止或执行法律权力是非法的。

(2)最近只根据国王的权威而行使的那种运用法律或执行法律的权力是非法的。

……

(8)对国会议员的选举应当是自由的。

(9)在国会内的演讲、辩论或控诉的自由在国会外的法庭或地方不得受到非难或质疑。

(10)不得索取过多的保释金,不得课以过重的罚金,亦不得施以残酷而不寻常的刑罚。

(11)应该适当地制定陪审员的名册和人选,而且审判叛国罪的陪审员,应该是地产所有人。"

Ⅱ……威廉王子和玛丽王妃应该是而且应该宣布他们为英格兰、法兰西和爱尔兰的国王和王后……

麦考利用这样的话叙述了《权利法案》的重要性:

"《权利宣言》虽然并未制定成法律,实际上以前也并不是法律,但它具有以下法律的萌芽:为非国教派赢得了宗教自由;保证了法官的独立性;限制国会的连续性;将出版自由置于陪审团的保护之下;禁止买卖奴隶;废除宗教宣誓;恢复了罗马天主教徒的公民资格;改革了代表制。它还包括在一个多世纪的时间里通过的各种优秀法律的萌芽及此后在若干世纪当中,可能发现为促进公共福利和满足公共意见而有必要建立的各种完善的法律的萌芽。"[1]

如果我们要制定一个新的《权利法案》，它是否也有这样的性质，即在复杂的现代社会中，维护个人权利和自由，反对那种到处横行霸道的权力机构的法律的萌芽？

五、1791年美国效仿《权利法案》

现在我要离开本题，提醒你们，我们的祖先是带着"英国人的权利"去美国的，他们也带去了我们的1689年的《权利法案》和布莱克斯通的《英国法释义》。1776年他们获得独立后就于1787年9月17日制定了美国宪法。这部宪法确立了由总统、参议院和众议院等组成的政权结构。但一个叫詹姆斯·麦迪逊（James Madison）的人带头要求按照英国的模式制定一项权利法案。他说：

"我认为，反对宪法的很多人不喜欢它，是因为它没有包括防止侵犯特殊权利的实际有效的条款，而他们长期以来已经习惯的那些保护条款一直存在于他们与行使主权的地方行政官员之间。"

詹姆斯·麦迪逊使他的修正案得到了参议院的同意并取得了众议院的认可。这些修正案获得了各州的批准。我要摘录几条修正案，以便让大家知道修正案的草拟者曾参考了我们1689年的《权利法案》，而且还引用了一些十分类似的词句。

---

[1] 《英格兰史》第3卷，第1311页。——译注

第一条，国会不得制定关于下列事项的法律：……剥夺人民的言论自由或出版自由；剥夺人民和平集会……的权利……

第五条，……未经法律的正当秩序亦不得剥夺任何人的生命、自由或财产；凡私人财产，非有恰当的补偿，不得收为公有。

第六条，在一切刑事诉讼中，被告得享有下列权利：由……公正陪审团迅即予以公开审判……

第七条，普通法方面的诉讼，其争讼的价值超过20美元者，有受陪审团审判的权利……

第八条，……不得课以过多的保释金、过重的罚金，或施加异常的残酷刑罚。

这些修正条款每个词都是美国最高法院所要仔细考虑的问题。在美国关于"法律的正当程序"的说明能装满一书房。时间的消耗和金钱的花费是巨大的，而我们的《权利法案》并没有付出这样大的代价。我想近三百年来，关于《权利法案》的含意问题，我们没有诉诸过几次法律。如果我们有个新的《权利法案》，那么是否会出现上千个案子？我们的法庭会不会为轻率的或令人讨厌的诉讼和起诉所困扰呢？

第二章　关于我们这个时代的问题

一、1948 年的《世界人权宣言》

1940 年温斯顿·丘吉尔先生和富兰克林·罗斯福先生曾在大西洋的一艘战舰的甲板上举行会晤。当时正在力量悬殊的情况下单独作战的英国和同情英国但还未卷入战争的美国提出了共同的原则。这就是所谓的《大西洋宪章》。罗斯福先生在 1941 年 1 月 6 日一次雄辩的演讲中叙述了这个原则：

"在我们寻求安宁的未来岁月中，我们盼望一个建立在人类四种基本自由之上的世界。

第一是言论和表达意见的自由——在

全世界的任何地方。

第二是每个人有以他自己的方式崇拜上帝的自由——在全世界的任何地方。

第三是不虞匮乏的自由……

第四是免除恐怖的自由……”

1941年12月7日日本攻击了珍珠港，美国卷入了战争。1945年我们胜利了，文明得救了。1945年10月24日联合国成立了。1948年12月10日联合国大会通过了《世界人权宣言》。这个文件的30个条款向全世界各国人民讲述了《权利法案》。它给各国人民留下了深刻印象。例如：

17）每个人都有单独及与他人共同拥有财产的权利……

18）每个人都享受思想、道德观念和宗教信仰自由的权利……

19）每个人都有坚持和表达自己观点的自由……

20）每个人都有和平集会和结社的自由……

23）每个人都有劳动、自由选择职业、取得正当适宜的劳动条件以及享有被保护，免受解雇的权利……

24）每个人都有休息和闲暇的权利……

26）每个人都有受教育的权利……

这个全人类的宣言由于缺少一个重要因素而成了一纸空文。它没有讲贯彻文件的具体方法，没有法庭下达命令，没有当事人出庭，没有警察拘捕罪犯。在上面签字的每个国家都可以对它表示轻蔑，而且许多国家就是这样对待它的。我们可以不把它视为任何一种权利法案。它是一个表达了人们的真诚的愿望的宣言，而不是可供实施的权利宣言。

二、1950 年的《欧洲人权公约》

虽然如此,上述全人类的宣言对欧洲大陆产生了重要的影响。它导致了 1949 年欧洲理事会的建立。该理事会制定了《保护人权和基本自由公约》,1950 年大不列颠王国代表在上面签了字,并得到了政府的批准。但它从未成为我国法律的组成部分。它们只是一个签字国在国际事务中有义务遵循的国际条约,然而在英国境内没有任何法律效力。

现在只要提起《权利法案》,大部分人认为,它的实际办法是由国会通过一项法律规定的,确定《欧洲人权公约》为我国法律的一部分。最近提出的人权法案(如我所说,它已通过了上议院的各个程序)明确指出:

"应该毫无保留地通过这一法案,使公约具有法律效力,并在英国法院在诉讼中加以执行。"

这是否有希望实现呢?我首先要考虑的是今天的法院在用什么方法接受这个公约;其次要考虑的是,如果使公约明确地成为我国法律的一个组成部分,那么效果将会如何?

三、英国法院目前的态度

如果一个政党希望依据公约的某一条款,我们不会禁止。我们不会说:"那不是我们的法律,我们不予理睬。"我们对它是要理睬的,同我们研究比较法一样,目的是让我们看看其他国家是如何解决问题的。我们没有研究它的细节,或研究关于它的大量案件,我们研究的是我们所要依据的条款。我们要搞清哪种是正确的,哪些是为我们所欢迎的。如果是正确的,我们就用它作为我们判决的借鉴。如果不为我们所欢迎,或者如果条文对于例外情况过于束缚手脚,我们就把它搁置在一边。我们做我们应做的事情,查对解决有关问题的英国法律。这与公约是没有任何关系的。解释我们的行为的最好途径就是提出几个需要我们解决的具体案子来。这样我就可以讨论一下有关的条款,以便使你们对公约的内容有所认识。

第三章　继续分析一些案件

一、结婚的权利

在“王国政府诉内务大臣,由哈坚·辛格起诉案”[1]中,哈坚·辛格先生以不合法的途径进入了这个国家。他可能是从印度来的,乘着小木船渡海来到米德兰德。后来他被逮捕并被拘留了,准备把他驱逐出境。这时他突然说他要同帕拉米特·考尔小姐结婚。他26岁,她16岁。他们俩都说他被拘捕前并没有想到结婚。他要求允许他在被驱逐出境前同她结婚。他依据的是公约的第十二条,该条规定:

“达到结婚年龄的男女,根据本国的有

---

〔1〕 (1976年)QB 198。

关法律,都有结婚并建立家庭的权利。"

但是他又与第五条第一款第六项的权利中的一项例外规定有关,该规定明确指出:

"为阻挠某人非法入境,或为了将某人驱逐或引渡,可以对这个人实行合法的拘捕或拘留。"

我曾这样说过:

"公约在我国法律中居于什么地位呢?——法院可以而且应该考虑公约。他们应该在解释影响个人权利和自由的法则时把公约考虑进去……第十二条要服从第五条第一款第六项的规定。一个为了移民非法入境而遭到拘留的人没有由于结婚而受到豁免的权利。内务大臣根据他的自由裁决权应该将此人驱逐。我认为在这件事情上他没有理由发布训令。"[1]

二、尊重家庭生活的权利

下一个案件是关于来自巴基斯坦的妇女拉玛·比比的。这是"王国政府诉首席移民官,由比比起诉案"。[2] 她带着两个孩子来到了海斯罗。他们在巴基斯坦到英国的路上在麦加停留了六天,在麦地那停留了三天,然后于上午九点半到达海斯罗。她没有拿到入境证,也不会说英语,需要经过翻译。她

〔1〕 训令(mandamus),一种代表国王特权的法院命令。一般由高等法院向个人、法人或下级法院发出,命令他们执行自己职责范围内的责任。这种命令是维护已被损害的公共权利或义务的一种特殊手段。——译注

〔2〕 (1976年)1 WIR 979。

说她是作为客人来探望她的丈夫的，时间是两个星期。她随身带有七百美元现金，并有一张不限期的回卡拉奇的返程机票。她还出示了她自己的宣誓书，证明她在1952年在巴基斯坦同一个名叫巴卡特·阿里的人结了婚。她又出示了出生证明文件的复印件，用以证明大孩子是个女孩，生于1957年4月19日；小的是男孩，生于1971年10月12日，文件不是用英文写的，但经翻译与她说的情况相符。

巴卡特·阿里先生在飞机场同律师事务所的实习办事员一起会见了她。巴卡特·阿里先生说这个女人是他的妻子，如果内务部允许，他希望她能携同两个孩子入境并永远同他在英国居住。他说他在1967年就来到了英国，是从巴基斯坦来这里定居的，他曾趁假日回过家。他说他是在1955年同这个女人结的婚，他就是这两个孩子的父亲。他已在英国就业，一年收入两千英镑，自1974年以来就在为他的妻子和孩子申请赋税救济金。

她的辩护人是王室法律顾问路易斯·布洛姆—库珀(Louis Blom-Cooper)先生，是这方面和其他方面的专家。他说移民局

“根据《欧洲人权公约》的规定，应该允许那位妇女入境。该公约第八条第一款规定说：‘每个人都有权利要求他的私人和家庭生活、住宅和通信受到尊重。’在附条第二款中为了国家和公共安全的利益等有一套例外的规定。现在我们再次有机会考虑在什么程度上该公约被视为我国法律的组成部分。”

我对这个原则是这样论述的：

“就我的理解，当前的形势是，如果在我们的法规中有任何

含糊之处,或在我们的法律中有不明确之处,那么法院即借助公约来释明含糊和不明之处,并总是设法使我们的法律同公约相一致,而且当国会制定法律,或国务大臣制定法规时,法院就会猜想他们在制定时已经考虑了公约的有关条款而且有意地将这些法令、法律制定得和公约相一致,因此也会以相一致的精神对法律进行解释。但是我完全不同意公约是我们法律的组成部分的说法。条约和宣言在经议会制定成法律之前并未成为我们法律的组成部分。"

我又补充了这样的意见:

"公约起草的方式和我们在立法时所惯用的方式完全不同,它讲的是一般的原则。这样的条文是很难应用的,因为它在很多地方是不明确的。这些原则不是我们容易领会的东西。第八条就是个例子。这一条的意思太宽了,简直不能应用。因此最好还是坚持我们自己的法律和原则,只把公约视为处理疑难案件的指导。"

最后我们作出决定。由于公约没有什么用处,我们把它整个撇在一边。我说:

"我们再回到本案上来,我认为移民局官员根据原则办事的做法是正确的,而且毫无疑问,根据原则,移民局拒绝这位妇女和她的孩子入境是完全正确的。她没有入境签证。她说她是作为一个客人而来的,但她丈夫希望她长住下去。这就是对这个案件的全部答复。"

三、宗教信仰自由的权利

另一个判例是关于宗教自由的。这就是“艾哈麦德诉内伦敦教育局案”。[1] 艾哈麦德先生是一名小学教师。他受雇于内伦敦教育局，是一名专职教师。这就是说他必须每周从星期一到星期五到学校去上五天课，每天中午十二点半到一点半是午饭时间。

但是艾哈麦德不仅仅是一名教师，而且是一名虔诚的伊斯兰教徒。按照该宗教的规矩，每星期五去附近的清真寺参加祈祷是他的义务。祈祷的时间是下午一点到二点，而且去清真寺要走十五至二十分钟。因此他每次去参加祈祷都不能在一点半钟及时返校上课，他只能在二点十五分至二点二十分回来。这就是说每星期五要耽误三刻钟的课。该校负责管理有缺陷儿童的校长尽量帮助他，安排他把误的课补上。但是负责普通儿童的校长并不像他这么做。他的误课大大打乱了班上的教学计划。他们不能安排他用其他的时间来补课。而他星期五依然要去祈祷。他说他有权利这样做，而且尽管误课，仍同上满五天课一样，有权拿到工资。他们向他提出过几种不同的妥协办法，但他都没有接受。他终于提出辞职表示抗议。他提出的理由是：“我受到了内伦敦教育局的剥削和侮辱。”他提出起诉，要求对他不公平的解职赔偿损失。

在辩论中，人们注意到了公约的第九条，它规定：

---

[1] (1978 年)1 QB 36。

“每个人都有权享有思想道德观念和宗教信仰的自由；这项权利包括表达自己的宗教信仰、做礼拜、讲学、传授以及举行仪式的自由。”

也有一些例外规定。关于这些规定我曾说：

“公约不是我们英国法律的一部分。但是和我常说的一样，我们将永远注意到它。我们要尽量设法使我们的判决同公约一致，但是它是用一种含混不清的语言制定的，因此它会被用于各种不合理的赔偿要求，从而引起各种争讼。正像某些调子很高的原则一样，公约中的条款也要受到现实的约束。它们必定被用于一个平凡的世界。我冒昧地提醒大家一下，如果伊斯兰社会受到优于大多数人民的对待，那么这对他们——或对其他任何少数民族——是没有什么好处的。如果在宗教自由的名义下，给他们以特权和利益，那么就会在那些与他们一起工作的人中间引起不满，甚至是愤恨。实际上这种情况已在本案中发生了。这样会损害民族之间的团结。在维护宗教信仰的充分自由时，我建议应该谨慎地运用这种自由，特别是要注意到这种自由所需要的环境。如果把它用于我们的教育制度，我认为根据合同和那些孩子们——艾哈麦德先生给他们上课是领工资的——的利益，他的那种‘在作法和习惯上表明自己的信仰’的权利必须服从学校的利益。我看《欧洲人权公约》没有给予艾哈麦德先生用违反雇用合同的办法在星期五下午表示宗教信仰的任何权利：当然不能拿全工资。”

高等法官斯卡曼（当时在我们法院工作）有不同意见。这说明我们之间存在一些问题。

四、参加工会的权利

甚至关于参加工会的权利这个使人困惑的问题我们也参考了公约。这个案件是“联合王国职业工程师协会诉调解仲裁局案”。[1] 一些职业工程师想建立自己的小工会组织。他们不愿参加包括体力劳动工人的大工会。他们害怕参加了大工会,他们就有可能被号召参加罢工或被迫“弄脏”[2]设备或怠工,这些事他们不愿干,如果加以拒绝,就要负纪律责任,甚至被开除。

在这个问题上我引用了公约。公约第十一条第一款说:

“‘每个人都有自由和平集会和同其他人自由结社的权利,包括为维护个人利益建立和参加工会的权利。’这一条只是叙述了英国法律的基本原则。普通法一直承认每个人都有自由结社的权利,但它的必要前提是,结社不是为了追求非法的目的,也不能使用非法的手段,其动机不是为了伤害别人而是为了维护其成员的利益。普通法接下来承认每个人都有为维护个人利益而建立和参加工会的权利。

《欧洲人权公约》尚未被正式引进我们的成文法律。但是第十一条准确地谈到了普通法。就我个人意见来说,我认为当国会制定关于工会的法律时,不能让它有意违反该项基本权利。

---

〔1〕 (1979年)1 WLR 570。

〔2〕 指在罢工期间故意破坏机器设备。——译注

如果运用这一条款，我认为职业工程师有权建立和参加他们自己的工会，在这个案件中，他们行使的就是这项权利……

我认为这项自由结社的权利是英国法律的组成部分。当大多数特殊工人希望由他们所拥护的工会代表他们而不希望由与他们对立的工会代表他们时，一般来讲，调解仲裁局就应该实现他们的愿望。"

这四个主要案件表明法院考虑到了公约。我们参考公约是为了借鉴。有时我们发现它很有帮助，有时则没有；有时我们认为条文过于笼统，有时例外规定过宽，失去了原则。因此我们不想在它身上花过多的时间。

第四章　斯特拉斯堡法院

一、它的审判权同我们的关系

即使在现在，虽然欧洲公约不是我们法律的组成部分，但它可以通过一种方法迫使我们改变我们的法律，以求与该公约一致。这是因为在斯特拉斯堡设有欧洲人权法院。

虽然该法院的判决对我们没有约束力，然而英国已经承认，在一段时间内，英国国内的案子可以提交给该法院。最近这种承认又被延长了五年。因此在我们裁决过的案件中，有些被斯特拉斯堡法院认为是违背了公约。它的这项判决不能改变我们的法律，但是这意味着它可通过向国会施加压力来改变我们的法律。

二、斯特拉斯堡法院对我们国会的影响

你们还会记得，在“瑟利德米案”（“星期日泰晤士报诉联合王国案”[1]）中，斯特拉斯堡的欧洲法院认为英国法院对《泰晤士报》发布禁制令是错误的。英国违反了自由表达意见这项基本人权。英国违背了公约的第十条。

该案的结局是这样的：《泰晤士报》要求赔偿损失，英国政府不同意，他们认为，欧洲法院只是以十一票对九票的微弱多数判定他们是错误的。

欧洲法院驳斥了英国政府的反对理由。他们以十三票对三票的多数通过决议，命令英国政府付《泰晤士报》22626.78英镑的损失费。

以下是接着发生的事情，国会已经通过《1981年蔑视法庭法》。我不怀疑，这是受斯特拉斯堡欧洲法院的影响的结果。但是他们也援引了高等法官菲利莫尔（Phillimore）主持的委员会的报告。国会已经废除了上议院对“瑟利德米案”的判决。关于“预决诉讼”的试验已经过去了。试验只是看看是否妨碍了审判程序。

[1] （1979年）2 EHRR 245。

三、三名铁路工人

最近三名铁路工人在一个重要案件中在斯特拉斯堡欧洲法院上获得胜诉。他们受雇于英国铁路已经多年。当他们被雇用多年**以后**，英国铁路同意工会将该铁路定为“排外企业”。[1] 他们只雇用工会会员。这三名工人拒绝加入工会，因此就把他们三人解雇了。他们在英国没有得到赔偿，因为按照英国法律，解雇他们不是不公平的。他们上诉到欧洲委员会，委员会把这个问题提交给欧洲法院。这三个人依靠的就是第十一条第一款，和我们在上一章看到的一样，它规定：

“每个人都有……同其他人自由结社的权利，包括为维护个人利益建立和参加工会的权利。”

这三个人争辩说，有参加的**积极**权利，也有不参加的**消极**权利。但不幸的是，欧洲法院并没根据这个规定作出判决。他们根据狭隘的理由作出了有利于这三个人的判决：即他们已经被雇用，由于后来没有加入工会而被解雇是不公平的。该法院指出，英国政府应该赔偿那三个人的损失。

现在政府怎么办呢？目前“排外企业”制不是非法的。那么政府可否采取新的立法使之成为非法的呢？

欧洲法院的判决已经产生了影响。自我开始写这本书以后，1982年2月向国会提交了一项法案。这项法案并没有明确

〔1〕 即只雇用工会会员的企业。——译注

“排外企业”制为非法。它对工会坚持只有工会会员才能受雇于该企业的规定依然没有加入限制。但是一个人若因不是工会会员而被解雇或遭到其他形式的打击就应获得充分的赔偿。

四、提出的办法

有条建议是，应该使欧洲公约成为我们法律的一部分，在我们的法院里它应该是有效的。最后上诉应提交斯特拉斯堡的欧洲人权法院。

现在我们要强调的是欧洲公约完全可以成为我们法律的组成部分——正如现在欧洲共同体的法律已成为我们法律的组成部分一样。这样做的根据是公约中的两条重要条款：

1. 在缔约国管辖权范围内，任何人都有取得本公约第一节所规定的权利和自由。

要注意这一条款。它的意思是我们法院必须使用欧洲公约的原话，而且把这些话作为我们法律的组成部分，应用于我们的法院。

3. 凡在公约规定的权利和自由受到侵害的人都应获得该国政府的有效赔偿……

也要注意这一条。它的意思是每当一个人提出关于违反公约的申诉，他都可以向我们法院提出关于赔偿损失的要求。它可能是牵强的，可能是不合道理的。但法院必须进行调查，并使它得以实行。

第45条是关于斯特拉斯堡欧洲人权法院的管辖权问题的：

"该法院的管辖权范围包括缔约国或委员会交付的有关对现行公约的解释和实施的所有案件。"

也要注意这一条。它的意思是斯特拉斯堡法院不仅有对公约的**解释**权力,而且也有**实施**权力。这就是说,实际上它要对提交给它的案件进行判决。

因此你们可以看到,如果欧洲公约成为我们法律的组成部分,那么它的影响就比我们即将讨论的《罗马公约》的影响要大得多。这会使斯特拉斯堡法院在实际审判中成为高于我们——高于上议院——的最高审判法庭。

第五章　不要把公约列入我国法律

当我们注视着具有这种背景的情况时,我希望我们不要把公约列入我们的法律,成为我们法律的组成部分。主要原因之一是它的形成方式与我们所习惯的任何方式都不同。它只对原则和例外情况做了概括性的规定,因为具有高度的概括性,所以很容易引起无休止的争论,它使我想起美国宪法修正案的概括性论述。它的过于笼统,以致引起了很多案件。

这些条款是在1950年写成的,那时的社会组成同今天大不相同。这些条款不会永远有效。很多地方需要加以修改,使之适应我们现代社会的需要。斯特拉斯堡欧洲人权法院想要像美国最高法院那样成为决策机构。

我认为,这对将受到斯特拉斯堡欧洲人权法院支配的我们英国法官来说是不幸的,因为他们将用一种方法解释公约。英国法官对案件有一种“灵感”,他们懂得应该如何根据英国的特殊情况进行判决。他们不应该受到对英国目前情况一无所知的人的支配。

我认为公约不应列入我们的法律,我们现在对公约的处理方法恰恰是比较正确的。应该让英国法院注意公约所阐明的原则和例外,但不要因此而受到它的限制;应该让法官斟酌情况接受,或舍弃或变通公约的条款以适应我国的环境;应该让国会重视斯特拉斯堡欧洲人权法院的判决,但不能完全服从他们。应该由国会来决定是否采用欧洲人权法庭的判决以及是否使其成为我国法律的组成部分。不能让我们受对我们的生活方式以及对我们的普通法一无所知的法官所作的判决的约束。

如果使《欧洲人权公约》成为我国法律的组成部分,那我们就要像遵守欧洲共同体法那样遵守它。因此我想告诉你们在共同体法下我们是怎样工作的。

第六章　欧洲共同体法

一、欧洲共同体法是我国法律的组成部分

这里有明显的不同。根据我国国会的法令(《1972 年欧洲共同体法》),《罗马条约》是我国法律的组成部分,我们的法院必须付诸实施,它和我们国会通过的法律一样有效。然而它是按照欧洲的方式起草的。它有一些一般性的原则,不同的人有不同的解释。为了裁决哪种解释是正确的,已经设立了一个最高机构,那就是设在卢森堡的欧洲法院。但是它的司法权只限于对条约的解释。它不能判案。它不能对案件作出判决。它不把它的解释用于事实。它把运用它的解释留给了各个国家的

法院。

在解释条约方面，卢森堡欧洲法院所做的事情是英国法院所从未做过的。它不重视条文的实际词句。它填补条文间的空白。它做了它认为应该尽力去做的事。它的作用与其说是解释者，倒不如说是立法者。它的一切都使守旧的英国人感到震惊。

关于性歧视的案件能很好地说明这一点。现代的口号是“同工同酬”。《罗马条约》认为这一口号应在整个共同市场内有效。但是签约国认为需要经过很长一段时间才能付诸实施。因此他们让每个国家自己去制定有关这个问题的法律。该条约第 199 条规定：

“成员国必须……保证……男人和女人应得到同工同酬的待遇。”

一些国家根据“同工同酬”原则制定了有关法律，另外一些国家则没有制定。例如英国通过了《1970 年同工同酬法》。比利时什么也没有做。

如果你用一名英国律师的眼光看第 119 条，你就会认为该条款——及其后面的指令——是把通过保证同工同酬的原则的法律的义务强加给了**各成员国**。但是它并没有在英国直接运用自己的力量。你会认为英国法院在等待，在它们在法律文本上看到一项实行“同工同酬”或“同等价值原则”或“同等待遇原则”的法令之前，什么事情也不做。但是，如果你真的这样认为，那就错了。

二、空中小姐要求同等报酬

正是由于一名比利时空中小姐加布里埃尔·德夫尼才出现了一项判例。它就是"德夫尼诉萨本纳案"。[1] 她受雇于比利时萨本纳民航公司,当客机服务员。她说她有获得同工同酬的权利,她向布鲁塞尔的劳资关系法庭提出申诉。因为比利时没有规定同工同酬的法律,所以驳回了她的申诉。她把案子提交了卢森堡欧洲法院,要求对第119条予以正确的解释。

现在,在英国人看来第119条的规定是把一种通过并买施这一法律的义务强加给了"成员国"——比利时。但是,比利时并未通过这种法律。补救办法是把比利时政府传到欧洲法院,并使比利时通过必要的法律。

但是在欧洲人看来这是一种过于狭隘的观点,欧洲法院绝不会持这种观点。他们宣布,加布里埃尔·德夫尼可以在比利时的国家法院提出控告,要求补偿。他们说,第119条可"直接适用"于比利时。即使比利时政府没有通过实行同酬的法律,比利时法院也必须执行《罗马条约》的规定。因此加布里埃尔·德夫尼去了比利时法院,根据同工同酬的原则得到了赔偿。

据我看,欧洲法院超出了自己的范围。它不是在解释《罗马条约》,它是在制定关于比利时国内事务的法律,好像它是比利时的立法机关。它在告诉比利时法院要做什么。它的判决

---

〔1〕(1981年)1 All ER 122。

对比利时的立法机关和法院产生了约束力。

该判决是关于比利时的。从那以后已有好几起涉及英国的案件。我曾在《法律的正当程序》中讲述过范杜因小姐的事。该案就是“范杜因诉内务部案”,[1]在该案中有人认为《罗马条约》的第48条应保证“共同体内工人迁徙的自由……”直接适用于英国法院,即使我们还没有这方面的立法。因为某项关于个人行为的规定,她的申请落空了。在这个案件中欧洲法院再次考虑了政策问题。

三、直接适用性

上述案件为整个共同体判定了直接适用原则。这就是说《罗马条约》的所有条款及其许多规则和指令都将由英国法院直接执行——尽管我们的国会还没有通过这方面的法律,尽管我们的法院除了读过这个条约或规则或规定外对欧洲法院还是一无所知。

这是一项重要原则。另一条原则是共同体法至高无上的原则。条约、它的规则和规定都高于我们的英国法。如果在共同体法与英国法存在任何抵触或矛盾时,那么应服从共同体法。

---

〔1〕 (1975年)Ch 358。

四、欧洲共同体法的至高无上性

现在我来介绍我国法院审理的几起案件，通过这些案件，英国通过了执行《罗马条约》的法律。就拿"同工同酬"这一问题来说吧。政府认为它已经做了条约所要求做的一切，它已经通过了《1970年同工同酬法》，而且通过《1975年关于性歧视的法》使它生效。那么一个英国法院要做的是什么呢？它是应该遵循英国的法规还是遵循《罗马条约》的法规呢？卢森堡的欧洲法院又采取了一种权威性的态度。作为一种政策问题，它认为共同体法是至高无上的。它已经确立了"共同体法至高无上"的原则。我在"希尔兹诉E.库姆斯股份有限公司案"[1]中是这样叙述的：

"每当《罗马条约》中的条文与某成员国国内法中的某项法律相抵触或不一致时，问题就发生了：该国法律是在加入共同体以前还是在以后通过的。条约规定，不管是什么情况，成员国的国内法都要服从共同体法。"

五、在赌场工作的妇女

英国法院在下面这个案件中运用了上述原则。一家公司

〔1〕（1978年）1 WLR 1408 at 1415。

拥有90个赌场,九个设在容易发生暴乱的杂乱地区。男计数员的工资高于女计数员的工资——因为老板认为男人可以对付捣乱的人。女计数员要求得到同等的工资,她是根据英国法律(《1970年同工同酬法》)提出要求的。但是这个法令在这个问题上很不明确,因此法院参考了《罗马条约》第119条,并根据这一条作出有利于那位女士的判决。

男女计数员的工作有很大的区别。男计数员还起着保卫作用。他是只看家狗,随时准备叫几声以吓走捣乱者,但除此以外,他们在一起一个钟头、一个钟头地做着完全相同的工作。他们的工作和酒吧的服务员的工作是一样的,每个人都有一套自己的办法来对待难伺候的顾客。每个人都有碰到欺辱或不愉快事情的风险。但是不管以什么办法对待不礼貌的顾客,每个人的工作,作为一种工作,都是同样的。

对此案的判决,我感到非常棘手,特别是因为劳资关系法庭已经发现那种区别,特别是男计数员的保卫作用"确实存在,而且实际上是很重要的",我是这样作出判决的:

"我曾经有一段时间认为对这种保卫作用应该给予某些另外的奖金或额外佣金。但现在我在这个问题上的困难已经通过给共同体法以优先地位的办法得到了解决。根据这项法律,在同等的时间内做同等的工作必须得到同等的报酬……而且应该消灭表现在报酬包括奖金和其他形式的待遇方面的性歧视。[1] 劳资关系法庭的多数人认为,差别完全是由于性别的不同而造成的。由于他是男人,才有了这些区别。只因为他是

〔1〕《委员会指令》(欧洲共同体75/117号)第1条。

男人，他才取得了较高的工时报酬。为了消灭所有的歧视，应该有一条平等的条款写进妇女的合同。”

六、当上经理的女人

另一个重要判例是“麦卡锡有限公司诉史密斯案”。[1] 麦卡锡公司雇了一个男人当经理，一周工资为 60 英镑。五个月后他们雇了一位妇女当经理。她的工作和他一样。但他们每周只付给她 50 英镑。她根据英国法律，要求得到同等的工资。但是法院的多数人认为，只有当男人和女人在**同一段时间内**做同一种工作时才能提出这种要求，他们在**不同**的时间内受雇佣就不能提出这种要求。在此案中，他们前后差四个月。于是那位妇女搬出《罗马条约》第 119 条，并说英国法律应该服从这条规定。此案提到了上诉法院。我首先讲明欧洲委员会是可以把英国传到欧洲法院的：

“那又会出现什么情况呢？假设英国通过了与条约精神的或与条约相抵触的法律或未能正确地执行这一条约，毫无疑问，欧洲委员会即可向欧洲法院控告英国，该法院即可要求英国采取必要措施执行条约第 119 条。这是条约第 169 条和第 171 条明确规定的。实际上现在这种情况正在发生。欧洲共同体委员会 1979 年 4 月 20 日的一份背景报告向我们表明：

‘欧洲委员会最近就欧洲共同体九个成员国家如何执行共

〔1〕（1979 年）ICR 785。

同体关于男女同酬原则问题提出报告。它发现所有国家的做法都缺乏原则……

下述国家的法律未遵循上述原则，委员会已给这些国家政府写信，要求它们解释为什么它们的法律与共同体法律不一致……

英国：根据《同工同酬法》，同等价值的工作这个概念似乎受到了限定性的解释……

英国的立场：政府认为《1970年同工同酬法》和《1975年关于性歧视法》完全符合共同体反对性歧视的法律……'"

我指出那位女经理没有必要等待。她可以直接向英国法院提出申诉：

"然而，这些法院没有必要在所有程序通过以前等待。根据《1972年欧洲共同体法》第二条第一款和第四款，《罗马条约》中已经规定的原则，英国应立即使条约产生法律效果，无须'进一步立法'；而且条约高于我国国会'通过的或即将通过的法律'。因此我们应该——而且我认为必须——遵循条约第119条，因为它直接适用于英国。我想我们应该了解一下要求男女同工同酬的那些条款。然而我们还应该看看我们自己的法律——当然，我们应该完全相信我们自己的法律，我们认为它与条约的义务是一致的。在解释我们的法律时，我们应该参考条约，把它看成是我国法律的一种借助力量，甚至可以这样说，它不仅是一种借助力量，而且是一种支配力量。如果我们进行一番仔细的调查，我们就会发现由于某个法律起草人的疏忽，我们的法律可能会有缺陷或与共同体法相抵触的地方，在这种情况下服从共同体法就是我们的绝对义务。这就是《1972

年欧洲共同体法》第二条第一款和第四款的结果。"

法院将该案提交到卢森堡欧洲法院。他们采纳了我的意见。案子又送回给我们,当时我们认为女经理应该得到和她的前任同等的报酬。我说:

"本院多数人觉得第119条不够明确,因此本院把问题提交给卢森堡欧洲法院。现在我们持有该院的判决。现在重要的是必须很明确地宣布,我们英国与共同体条约第119条不一致的关于同工同酬的法律要服从第119条的规定。我们自己的法律也规定了这一点。它是由《1972年欧洲共同体法》本身所规定的,它是我国法律的组成部分。只要发生抵触,就要服从共同体法。这不是取代英国的法律。它是我国法律的一部分,是要废除与之相抵触的另一部分法律。现在我们再来谈谈欧洲法院的判决。他们作出的回答是男女不需要在同一段时间被雇用。妇女有权为同样的工作取得同样的报酬,即使妇女是在男人离职以后被雇用的,也是如此。现在必须把这种解释告诉英国所有的法院。这条解释适用于本案,也适用于以后任何类似的案件。"

七、我们能退出共同市场吗?

有时候人们会问,英国能否退出共同市场?我在"麦卡锡有限公司诉史密斯案"[1]中对这个问题作过这样的回答:

---

〔1〕 (1979年)ICR 785 at 789。

“如果有一天我们的国会有意通过一项法案——目的是拒绝履行条约或其中某些条款，或者有意不按条约规定行动并用明确的语言表达这种目的——那么我就会认为遵循我们国会的法律是我们法院的义务。然而我不能想象这种情况会出现。如我在‘布莱克本诉检察总长案’[1]中所说的一样：‘但是，如果国会这样做，那么我说我们将考虑这种事情会在什么时候发生。’除非国会通过立法明确地表明它故意不履行条约，否则服从条约便是我们的义务。”

八、银行中的妇女

有一个案件清楚地表明了共同体法的至高无上性。在这个案件中，劳埃德银行有两份养老金计划，一份是对男人的，另一份是对妇女的。妇女们认为对她们的计划不如对男人的好。国会根据英国法律《1970年同工同酬法》第六条第一款(1A)(b)已明确规定同工同酬规定不适用于养老金计划。但是卢森堡欧洲法院认为第119条包括了养老金计划，根据第119条那些妇女们可以在英国法院行使她们的权利——废除英国有关法律。这个案子就是“沃里翰诉劳埃德银行有限公司案”。[2]此案使该银行遇到了极大的困难。它意味着抛弃原来的计划，拟定新的计划。我必须说，我很同情银行，它的养老金计划是很出色的。根据英国法律拟定出的方案是完全合法的，但是根

---

〔1〕 (1971年)1 WLR 1307 at 1040。

〔2〕 (1981年)1 WLR 950。

据共同体法，就是不合法的。因此该银行没有别的选择。它必须拟定新的方案。

九、卢森堡法院

我很赞赏卢森堡欧洲法院的工作。我曾在那里待过，会见了各位法官，他们都是最高水平的。如果我从英国律师的角度去看他们的工作，我将提出许多批评，但如果我从一个善良的欧洲人的角度去看他们的工作，我就会认为他们已经为欧洲人做了而且正在做大量的事情。当我考虑未来时，我希望我们支持该法院所做的及正在做的一切。我们应该不再用英国人的眼光去看待它。我们应该努力消除过去的分歧，竭尽全力地去建设以范围广泛的共同体法为基础的新的欧洲同盟。

正如以前我们说过的一样：

"条约就像涌进各条大江之口的海潮，它沿江而上，大有不可阻挡之势。"

第七章　我们应该做什么

共同体法的这种经验使我想到：如果我们有个《权利法案》，它就不应该是《人权公约》的一件复制品。

该公约的条款，就像《世界人权宣言》的条款一样，用词过为笼统，达不到预期的效果。这些条款需要经卢森堡法院进行大量的解释。很多人不愿意把解释权交给欧洲法院，因为有些极为重要的问题是以十票对九票的微弱多数决定的，如瑟利德米案件，而且还会推翻我们自己的上议院的裁决。如果我们对目前形势的分析是正确的，在任何一个关于人权的问题上，上议院都会重视公约的措辞。他们要考虑公约是否适用于这个案件。这就是我们对公约所应持的态度。我们不应该完全忽视它，这样做是错误的。要知道英国也是签约国。但如果我们全盘接受,把它整个吞下去,便难免出现消化不良的症状。

那么我们该不该有一个新的《权利法案》——一个与公约不同的法案呢?起草这个《权利法案》是项艰巨的工作。当然也有可能出现类似于我指出的《欧洲人权公约》中存在的缺陷。我要从上议院关于人权宣言的特别委员会的报告中引用一些聪明的措辞:

“在任何国家,不管它的宪法是怎样的,不管与《权利法案》性质相同的法律是否存在,实际上在保护人权方面只能发挥相当微小的作用。最重要的是一个国家的政治气候和传统。特别委员会认为这就是赞成与反对《权利法案》的双方都不能否认的事实,而且他们没有证据来说明在那些基本人权已被写入法典的国家中,人权所得到的切实保障要好于英国。”

关键就在这个地方:“最重要的是一个国家的政治气候和传统”。在英国,重要的是法官有自己的独立性。在过去他们对于建立和维护人权和基本自由处理得很好。他们的这些建树,主要是通过判决作出的。你们可以相信,他们还会继续这样做。

因此我反对制定一项新的《权利法案》。

第八篇

权力的滥用

导　言

1980年11月20日，我在电视上发表了理查德·丁布尔比演说（Richard Dimbleby Lecture）。有些人可能在电视上看到并听到了，有些人可能没有。它包括很多对未来的建议。因此尽管它包括了我在本书中已经提到过的一两个问题，但为了当时没有听到的人，我还是在这里冒昧地重复一下。

第一章 权力的等级制度

一、权力导致腐败

人人都知道伟大的历史学家阿克顿勋爵的著名格言:"权力导致腐败,绝对权力导致绝对腐败。"[1]

各种社会都有一种权力等级制度。在最上头有时是国王或独裁者,有时是总统或首相,还有时是极权主义政党。下面有成百名掌握这种或那种权力的下属。从整个历史上看,你会发现很多误用或滥用权力的例子。有时滥用权力的情况非常严重,只得通过造反来解决,例如 1215 年的

---

〔1〕 阿克顿(John Emerich Edward Delberg Acton,1834~1902),英国历史学家,曾任剑桥大学历史学教授。主要著作有《剑桥近代史》、《自由的历史》等。——译注

贵族叛乱或1642年的内战。但是这种解决办法太痛苦了。造反者自行其是。现代的造反者常常是恐怖主义者,即谋求用暴力改变宪法。在文明社会,对于滥用权力,唯一可以采用的解决办法就是依靠法律。

二、依靠法律

为了保证依靠法律,重要的是对于无论来自哪方面的误用或滥用权力,法律本身应提供充足而有效的解决办法。不管是谁,不管是中央政府还是地方政府,不管是工会还是报界,不管是资方还是劳方,不管多么有权有势,只要滥用或误用了权力,法律就应有解决的办法。否则,被压迫者就会在某一个时刻再也不能忍受了,于是去寻找他们自己的解决办法。这就会导致无政府主义。

三、法官必须是独立的

如果我讲的——必须依靠法律——对,那么就会得出一个必然的结论,即法官必须是独立的。他们必须不受任何掌权者的影响。否则就不能依靠他们来判定权力是否被滥用或误用。我敢自豪地说,法官必须是独立的,这一点在英国已经实现了。到现在为止,近三百年来法官一直是绝对独立的,不仅独立于政府和大臣,而且还独立于工会,独立于报界和其他新闻媒介。他们不会受到任何外来的影响,不会因希望得到褒奖或害怕遭到惩罚,或因阿谀奉承谁或愤怒指责谁而丢掉自己的饭碗。正是由于这一点,人民信任法官。

为了证明我的论点,我要举几个——新的旧的都有——滥用或误用权力的案例,讲讲对它们是如何处理的。

第二章　统治者滥用权力

一、一个国王

在詹姆士一世时代，有一位名叫科克勋爵的伟大的法官，他勇敢地坚持法官的独立性。有一次，国王把所有的法官召到他的面前，告诉他们他可以随意从法官那里提取案子，由他亲自审理并作出判决。他叫钦定的班克罗夫特大主教（Archbishop Bancroft）当他的助手，这位大主教宣称，根据教义这是天经地义的事。大主教说，根据圣经中上帝的话，这种权力无疑属于国王。但大法官告诉国王，他没有权力这样做，所有案子应在法庭上进行判决。詹姆士国王说：

“我总是想，而且也经常听到这样的大

话:你们英国的法律是以理智为基础的。如果是这样,为什么我和其他人就没有和法官一样的理智呢?"

首席法官答道:

"确实,陛下,上帝赐予了陛下广博的知识和伟大的天赋;但是请陛下恕我冒昧地说,您没有学过您这块英格兰国土上的法律……它是一门艺术,在一个人掌握它之前,得需要长期的学习和实践。法律是审理陛下臣民诉讼的金权杖和标准,正是依靠法律,陛下才得以安然无恙。"

詹姆士国王大怒,说:

"要我受制于法律,说这话就是叛逆。"

首席法官答道:

"布雷克顿是这样写的:'国王不受制于人,但受制于上帝和法律'。"

这句话回响了几百年。律师和国会党人就是用这句口号推翻了自负的国王查理一世。

然而,据说詹姆士要当一名法官,但当听了诉讼双方的陈述时他非常窘迫,他绝望了,放弃了这种企图。他说:

"只听一方陈述,我还很有把握,但两方都说,我就不知道哪方是对的了。"

二、总统

现在大家知道尼克松总统参与了水门事件并想掩盖丑闻。

他这样做是为了实现他连任总统的野心。此外，是总统自己希望他的所有谈话——骂人的话和其他所有的话——应录成磁带，保存给后代。是他要求沉默的特权，以便使录音带的内容保密。然而法律战胜了他。美国最高法院认为他没有这种特权。根据法律要求他公布录音带的内容，这件事导致了他的下台。最高法院把法律原则用于总统就同我们把普通法用于当时是我们的统治者国王一样。

三、首相

我们现在的统治者——不管怎么说，他是拥有最大权力的人——是首相。他（现在是她）从理论上说是由女王任命的，但实际上因为他是在大选中获得最多席位的政党的领袖。他的权力不是根据成文法授予他的，是根据各种不成文惯例授予他的。是首相任命大臣或解除大臣的职务。从理论上说，应由王室任命大臣，但正如关于宪法的著作告诉我们的一样："同女王比较，首相拥有决定权。"[1]最近我们已经看到过这种情况。一位首相，哈罗德·麦克米伦先生居然在很短的时间内免去了几个大臣的职务，甚至连大法官也被免职了。要求他辞职，而且根据惯例，他必须服从。这叫作"长刀之夜"（night of long knives）。

这是不是滥用权力？我认为不是。没有人怀疑它的合法性。没有人为不公平的免职提出起诉。接受这一事实证明了惯例的巨大力量，它们实质上是具有法律效力的。

---

〔1〕 詹宁斯：《内阁政府》，第61页。

第三章　关于荣誉

一、受贿

翻遍整个历史，你们会发现那些有权有势的人曾收受过很多贿赂。在大法官中最引人注目的案件就是培根勋爵，紧跟其后的是麦克尔斯菲尔德勋爵。[1] 他们作出有利于当事人的判决，然后接受“礼物”作为报酬。在所有滥用权力的情况中这是最难发现或最难制止的一种。因为行贿和受贿双方都很注意保密。近几年的情况表明，这种事很普遍。它引起了臭名昭著的“波尔森案”。只是由于律师的智慧和坚持它才被揭露。

波尔森先生是名建筑师。他没有交税。他破了产。在调查他的过程中，律师

---

〔1〕 麦克尔斯菲尔德（Macclesfield, 1666 ~ 1732），即托马斯·帕克（Thomas Parker）。英国著名律师、法官。曾任王座法院院长。——译注

们产生了怀疑。他们一再追查,终于发现他向那些身居要职的人送了钱,以便得到他想得到的一些合同。他被宣告有罪并判了七年刑。要不是他的破产,他的罪行就永远不会被发现。

这种行贿受贿案件在建筑师、工程师、计划官员甚至在警察中都有所发现。一经发现,就对他们提出起诉。但是这种罪恶仍然存在。每个国家都知道它。萨蒙勋爵一直担任皇家公共生活行为准则委员会主席。他们试图找到解决办法,但至今没有取得很多成效。唯一的办法是教育人民,使他们知道它的危害。这是可能的。在英国统治印度帝国的时代,在印度当文官的人无一例外,都是极为正直的人。他们从不因为支持了谁而接受任何礼物,这是十分值得自豪的。他们也许看过有关沃伦·黑斯廷斯审判案的文件。让我们把它当作我们行为准则的一部分吧。莎士比亚在勃鲁托斯帐内这一幕中是这样说的:

“让我告诉你,凯歇斯,许多人都说你自己的手心也很有点儿痒,常常为了贪图黄金的缘故,把官爵卖给无功无能的人……难道就在我们中间,竟有人甘心让卑污的贿赂玷污他的手指吗,为了盈握的废物,出卖我们伟大的荣誉吗?我宁愿做一头向月亮狂吠的狗,也不愿做这样一个罗马人。”〔1〕

二、卖官鬻爵

荣誉的授予是权力的一个来源——一个可被误用的来源。

〔1〕 莎士比亚《裘力斯·凯撒》第4幕第3场。

在劳合·乔治[1]时代,据说官衔和官阶是可以买卖的(为政党基金募捐),这是一种备受谴责的滥用。

恩赐官职也是如此。它也可以被误用。许多事件说明了这点。18世纪初,当麦克尔斯菲尔德勋爵打算任命一个新的大法官为法院书记官的时候,一个求职者送上五千英镑。回答是:"畿尼是漂亮的"。于是他付了五千畿尼,得到了这个职位。后来麦克尔斯菲尔德被革了职。

我年轻时,有个臭名昭著的案件。柏金森上校向一个被称为救护学会的受人尊敬的慈善团体捐了相当可观的一笔钱。他收到了该会会长——克里斯特安公主的一封感谢信。该会秘书曾答应封柏金森上校为爵士,但会长一无所知。当他没有得到这个爵位时,他控告了该会,要求拿回他的钱。他失败了。法院认为许诺封爵(作为对捐款的报酬)与公共政策是矛盾的,因此承诺无效。不久,通过了一项法令,防止滥用授予荣誉的权力。法令规定这种行为是一种犯罪。

这种特殊形式的滥用权力就此结束了。然而,授予荣誉——或任命官职——的权力还有可能被误用。凡有这种权力的人都应该审慎地行使这种权力。如果被任命者被证明是不合格的,如果他玷污了授予他的荣誉,那么整个制度以及任命他的人就会失去信任。

---

[1] 劳合·乔治(David Lloyd George,1863~1945),英国政治家、自由党领袖。1916~1922年任英国首相。——译注

第四章　宪法惯例

一、它们有约束力吗?

根据我们宪法的一项惯例，除少数例外，首相有权建议国王授予某人以某种荣誉。当人们建议向在政治上有所贡献的人授予荣誉时，有一个由三名枢密院顾问官组成的委员会向首相提出报告，[1]但首相不一定接受他们的建议。许多荣誉是由于别的原因授予的。

需要提及的一项特殊权力就是关于贵族的荣誉，因为有了这种荣誉，就有了在立法机关的席位，而且对国家事务就有了重要的发言权和投票权。有些人建议，国王

[1] 詹宁斯:《内阁政府》，第470~471页。

可以拒绝接受提名。但这一建议是很值得怀疑的。这会使君王走上政治舞台。而这正是我们不惜一切代价所要避免的。

还有另一种惯例,根据这项惯例,准备辞职的首相可提出他所希望应该获得荣誉的人选。他是通过继任首相来做这件事的。这里可能出现一个问题,即能否拒绝这种提名?就我所知,没有继任首相必须遵从的惯例。

首相的所有这些权力都不包括在成文法[1]内。据说这些权力很大,甚至成了我们宪法的组成部分。但是我要问个问题:假如一位未来的首相误用或滥用权力,怎么办?假如他想封一千名新贵族,而下一步又要宣布废除贵族,怎么办?这不是违背宪法吗?法院不该加以制止吗?

二、法官是保护人

我认为,法官是我们宪法的保护人,就像在美国一样。唯一不同之处就是我们的宪法是不成文的,而美国的宪法是成文的。法官能够——至少他应当能够——就这些惯例的合法性发表意见。如果这些惯例被误用或滥用,法官就应该加以干预。

美国的惯例并不包括在宪法内,美国是由法官作出惯例。这是1803年首席法官马歇尔(Marshall)在"马布里案"中说的。后来第十任首席法官查尔斯·埃文斯·休斯(Charles Evans

---

[1] 成文法(statute),又译为"制定法",是英国国会通过的法律和以其为根据的法律规范的总称。——译注

Hughes)在1908年明确宣布：

“我们是在宪法之下，但是宪法是由法官解释的宪法，司法官员是宪法指导下的自由和财产的保护者。”

他们宪法的任何地方都没有规定宪法是法官解释的宪法。但是这条原则迄今已成为美国宪法最基本、最有影响的原则。我承认我希望我们国家也能出现类似的原则，以便能使宪法惯例不致被误用或滥用。

当我见到我们的统治者——或渴望成为统治者的人——要求行使这项巨大权力时，我想起了这样件事，即亨利八世命令红衣主教沃尔西放弃大玺。莎士比亚让沃尔西对托马斯·克伦威尔——有时他是上诉法院院长——说：

“只消记住我的覆败，以及我覆败的根由。克伦威尔，我嘱咐你，放弃野心：为了这一罪过，天使都堕落了……公正自持，无所畏惧。你的国家，你的上帝，以及真理，便是你的一切目标……”

然后，他最后说：

“啊，克伦威尔，克伦威尔！如果我以事奉国王的热诚的一半来事奉我的上帝，他就也不会在我衰老之年把我赤条条地交付给我的敌人。”〔1〕

〔1〕《亨利八世》第3幕第2场。

第五章　国会本身

一、国会至高无上吗？

在我们的宪法理论中，国会是至高无上的。国会制定的每项法律都必须不折不扣地执行。即使国会的法律是非常不合理或不公正的，只要意思清楚；法官就没有选择的余地。他们必须按原意运用法规。国会不可能误用权力吗？不久以前有个案件，[1]在该案件中英国铁路委员会收到一份关于把一个人的土地无偿地给予铁路委员会的秘密法令。法官断言国会已经由于欺骗行为误入了歧途。我们上诉法院认为法官可以过问此事，但是上议院驳斥了我

〔1〕“皮克金诉英国铁路委员会案”（1974 年）AC 765。

们。他们认为不能允许法官进行调查。

你一定记得，在选举中获得大多数议席的政党可随意制定任何法律。对此有补救办法吗？差不多四百年前科克勋爵曾这样说过：

"如果国会的法令与正义和公理是相矛盾的，或者是不谐调的，或者是不可能执行的，那么普通法就要加以控制并裁决该法令无效。"[1]

科克勋爵种的这棵树苗未能在英国长大。它枯萎，它死了。但是它在美利坚合众国却长成了大树。在最高法院院长的指导下，法官经常检查立法。如果有的法律违背了正义和公理，或与宪法相抵触，他们就加以废除。

二、法官应该有权力

我在法律界待的时间越久，需要我解决的法律就越多——我便越认为法官应和美国的法官一样有审查立法的权力。法官可以废除与我们不成文宪法相抵触的法律，因为它们与公理或原理是相矛盾的。韦德(Wade)教授在他的关于宪法原理的演讲中作了一个很好的说明：

"立法权力可能会被滥用，这并非是从法律意义而言，而是从明确的宪法意义而言，例如，如果国会要立法，建立一党政府或专政政府，或以其他方式攻击民主的基本原则。"

---

〔1〕"勃恩汉姆博士案"(1608年)8 Co Rep 113b、118a。

对此我补充一句——作为辩论的一个问题——如果国会要立法，取消两院制而只设一院，简单地说，如果立法是为了取消上议院，而不是要改革上议院，那么这是不是滥用立法权？如果在这问题上他们不举行公民投票，怎么办？毫无疑问，国会有权对上议院进行改革。《1911 年国会法》有这么一段话：

“……有一种用建立在民意基础而非世袭基础上的第二院取代目前上议院的趋势，但是这种取代还不能马上付诸实行。”

无疑，这种改革是合法的；但是我怀疑国会是否能合法地完全取消上议院。我预料任何这种立法都要受到法院和对此事要做出裁决的法官们的非议。

第六章　工　会

一、他们的豁免权

最近我们根据1974年和1976年的《工会法》处理了大量案件，我也希望我们能有某些原则，使法官有审查法律的权力。上述法令赋予工会及其会员以罢工、设纠察线以及禁工的权利，只要他们这样做的目的仅是出于对劳资纠纷的考虑。上诉法院对这项权利尽量加以限制，让它只适用于与劳资关系有密切联系的一些法案。但是上议院反对上诉法院的做法。他们认为只要工会领导真心地相信他们是在处理劳资争端，他们就不应受到阻止或起诉。只要工会领导认为“第二纠察线”能够对他们的斗争起到促进作用，那么这种做法就是合法的，即使它会伤害与劳资争端没有什么关系的无辜的第三方。这使工会领袖成了他们自己的法官。上议院的迪普洛克勋爵承认，根据他的解释，工会领袖可以利用他们的权力使雇主以及其他与纠纷毫无关系的人受到伤害。但是他觉得是法规的简单措句使得他不能不得出这种结论。

二、新法规

上议院的裁决引起了许多议论。它说明这些法规给予工会以这种重要的豁免权，使他们可以用劳资纠纷为借口去损害大工业以及毁坏国家本身。结果国会通过了一项法令，即《1980年劳动保障法》用以限制给予工会的豁免权。这起了点儿作用，但作用不很大。

三、我们又遭到否决

自从我作了丁布尔比演讲以来，我们遇上了涉及1980年法令的第一个案件。那就是“海莫尔产品有限公司诉汉密尔顿案”，[1]我说过：

“立法旨在保护商业合同——是同非纠纷双方的商业公司签订的合同——不受设纠察线或禁工的非法干扰。”

---

〔1〕 (1981年)3 WLR 139。

但是上议院又否决了我们的意见。[1] 他们因我使用了《国会议事录》而严厉地批评了我。我所做的只是引证了一位著名律师韦德伯恩勋爵（Lord Wedderburn）的发言。如果他在《现代法学评论》的一篇文章中讲了同样的话，他们就不会有什么抱怨了。

现在又向国会提出另一项限制工会不正当行动的法案，它能通过而成为法律吗？如果能，这项法律会成功吗？时间将作出证明。

---

〔1〕（1982年）2 WLR 322。

第七章　国王的大臣

一、他们的自由裁量权

在我们这个时代，是大臣提出法案。他们通过各自的部门来做这件事，而且往往给他们自己以很大的自由裁量权。这对做好行政管理工作可能是有益的。一个大臣反复对法院说：

“法律给了我不受限制的自由裁量权，法院不能对此提出异议。如果我错误地行使了这项权力，我可在国会受到质问，但法院不得限制我。”

这种论点在40年前很有道理。在战争期间和战后一段时间内的许多案件中，如果法律授予大臣以做某件事的权力，如果“他认为有必要”或“他认为合适”，那么法院就得认为法院无权对他做出的决定提出疑问。但是这些规定现在已经无效了。当一个大臣为了使当事人为新的电视播放特许状付更多的钱而声称他有权撤回一项电视播放特许状时,法院认为他误用了权力。当一个大臣声称有权让地方教育当局采纳综合学校,法院认为他不能强制实施。当一个大臣要求有权制止弗雷德·莱克(Freddie Laker),不让他的空甲列车飞越大西洋时,法院宣称,虽然大臣反对,空中列车仍应飞行。实际上它仍飞行了。

二、检察总长除外

在一种情况下,大臣的自由裁量权仍然是绝对有效的。这种情况是,检察总长声称他要单独对工会实施刑法,法院不得干预他的自由裁量权。我曾冒昧地说过"不行"。当时我引用了托马斯·富勒的话:"你绝不是那么高贵,法律在你之上"。[1] 但是上议院宣布我错了。他们认为检察总长对于是否实施刑法——不管是对工会还是其他什么人——有不受限制的自由裁量权。因此在这方面法院是不能限制大臣滥用权力的。

但是除这个例子外,我想重复一下我在"莱克案"[2]中所说的话:

---

〔1〕"古利特诉邮政联合会案"(1977 年)2 WLR 310 at 331。

托马斯·富勒(Thomas Fuller,1608~1661),英国教士,著有《英格兰的杰出人物》等书。——译注

〔2〕(1977 年)2 ALL ER 182 at 194~195。

"……在适当的一个案件中，法院有权——我还要说——有义务在必要时询问一个大臣或他的部行使自由裁量权的问题。如果发现为了非法侵犯公民的合法权利和利益而不适当地或错误地行使了这种权力，法院就必须将此事公之于众。正如阿特金勋爵在一段著名的话中所说，他们站在行政官和臣民之间，是要确保任何强制性的行为都须有法律根据。对此我想再说一句：提高警惕，确保自由裁量权不被滥用或误用。"

第八章　国会议员

国会议员也有很大的权力，他们不应该误用这些权力。他们在国会辩论或活动程序中无论说什么都有绝对的特权，他们不得因在国会中的发言而被控为中伤，1689年《权利法案》是这样规定的：

“言论自由以及在国会的辩论或活动程序中的自由不应在任何法院或国会外的任何地方受到指控或询问。”

然而这是一种可能被误用的权力。最近，一名议员控告罗尔斯－罗伊思公司的一名雇员进行不正当交易，他并未在国会外重述此话，所以受伤害的人无法到法院为他的名誉进行申辩。我并不是建议取消绝对的特权。但是这件事表明人们希望国会议员——他们也应该——在做某些事情时有一定的责任感。你们可以放心,如果一名议员做出一种不负责任的行为,那么,他在国会的同事就会对他施加压力,使其撤销他的行为,这样误用权力的现象便会得到纠正。

第九章　新闻媒介

一、不公平的压力

现代新闻媒介是国内最有权势的实体。它们可以制造舆论。而且一旦制造出来,这种舆论就是不可抑制的。让我们看看瑟利德米事件吧。1962年制药商在市场上出售了这种药品。该药是医生为孕妇开的,它的功能是松弛紧张状态,结果造成了千百个婴儿生下来畸形。许多父母和婴儿对制药商提出起诉,要求赔偿损失。有些问题解决了,但是十年以后,许多赔偿要求依然未得到解决。《星期日泰晤士报》打算发表一篇文章,宣布制药商犯有过失罪。在上诉法院我们认为这篇文章完全是合法的,因为它公平地评论了公共利益问题。

但是上议院认为那是蔑视法院。他们把这视为滥用权力，认为文章对案件中某些争论问题带有偏见，而且给制药商不公平地施加了压力，使他们不得不赔偿更多的钱。里德勋爵在本案中说：

“我认为最不能容忍的是，报纸和电视节目企图通过提交给法庭的问题和证据，讨论这是民事案件还是刑事案件，讨论这一方正确而另一方错误，以此来影响公众。”〔1〕

现在我们知道报纸上的文章的确影响了舆论，使之不利于那些制药商，发起了几次运动，要求他们付越来越多的赔偿费。制药公司股东们向他们提出了抗议。顾客拒绝买他们的产品。最后制药商们不得不又支付出两千万英镑，而他们在这几次运动前只付了三百万英镑的赔偿费。

我现在仍不后悔。我仍然认为文章是公正的评论。而且我们上诉法院的观点受到了欧洲人权法院的支持。但此案却让报界拥有很大权力——在制造舆论方面——并因此影响到很多事件的结局。

二、不公平的发表

我想举出几个英国广播公司在爱尔兰问题上滥用权力的例子。在一个节目中，他们播放了采访某人的内容，这个人自称他的组织谋杀了艾雷·尼夫先生。另一个事例是在得到爱

---

〔1〕 (1974年)AC 273 at 300。

尔兰极端派的暗示后,他们拍下了爱尔兰军设下的路障。事实上这个节目没有播放,被英国广播公司正确地撤下来了。但是这一节目的拍摄受到了检察总长迈克尔·哈弗斯爵士(Sir Michael Havers)的谴责。他写信对英国广播公司说,这两个事件

"只能构成由恐怖主义政治组织开展的宣传运动,你们的工作人员对这次宣传运动主动地给予了支持。在这两个事件中,他们相当努力地接近了一些人,他们知道这些人同某些尽人皆知的刑事犯罪有联系,而且有充分的理由相信这些人会同更大的犯罪有联系……确实,在第一个事件中,他们作了完全错误的叙述,暗示他们曾经同警察有过合作,但事实并非如此。"

英国广播公司负责人迈克尔·斯旺爵士(Sir Michael Swann)对检察总长的批评进行了申辩,他完全否认了批评中所提到的英国广播公司的工作人员主动支持恐怖主义政治组织的宣传运动,他说英国广播公司

"就像你们所做的那样,认为尽可能准确而明确地报道在北爱尔兰所发生的事件及这些事情的背景。这是一件费力而不讨好的工作。但是在民主社会这项工作必须由自由宣传工具来承担,而且我们当然应该在法律约束的范围内继续发挥我们的作用。"

三、"丹宁是个笨蛋"

下一个案件是所有案件中最有说服力的案件,这就是"格拉纳达案"。你们大家都会看到关于这个案件的消息。在英国钢铁公司,有一个被认为是爬得很高的人,他从保险柜中拿出了绝密文件,秘密地交给了格拉纳达公司。他被称作"鼹鼠"。他在地下工作,为了不被抓住从不出来,格拉纳达公司在电视节目中用了这份情报。英国钢铁公司想方设法得到"鼹鼠"的姓名,但是格拉纳达公司不肯说,上诉法院命令格拉纳达公司说出他的名字。我说:

"为了保障自由,报纸必须证明自己有理由得到自由。一家自由的报纸必须是负责任的报纸。报纸的权力是很大的,它绝不能滥用它的权力,如果报纸对自己的行为不负责任,就会丧失关于保护其消息来源的权利。"

我现在仍然认为我说的这段话是对于原则的正确阐述。但新闻界对我这段话及判决感到非常愤怒。他们组成了一个反对法官的联合乐队。在一些政治家的支持下,迈克尔·富特(Michael Foot)先生说,"丹宁是个笨蛋"。《观察家》以"为什么丹宁是个笨蛋"为标题发表了文章。《泰晤士报》比较冷静地说,"这次丹宁站在了错误的一边……上诉法院损害了新闻自由。"当上议院支持上诉法院时,《泰晤士报》公然抨击了他们的裁决,把它说成是"罪行特许状",还说:"上议院对格拉纳达电视公司的裁决是限制性的、反动的,是显然违背公众利益的。”

四、坦率的意见

我认为报纸对法官的这些抨击是滥用了他们的权力。在某一时刻法官可以进行反击。他们无法忍受这些批评，他们可以指控这些宣传工具犯了蔑视法庭罪，但是这已经过时了。在一个案件中我们谈到了一些现代法律原则，[1]但遭到了当时是王室法律顾问的昆廷·霍格(Quintin Hogg)先生的批评：

“报刊和广播对公共利益问题发表公正评论甚至是最直率的评论是国会内外每个人应有的权利，发表意见的人可诚恳地批评法院所做的一切事情。不管他们是否是该案件的当事人，他们都可以说我们法院错了，而且也可以说我们的判决是不正确的，我们所要求的是批评我们的那些人应该记住：根据我们担任的职务的性质，我们不能反驳他们的批评。我们不能参与公众争论，当然也不能参与政治争论。我们必须依靠我们的行为本身来证明这些行为的正确性。”

就在那年，这些关于宣传工具误用权力的例子要求它们——及它们的工作人员——进行严格的自我反省，应该记住他们有义务对自己的行为负责。如果他们再做出不负责的行为，

---

〔1〕“王国政府诉大都会警署专员，由布莱克本起诉案”No. 2(1968年)2 QB 150 at 154。

他们就会发现他们的自由被套上了枷锁。我毕生都支持出版自由,支持新闻自由,我强调这种自由不被误用正是为了维护这种自由。

第十章　法官本身

这里还有个最棘手的问题。法官本身是否有时也误用或滥用他们的权力？实施和运用国家法律是他们的职责。如果他们改变或偏离了法律，而且是故意这样做的，那么他们自身就犯了误用权力罪。因此我们遇到了朱安诺尔提出的问题：“谁来监督这些监督别人的人呢？”这个问题是1935年在罗斯福新政时期的美国提出来的，也许不久以后会在我们这里再次提出。从理论上说，高等法官由女王陛下任命，但实际上是由首相任命，而首相则征求大法官的意见。假设将来一位首相企图把他自己的具有极端政治色彩的法官安插到高等法院，那么他们是否会成为他手中的工具呢？对这个问题我的回答是“不会”。每个在职法官都要放弃所有的政治观点和偏见。你们不用担心。英国法官过去一直是——将来永远是——警惕地保卫着我们的自由,如果我们必须相信某些人的话,那么就让我们相信法官吧。

结　论

再回到我在本篇开始时所说的那句话中去："权力导致腐败"。我已对此作了说明。这就是为什么在文明社会中应有权力制衡制度来制止权力的滥用。这就是为什么过去我们曾坚决反对约翰国王的压迫而重视《大宪章》；这就是我们为什么反对国王的神权而制定《权利法案》；这就是为什么我们今天反对给予任何个人、机构或社会的任何部分以绝对权力；这就是法律所给予的限制。我们必须尊重国会在授予权力、权利和豁免权方面所做的以及可能做的一切。但是我们要建立一种法律制度，来确保这些权力不被滥用或误用，而是同正直的法官一起促进法律的实施。这就是我所赞赏的一项工作。如果我们能完成这

项工作,我们就能用密尔顿[1]的话说:

“上帝把不可抗拒的力量交给了救助者……长期受压迫的正直的人啊是多么振奋,多么欢欣鼓舞!”

这种力量就是法律本身的力量。

[1] 约翰.密尔顿(John Milton,1608~1674),英国诗人,英国资产阶级革命时期的思想家。——译注

案例表

《布里奇斯诉伦敦东北铁路公司案》(1874 年)

British Steel Corpn v. Granada Television Ltd[1980]

《英国钢铁公司诉格拉纳达电视有限公司案》(1980 年)

Broome v. Cassell & Co Ltd[1971]

《布鲁姆诉卡斯尔有限公司案》(1971 年)

Burmah Oil Co Ltd v. Governor & Co of the Bank of England [1979]

《缅甸石油有限公司诉英格兰银行及行长案》(1979 年)

Butterfield v. Forrester[1809]

《巴特菲尔德诉福莱斯特案》(1809 年)

C(a minor) v. Wiseman, Re[1982]

《关于 C(一个小孩)诉韦斯曼案》(1982 年)

Candler v. Crane, Christmas & Co[1951]

《坎德勒诉克雷恩·克里斯莫斯有限公司案》(1951 年)

Cassidy v. Daily Mirror Newspapers Ltd[1929]

《卡萨迪诉每日镜报有限公司案》(1929 年)

Castanho v. Brown and Root(UK) Ltd[1980]

《卡斯坦奥诉布朗和鲁特(联合王国)有限公司案》(1980 年)

Colt (John) and Glover v. Bishop of Goventry and Lichfield [1617]

《科尔特(约翰)和格洛弗诉考文垂和利奇菲尔德主教案》(1617 年)

Conway v. Rimmer[1968]

《科威诉里默案》(1968 年)

Cook v. Alexander[1974]

《库克诉亚历山大案》(1974 年)

Cotton v. Wood[1860]
《科顿诉伍德案》(1860 年)
Cropp v. Tilney[1693]
《克罗珀诉蒂尔尼案》(1693 年)

D v. National Society for the Prevention of Cruelty to Children [1978]
《D 诉全国防止虐待儿童协会案》(1978 年)
Davies v. Mann[1842]
《戴维斯诉曼恩案》(1842 年)
Defrenne v. Sabena[1981]
《德福里恩诉萨伯纳案》(1981 年)

Edwards v. Wooton[1608]
《爱德华兹诉伍顿案》(1608 年)

Fitter v. Veal [1701]
《菲特诉维尔案》(1701 年)
Five Knights' Case[1627]
《五名教士案》(1627 年)
Ford v. Blurton[1922]
《福特诉布勒顿案》(1922 年)
French v. Woolston
《法国诉伍尔斯顿案》

Gammell v. Wilson[1981]

《加莫尔诉威尔逊案(1981年)

Gaskin v. Liverpool City Council[1980]

《加斯金诉利物浦市议会案》(1980年)

Gouriet v. Union of Post Office Workers[1977]

《古利特诉邮政联合会案》(1977年)

Greenlands v. Wilmhurst[1913]

《格林兰斯诉威尔姆赫斯特案》(1913年)

Hadmor Productions Ltd v. Hamilton[1981]

《海莫尔产品有限公司诉汉密尔顿案》(1981年)

Hayward v. Thompson[1981]

《海瓦德诉汤普森案》(1981年)

Home Office v. Harman[1981]

《内务部诉哈曼案》(1981年)

Hough v. London Express Newspapers Ltd[1940]

《休诉伦敦快报有限公司案》(1940年)

Huckle v. Money[1763]

《哈克尔诉莫尼案》(1763年)

Hulton E. & Co v. Jones[1909]

《赫尔顿·E. 和公司诉琼斯案》(1909年)

Hunter v. Wright[1938]

《亨特诉怀特案》(1938年)

Initial Services Ltd v. Putterill[1968]

《家庭服务有限公司诉普特利尔案》(1968年)

Jackson v. Union Marine[1874]
《杰克逊诉联合海运公司案》(1874 年)

Knupffer v. London Express Newspapers Ltd[1944]
《纳波佛诉伦敦快报有限公司案》(1944 年)

Laker Airways Ltd v. Department of Trade [1977]
《雷克航空有限公司诉贸易部案》(1977 年)
Lamb's(John)Case[1911]
《拉姆(约翰)案》(1911 年)
Lewis v. Daily Telegraph Ltd[1963]
《刘易斯诉每日电讯报有限公司案》(1963 年)
Leyland Cars Ltd v. Vyas[1979]
《雷兰诉维亚斯案》(1979 年)
Lickbarrow v. Mason[1787]
《利克巴洛诉马森案》(1787 年)
Lim Poh Choo v. Camden and Islington Area Health Authority [1979]
《林宝珠诉卡姆登和伊斯林顿卫生管理局案》(1979 年)
Loudon v. Ryder[1953]
《劳顿诉赖德案》(1953 年)

Macarthys Ltd v. Smith[1979];on appeal[1980]
《麦卡锡有限公司诉史密斯案》(1979 年);关于此案的上诉(1980 年)
M'Naghten's Case[1843]

[1976]

《王国政府诉希思罗机场首席移民官,由比比起诉案》(1976年)

R v. Dudley and Stephens[1884]

《王国政府诉杜德利和史蒂芬斯案》(1884年)

R v. Evening News, ex parte Hobbs[1925]

《王国政府诉晚间新闻,由霍布斯起诉案》(1925年)

R v. Geach[1840]

《王国政府诉吉奇案》(1840年)

R v. Holbrook[1878]

《王国政府诉霍尔布鲁克案》(1878年)

R v. Horsham JJ, ex parte Farquharson [1981]; *Times*, 14 November, [1982]

《王国政府诉霍萨姆·贾斯蒂斯,由法奎哈逊起诉案》(1981年);《泰晤士报》1982年11月14日

R v. John Wilkes[1770]

《王国政府诉威尔克斯案》(1770年)

R v. Lewes [1972]; on appeal, Rogers v. Secretary of State for Home Department[1973]

《王国政府诉莱维斯案》(1972年);关于此案的上诉见《罗杰斯诉内务大臣案》(1973年)

R v. Mason[1980]

《王国政府诉梅森案》(1980年)

R v. Metropolitan Police Comr, ex parte Blackburn (No. 2) [1968]

《王国政府诉大都会警署专员,由布莱克本起诉案》第2号

(1968 年)

R v. Orme and Nutt[1699]

《王国政府诉奥姆和纳特案》(1699 年)

R v. Secretary of State for the Home Department, ex parte Bhajan Singh[1976]

《王国政府诉内务大臣,由哈吉·辛格起诉案》(1976 年)

R v. Sheffield Crown Court, ex parte Brownlow[1980]

《王国政府诉谢菲尔德皇家法院,由布朗洛起诉案》(1980 年)

Reynell v. Sprye[1849]

《雷内尔诉斯普赖案》(1849 年)

Rookes v. Barnard[1964]

《鲁克斯诉巴纳德案》(1964 年)

Rothermere v. Times Newspapers Ltd[1973]

《罗瑟米尔诉泰晤士报有限公司案》(1973 年)

Rowley v. London and North Western Rly Co[1873]

《罗利诉伦敦和西北铁路公司案》(1873 年)

Russell v. Russell[1924]

《拉塞尔诉拉塞尔案》(1924 年)

Saxton, Re[1962]

《关于萨克顿案》(1962 年)

Schering Chemicals Ltd v. Falkman Ltd[1981]

《斯克灵化学有限公司诉福尔克斯有限公司案》(1981 年)

Science Research Council v. Nassé[1979]

《科学研究委员会诉纳塞案》(1979 年)

Scott v. Scott[1913]

《斯科特诉斯科特案》(1913 年)

《托利诉 J. S. 弗利父子有限公司案》(1939 年)

United Kingdom Association of Professional Engineers v. Advisory Conciliation and Arbitration Service[1979]
《联合王国职业工程师协会诉调解仲裁局案》(1979 年)

Van Duyn v. Home Office[1975]
《范杜因诉内务部案》(1975 年)

Wakelin v. London and South Western Rly Co[1886]
《威克林诉伦敦和西南铁路公司案》(1886 年)
Wallis v. Duke of Portland[1797];on appeal[1798]
《沃利斯诉波特兰大公案》(1797 年);关于此案的上诉 (1798 年)
Ward v. James[1966]
《沃德诉詹姆斯案》(1966 年)
Watson v. Powles[1968]
《沃森诉波利斯案》(1968 年)
Waugh v. British Railways Board[1980]
《瓦夫诉英国铁路委员会案》(1980 年)
Webb v. Times Publishing Co[1960]
《韦布诉泰晤士报出版公司案》(1960 年)
West(H.)& Son Ltd v. Shephard[1964]
《威斯特(H.)父子有限公司诉谢波德案》(1964 年)
Wilkes v. Wood[1763]
《威尔克斯诉伍德案》(1763 年)

后　记

过去的这一年过得太快了。我一次又一次地遭到上议院的否决。报纸已在计算我遭到否决的次数。他们说:“丹宁勋爵已连续十次遭到否决。”他们忘记了遭到否决的不只是我一个人,而是整个上诉法院。在所有遭到否决的这些案件中,我们总是有三个人的意见是一致的,这恢复了我的信心。我在上诉法院的同仁至少相当于上议院议员。他们当中的绝大多数人不久都要到那里去。所以我想:“我们最后还是对的。”有许多次国会通过立法恢复了我们的判决。

使我倍感忧虑的是法院受到了来自几个方面的攻击。他们视我为眼中钉,指控我是政治上的投机商。我拒绝这种指控。有些判决带有政治色彩,例如关于工会的判决,关于地方政府或政府大臣的判决等,但不管怎么判决,一方或另一方都会说这是“政治性”判决。他们说:这是他们所不能同意的政治性判决。在某些地方我们的判决很不受他们的欢迎,他们扬言要扫平法院。《泰晤士报》于1981年11月26日发表了工党左翼的一份报告,其中说道:

“要警告他们,当威风凛凛的法院或法官在人民眼中已不再代表公正的法律时,他们便是在向我们发出邀请,在我们的力量足以强大时去把他们铲除。”

我完全相信,我们的人民将如何对待这种恐吓。但要想人民正确地对待这种恐吓,我们法官必须保持法官高尚的品质。我现在敢说,他们的品质和过去一样高尚。他们并不像有些人想象的那样是来自社会的上层阶级。在出身和教育方面,这些人是个非常复杂的混合体。他们是我们人民中的最优秀的代表。

国会开会

和往常一样,我们今年经历了很多伟大的时刻。当法官们坐在女王对面的大法官席时,国会开始开会了。(这次大法官席放了四个大长沙发,由18位法官就座,其中有高等法院院长、上诉法院院长、副大法官、家事法院院长。)国会会议厅内坐满了男女贵族、使节和主教。大法官带着装有女王演讲词的华丽的文件夹走了进来。女王偕同爱丁堡公爵于上午11点半准时驾到并坐在御座上。威尔士王子和王妃也参加了今年的这次国会会议。年轻的王妃引起了在场所有人的注目。所有人都坐在自己的座位上等着下议院议员。由黑杖侍卫[1]去叫他们。他们走进来大约需要三分钟。每个人都静静地等在那里。这段时间似乎很长。大法官黑尔什姆勋爵不顾患有踝关节炎，走上三个台阶，来到御座前，跪拜在女王足下，向女王献上演讲词。然后再走下三个台阶。每个人都在焦急地等着，看他是否能安全地走下来。我们法官坐得离他很近，如果他要摔倒，我们就可以斜过身来扶他一把。但他没有摔倒，大家都松了一口气。女王缓慢而清楚地念演讲词——不是她自己的，而是政府的。黑尔什姆勋爵再走上台阶，取回演讲词。当他下来时，我们又一次焦急地等待着。他还是安然无恙。女王由王室成员簇拥着退了席，接着我们也退了席。

"王座的狮子"

弗兰西斯·培根在他的论说文《论司法》中说：

"司法官们也应当记住，所罗门的御座是由两边的狮子支撑的。他们可以作为狮子，但是也要做王座的狮子；就是要小心在意不可阻挠或违反王权的任何一点。"[2]

如果王位像我们国家这样为君主立宪制的国王所占据，这种说法的确是对的。但是法官不是今天这个政府或任何政府的狮子。他们是而且必须是独立于政府的，也就是说，如果政

[1] 英国国会上议院的侍卫，因持黑杖而得名。——译注

[2] 《培根论说文集》，商务印书馆1983年第3版，第197页。——译注

府误用或滥用权力，不管在什么情况下法官都可以随时加以制止或反对。

弗兰西斯·培根在论说文的最后讲了一段无可非议的格言：

"为法官者也不可知道他们自己的正当权利而以为他们的职务并不包括这主要的一项，就是贤明地行法施法。因为他们也许记得圣徒保罗关于比他们的法律更高的一种律法的话：我们知道律法原是好的，只要人用得合宜。"〔1〕

法衣过时了吗？

和往常一样，10 月 1 日——法律年度的第一天，法官们将列队去威斯敏斯特大教堂，市民们将敬畏地在道路两旁观看。10 月 1 日伦敦市市长将乘六匹马拉着的豪华马车来到法律法院，并在法院门口接受我们的欢迎。一两天后，将在市政厅举行宴会。夏天将在市长官邸举行法官晚会（为了节约，以后将隔年举行一次）。四大律师学院将举行盛大晚会，在晚会上将设有晚宴和演讲会。我们日复一日地在法庭工作，我们的时光就这样流逝了。

我们现在仍旧穿法衣，戴假发。在重大场合我们穿的是金黄色的法衣，戴的是垂肩的假发。在法庭上我们穿的是黑色法袍，戴的是短假发。有人说这一切都过时了。或许是过时了。但这种传统可以使场面更庄严。它可以掩盖个性，遮住秃顶。

〔1〕《培根论说文集》，第 197 页。——译注

它可以使法官看起来像个公正的执法人。它是法官权威的象征，是法官受尊重的源泉。所以它还是值得保留下来。

还其本来面目

我和我的妻子整个星期都待在我们在林肯律师学院内的住宅里。周末和假日，我们就去乡间别墅。现在我不能快走或跑步了，只能拄着手杖缓缓而行，外科医生劝我做个塑料骨关节器。不过我希望我的脑子还能像过去一样灵活。模仿刘易斯·卡罗尔〔1〕的诗句，我给自己作了一首诗：

“青年人说：‘上诉法院院长大人，
您已年迈，头发苍白，
但仍在那里继续倒立，
按您的年龄，您认为这可正确？’
院长回答他的儿子说：
在我青年时代
我怕伤害脑袋，
但我现在确信，这对我无害，
为什么？——因为我倒立过一遍又一遍！”

的确如此，我在这本书中，我以倒立者的眼光审视了法律——我希望你们能帮助法律还其本来面目。

---

〔1〕 刘易斯·卡罗尔(Lewis Carroll,1832～1898)，英国作家，牛津大学教授，著有《爱丽丝奇遇漫游记》等书。——译注

译后记

本书付梓之前，我觉得有必要交代几件事，作为译后记。

本书是北京大学法律系已故教授龚祥瑞先生于20世纪80年代中期组织翻译的。当时他请张文镇同志翻译本书。译稿出来后，龚先生又委托我做全书的校改、润色和注释工作。我完成这一工作后，龚先生又抽看了几篇，并提出一些意见。我按照龚先生的意见作了一些修改。至此，译稿已经定稿，可以出版了。但由于多方面的原因，译稿经几个人之手，辗转几家出版社，迟迟未能出版，且拖延时间之长，令人难以想象。以后，我经龚先生追回了译稿，可是译稿不知被什么人改得一塌糊涂，且丢失了近百页译文。这时已是90年代初了，因版权问题，一直未能出版。这次法律出版社从英国巴特沃斯出版公司(Butterworths)购得版权，本书终于得以出版。我想，这也许是对龚先生在天之灵的一个最好安慰。

书前的“丹宁勋爵和他的法学思想——代中译本前言”是在龚先生生前指导下由我写的一篇文章“丹宁和他的法学思想”（载《浙江学刊》1986 年第 6 期）的基础上扩充改写的；当时所用的资料是龚先生提供的。在这次扩充改写中，我又利用和参考了龚先生生前的最后一篇公开发表的文章“法律与正义——读丹宁法官的判决书和他的著作“（载《比较法研究》1997 年第 1 期）。我把它作为我对龚先生的怀念。因为这里面包含着龚先生的心血。

这次由我补译了遗失的译稿，并根据英国巴特沃斯出版公司 1994 年印刷本对全书做了一次较为仔细的校订。对书中引用的莎士比亚、狄更斯、培根等人的作品，我基本采用了国内现有的中译本，只是根据原文对个别译文作了少许改动。在此向这些译者表示衷心的感谢。对于目前还没有中译本或未查出的引文，译者只是尝试性地译出其意，其中的神韵，实在是译者能力所不能逮的。敬请专家批评指正，并恳请读者原谅。另外，为了方便非法律界读者阅读，译者根据 *The Oxford Companion to Law*（1980）（《牛津法律指南》）和《牛津法律词典》（上海翻译出版公司 1991 年版）等较权威的资料对一些法律专有名词和历史人物加了注解，希望能对读者有所帮助。

最后感谢法律出版社朱宁女士。她提供的资料和对译文质量的严格要求使本书增色不少。至于本书可能出现的疏漏，则完全由我负责。诚恳希望专家和读者提出宝贵意见。

刘庸安

1998 年 12 月

于德外新风南里寓所

再版后记

1999～2000年法律出版社与英国巴特沃斯出版社合作，在中国大陆陆续推出了英国著名大法官和法学家丹宁勋爵的六种法律著作（《法律的训诫》、《法律的正当程序》、《法律的界碑》、《法律的未来》、《最后的篇章》和《家庭故事》）的中文版，在中国法学界引起了较大反响。

《法律的训诫》是丹宁勋爵在1979年出版的一本重要的法学著作，作者在书中以自己丰富的司法实践，通过大量案例介绍了“二战”以后英国在防止行政机关和社会集团滥用权力，保证公民个人自由方面进行的司法改革。内容涉及如何解释法律条款、如何纠正错误的行政判决、如何进行司法审查和如何界定行政机关的过失行为及其赔偿等等。

《法律的正当程序》是《法律的训诫》的

姊妹篇，初版于1980年。作者在书中主要通过案例论述了两方面的内容：一是必须采取正当的法律程序以保证法律的公正。这些程序包括公正的审判和调查，适当的逮捕和搜查，提供法律援助以及消除不必要的延误等等；二是英国战后家庭法的发展，读者可以从中清楚地看到丹宁勋爵对英国家庭法的发展所做出的贡献。

《法律的未来》初版于1982年。在这本书中，作者对一些重要的法律问题，比如陪审团审判、法律援助、人身伤害、诽谤罪、隐私与秘密、权力的滥用等提出了自己的改革意见。

《最后的篇章》是丹宁勋爵在1982年退休之后写成的，初版于1983年。作者在这本书中，除了讲到自己的退休生活以外，还针对当时由英国煤矿工人罢工引起的社会问题，论述了涉及英国劳资关系的法律问题。

《法律的界碑》是在1984年写成的，是丹宁勋爵生前最后一本专门论述法律问题的著作。在这本书中，作者分门别类地叙述了在历史上对构成英国宪法原则具有重要影响的一些界碑性的案件。这些案件涉及个人自由、信仰自由、集会自由、出版自由、公民的权利和义务等基本问题。

《家庭故事》是丹宁勋爵在1981年出版的一本自传。在这本自传中，作者不仅回忆了自己38年的司法生涯，而且还谈到了他的几个兄弟对英国的自由和民主所做出的贡献。

在这篇简短的后记中，之所以简要地介绍丹宁勋爵每一本著作的主要内容，是想说明，尽管这套书的最初出版到现在已经过去十几年了，但里面的很多内容并没有过时，对于建立和完善中国社会主义法制建设，对于提高人们的法律意识和法治观念仍然具有重要的参考价值。因此，法律出版社这次不惜重金重新购得版权，再版丹宁勋爵的五种法学著作（不包括《家庭故事》）的确是一件非常有意义的事情，相信会受到我国法学界和读者的欢迎。

译者

2011年7月22日

图书在版编目(CIP)数据

法律的未来/(英)丹宁(Denning,A.T.)著;刘庸安,张文镇译.—北京:法律出版社,2011.7
(2013.1重印)
(丹宁勋爵系列丛书)
书名原文:What Next in The Law
ISBN 978-7-5118-2175-1

Ⅰ.①法… Ⅱ.①丹… ②刘… ③张… Ⅲ.①法律—研究—英国 Ⅳ.①D956.1

中国版本图书馆CIP数据核字(2011)第098725号

丹宁勋爵系列丛书	**法律的未来**	[英]丹宁(Denning,A.T.)著 刘庸安 张文镇 译	责任编辑 易明群 装帧设计 李 瞻

开本 A5 **印张** 15.25 **字数** 366千
版本 2011年9月第2版 **印次** 2013年1月第2次印刷
出版 法律出版社 **编辑统筹** 学术·对外出版分社
总发行 中国法律图书有限公司 **经销** 新华书店
印刷 北京北苑印刷有限责任公司 **责任印制** 吕亚莉

法律出版社/北京市丰台区莲花池西里7号(100073)
电子邮件/info@lawpress.com.cn 销售热线/010-63939792/9779
网址/www.lawpress.com.cn 咨询电话/010-63939796

中国法律图书有限公司/北京市丰台区莲花池西里7号(100073)
全国各地中法图分、子公司电话:
第一法律书店/010-63939781/9782 西安分公司/029-85388843
重庆公司/023-65382816/2908 上海公司/021-62071010/1636
北京分公司/010-62534456 深圳公司/0755-83072995

书号:ISBN 978-7-5118-2175-1 **定价:**29.00元
(如有缺页或倒装,中国法律图书有限公司负责退换)